VINTE ANOS DA CONSTITUIÇÃO CIDADÃ NO BRASIL

JOSÉ DARI KREIN
MARCO AURÉLIO SANTANA
MAGDA BARROS BIAVASCHI
organizadores

VINTE ANOS DA CONSTITUIÇÃO CIDADÃ NO BRASIL

IFCS - UFRJ PPGSA
ipea
ABET
EDITORA LTr SÃO PAULO
CESIT
TRABAJO DECENTE
90 años de trabajo por la justicia social

Dados Internacionais de Catalogação na Publicação (CIP)
(Câmara Brasileira do Livro, SP, Brasil)

Vinte anos da Constituição cidadã no Brasil. —
São Paulo : LTr, 2010.

Vários organizadores.
Bibliografia.
ISBN 978-85-361-1606-8

1. Brasil — Constituição (1988) — História.

10-08661 CDD-342.4(81)"1988":347

Índice para catálogo sistemático:

1. Brasil : Constituição de 1988 e direito
civil 342.4(81)"1988":347

LTr
EDITORA LTDA.

Rua Jaguaribe, 571 — CEP 01224-001 — Fone (11) 2167-1101
São Paulo, SP — Brasil — www.ltr.com.br

LTr 4171.3 Setembro, 2010

SUMÁRIO

APRESENTAÇÃO

A década de 1980, no Brasil, foi marcada pelo que se convencionou chamar de transição democrática. O último governo da linhagem militar, capitaneado pelo general João Figueiredo [1979-1984], ia sair de cena, deixando espaço para que os civis assumissem novamente seu posto na condução da nação.

Já desde fins dos anos 1970, a sociedade civil buscava recuperar espaços que lhe haviam sido restringidos. Era um período de grande efervescência. Entre outros setores, os trabalhadores, homens e mulheres, da cidade e do campo, engrossavam as fileiras dessa luta, servindo-lhe de força propulsora. A bandeira inicial era a das eleições diretas para Presidente da República. Frustrado esse pleito, os avanços tiveram de ser conquistados pela via indireta do colégio eleitoral parlamentar. À vitória da oposição ao regime seguiu-se a tentativa, que condensava em si os anseios populares, de repensar todo o arcabouço jurídico-político nacional, dando-lhe outras feições. Isso se deu por meio do rico e complexo processo Constituinte.

Ainda que do ponto de vista estritamente econômico a década de 1980, no Brasil, tenha sido marcada por relativa estagnação — daí a ideia de que tenha sido uma "década perdida" —, em outubro de 1988 a Assembleia Nacional Constituinte entregou aos brasileiros e às brasileiras de todas as raças, etnias, idades, gênero, credos e orientações políticas e religiosas, uma nova Constituição Federal: a "Constituição Cidadã". Buscando instituir no País o Estado Social, essa Carta, que elevou os direitos dos trabalhadores à condição de direitos sociais fundamentais, escreveu como princípios estruturantes da República Democrática brasileira a dignidade da pessoa humana e o valor social do trabalho, condicionando a propriedade à sua função social e a Ordem Econômica ao desenvolvimento com Justiça e Equidade.

Foram significativos os avanços da Constituição de 1988, equiparáveis nos planos social, institucional e econômico àqueles assegurados pela moderna Constituição de Weimar, de 1919. Seus compromissos com a valorização do trabalho e com uma sociedade democrática justa e mais igual estão afirmados desde seu Preâmbulo, projetando-se para a Ordem Social e para a Ordem Econômica. Nesse sentido, pode-se dizer que, diferentemente do ponto de vista estritamente econômicos e considerados os avanços constitucionais conquistados, a década de 1980 foi vitoriosa.

Foi visando a reavaliar o legado dessa Carta no momento da celebração de seus vinte anos de existência que se realizou, nos dias s 25 e 26 de setembro de 2008, no Instituto de Filosofia e Ciências Sociais da Universidade Federal do Rio de Janeiro [IFCS-UFRJ], Seminário promovido pela Associação Brasileira de Estudos do Trabalho [ABET], pelo **Instituto de Pesquisa Econômica Aplicada** [IPEA] e pela Organização Internacional do Trabalho [OIT], reunindo economistas, sociólogos, juristas, estudiosos e pesquisadores do mundo do trabalho brasileiro.

O Seminário propiciou uma série de debates interdisciplinares sobre o contexto em que foi elaborada a Constituição Federal de 1988, os avanços por ela introduzidos no campo das relações econômicas e sociais, seus limites e as perspectivas para o mundo do trabalho no século XXI. Estiveram em tela questões referentes ao desenvolvimento econômico, ao emprego e à estruturação do mercado de trabalho nas cidades e no campo, à regulação social e sua eficácia, à organização dos trabalhadores e às condições de trabalho, indagações que já têm sido objeto corrente de análises em diversas áreas do conhecimento.

Alguns temas foram escolhidos para balizar a discussão nos diferentes painéis. São eles: 1] "As tendências da regulação do trabalho no Brasil e na América Latina, considerando as bases para um desenvolvimento econômico sustentável", 2] "Natureza e Dinâmica Recente da Economia e do Trabalho no Brasil após a Constituição de 1988", 3] "Relações e condições de trabalho no Brasil contemporâneo: garantir direitos e promover a igualdade", 4] "A Constituição de 1988 e o sindicalismo brasileiro", 5] "Situação atual e desafios à montagem e ao financiamento de um sistema público integrado e participativo de emprego e renda no Brasil" e 6] "O legado da Constituição de 1988 e os pilares para uma nova agenda de desenvolvimento nacional com inclusão pelo trabalho".

A presente coletânea conta com grande parte dos trabalhos apresentados nessa conferência, seguindo a ordem de apresentação de seus painéis. Daí, com o propósito de aprofundar um debate sobre as tendências da regulação do trabalho no Brasil e na América Latina, considerando as bases para um desenvolvimento econômico sustentável, o livro inicia com os artigos dos Professores [as] Doutores [as] que participaram do primeiro painel: Márcio Pochmann, *A proteção do trabalho na Constituição de 1988*; Laís Abramo, *A Constituição de 1988 e o mundo do trabalho no Brasil;* Marco Aurélio Santana, *Estruturas em tempos de mudança: os trabalhadores, a constituição de 1988 e o projeto de reforma sindical;* e de José Dari Krein, *Ação sindical em espaços institucionais em perspectiva histórica recente.*

A partir dos debates aprofundados no segundo painel, em que seus participantes discutiram a natureza e a dinâmica recente da Economia e do Trabalho no Brasil, no período posterior à vigência da Constituição de 1988, seguem-se os textos de: Maria Cristina Cacciamali, *Mercado de trabalho sob a égide da Constituição Federal de 1988. Avanços no cumprimento dos direitos fundamentais no trabalho;* e de Clemente Ganz Lúcio, *Constituição de 1988: desafios para a ação sindical 20 anos depois.*

Sobre o tema das relações e das condições de trabalho no Brasil contemporâneo, com foco no arcabouço jurídico constitucional, na legislação infraconstitucional e nas Instituições na área do trabalho, apresentam-se os textos de: Elina Pessanha: *O papel da Justiça do Trabalho na garantia de direitos e igualdade: breve balanço nos 20 anos da Constituição de 88*; e o de Magda Barros Biavaschi, *Vinte anos de Constituição Cidadã no Brasil. Relações e condições de trabalho no Brasil contemporâneo: garantir direitos e promover a igualdade.*

Na continuidade, seguindo a trajetória do evento, o trabalho de Ângela Maria Carneiro Araújo e Vitor Araújo Filgueiras, *A Constituição de 1988 e o sindicalismo brasileiro,* aborda o tema do sindicalismo brasileiro, discutindo as mudanças na organização dos trabalhadores pós Constituição de 1988 e os desafios colocados ao movimento sindical brasileiro no Século XXI. Já o artigo de Roberto Véras de Oliveira, *A Constituição de 1988. A questão da participação e o sindicalismo: problematizações,* discute e problematiza a participação sindical no País nos espaços institucionais entre os anos 1980 e o período atual. A seguir, sobre a questão do trabalho rural e às conquistas nesse campo incorporadas pela Constituição Cidadã, o texto de Francisco Alves, *A Constituição de 1988 e os Trabalhadores Rurais.*

Acompanhando o percurso da conferência e encaminhando-se para a abordagem dos desafios e das perspectivas colocadas para o Brasil do Século XXI, o livro traz o texto de: José Celso Cardoso Jr. e Roberto Gonzalez, *O FAT e o SPETR no Brasil: o legado da CF/88 e a agenda futura.*

Por fim, do painel de encerramento, em que seus participantes analisaram o legado da Constituição de 1988, seus inegáveis avanços no campo dos direitos sociais e os pilares que introduziu para uma nova agenda de desenvolvimento nacional com inclusão pelo trabalho, a coletânea apresenta o texto de Márcia de Paula Leite: *Vinte anos de Constituição Cidadã no Brasil,* abordando os significados da mudança constitucional no País a partir de uma Constituição que inscreveu no sistema constitucional brasileiro, entre outros, o direito à igualdade substantiva, criminalizou o racismo, condicionou o direito de propriedade da terra à sua função social e assegurou aos trabalhadores urbanos e rurais os direitos fundamentais de cidadania. O recorte extraído de sua fala sintetiza muito do que o evento trouxe à reflexão:

> [...] Enfim, o que se nos apresenta a que se, por um lado, a Constituição pode ser entendida como um passo fundamental para a instauração de um modelo de desenvolvimento mais democrático e inclusivo do que os que sempre vivemos, há, por outro lado, ainda muito a ser feito. Seja pelos próprios limites e contradições do processo constituinte, seja pelas transformações que ocorreram ao longo dos últimos 20 anos, o País ainda necessita de muita transformação na legislação para se colocar à altura dos desafios que enfrenta. Ha que lembrar, contudo, que tais transformações não poderão ser feitas senão como resultado da mobilização social.

Os textos estão a seguir. Fica o convite!

A PROTEÇÃO DO TRABALHO NA CONSTITUIÇÃO FEDERAL DE 1988

Marcio Pochmann(*)

Nas últimas três décadas, o funcionamento do mercado de trabalho não se apresentou, em geral, favorável ao conjunto dos brasileiros. Em consonância com a grave situação da economia nacional, caracterizada pelo baixo dinamismo e elevada oscilação nas atividades produtivas, os trabalhadores tiveram de conviver com o significativo aumento do desemprego aberto, dos postos de trabalho precários e da rotatividade da mão de obra.

Não obstante o quadro socioeconômico desfavorável, o Brasil implementou uma nova Constituição Federal a partir de 1988 com importantes inovações institucionais. Pela primeira vez, por exemplo, a Constituição estabelecida em ambiente de consolidação democrática se propôs a valorizar o trabalho humano, com inegável compromisso de internalizar bases legais de proteção social e trabalhista comparáveis às dos países do centro do capitalismo mundial.

A construção de uma base legal mais ampliada para a valorização do trabalho representou inegável avanço formal, todavia se mostrou insuficiente para evitar a manifestação desagregadora e degradante das condições e relações de trabalho prevalecentes durante a longa fase de semiestagnação da economia nacional desde a década de 1980. A eficácia e efetividade da valorização do trabalho dependem da base material sobre a qual se desenvolve o trabalho humano, o que tende a limitar as possibilidades de avanço por meio constitucional.

Ainda que necessários, os direitos sociais e trabalhistas inscritos no marco legal somente tornam-se materializados universalmente diante de condições econômicas suficientes. Na periferia do capitalismo, como no caso brasileiro, a ausência de uma completa estruturação do mercado de trabalho torna frágil a efetividade dos avanços sociais e trabalhistas estabelecidos pela própria Constituição.

Nesse sentido, o presente artigo divide-se em duas partes. Na primeira, trata dos constrangimentos da proteção do trabalho em virtude do desfavorá-

(*) Professor licenciado do Instituto de Economia e pesquisador do Centro de Estudos Sindicais e de Economia do Trabalho da Universidade Estadual de Campinas. Presidente do Instituto de Pesquisa Econômica Aplicada.

vel funcionamento do mercado de trabalho no Brasil desde a crise da dívida externa (1981-83). Na segunda parte destaca os principais desafios para a maior efetividade da Constituição Federal de 1988 em termos de proteção do trabalho.

1. PROTEÇÃO DO TRABALHO E SEUS CONSTRANGIMENTOS NO BRASIL

A condição de periferia no capitalismo mundial implica distinção temporal significativa na constituição tanto da base material referente ao processo de acumulação de capital como na articulação das forças sociais capazes de liderar o marco superior de proteção do trabalho. Inicialmente porque o acesso à base material necessária à constituição de uma estrutura industrial completa e, por consequência, a organização plena do mercado de trabalho assalariado não se deu livremente por força do mercado internacional, mas associado ao aproveitamento de determinadas brechas históricas abertas a poucas nações.

Em geral, o Brasil se mostrou ágil para aproveitar algumas delas, especialmente durante as depressões econômicas de 1870 e de 1929. No último quartel do século 19, por exemplo, a manifestação da depressão econômica nos países do centro do capitalismo mundial foi acompanhada no Brasil pelo abandono do trabalho escravo e pela implantação do regime republicano. Na sequência da grande crise de 1929, que abalou o mundo capitalista desenvolvido, o Brasil novamente criou condições para inovar. Alterou, com sucesso, o seu projeto de desenvolvimento, abandonando a condição de economia primário-exportadora para o sentido urbano-industrial.

Concomitante com os avanços econômicos, o Brasil constituiu sua plataforma de direitos sociais e trabalhistas. Mas isso, contudo, somente se deu para trabalhadores urbanos empregados formalmente pelo setor produtivo, o que deixou de fora do marco legal de proteção do trabalho a maior parte da mão de obra brasileira ocupada nas atividades agrárias.

Ademais, constata-se que o avanço dos direitos sociais e trabalhistas no país não se deu no plano democrático, tampouco como expressão do fortalecimento dos direitos políticos, conforme experiência europeia. No Brasil, os dois momentos importantes de avanços dos direitos sociais e trabalhistas ocorreram durante a existência de regimes autoritários, com no caso da Consolidação das Leis do Trabalho (CLT) para empregados urbanos, em 1943, quando vigorou o Estado Novo (1937 - 45), e na incorporação parcial dos trabalhadores rurais na CLT em pleno vigor da ditadura militar (Funrural).

Da mesma forma, cabe destacar também o fato de parcela importante dos direitos sociais e trabalhistas ter surgido antes da implantação dos direitos políticos. A Consolidação das Leis do Trabalho, por exemplo, vem antes do primeiro exercício ampliado de participação político-eleitoral (eleições presidenciais de 1945), uma vez que até a década de 1930 predominava no Brasil a democracia censitária, com o direito à votação somente ao sexo masculino portador de patrimônio, sem voto secreto e Justiça Eleitoral.

Quando se considera a crise econômica internacional verificada na década de 1970[1], que trouxe enormes constrangimentos aos países desenvolvidos, observa-se como o Brasil deixou de aproveitar essa brecha histórica para fazer mudanças estruturais. Pelo contrário, apresentou sinais de regressão econômica e social, mesmo com os avanços estabelecidos pela Constituição Federal de 1988.

Após o crescimento médio de 8,8% ao ano ao longo dos anos 1970, o país ingressou numa longa fase de 25 anos de baixo dinamismo econômico (2,4% a.a.) acompanhado de significativa oscilação nas atividades produtivas. Por consequência, o comportamento do mercado de trabalho se apresentou como um dos mais desfavoráveis observados desde o fim da escravidão (1888), uma vez que o país terminou abandonando a busca pelo pleno emprego.

Gráfico 1: Brasil — evolução do índice da ocupação e do desemprego (1976 = 100)

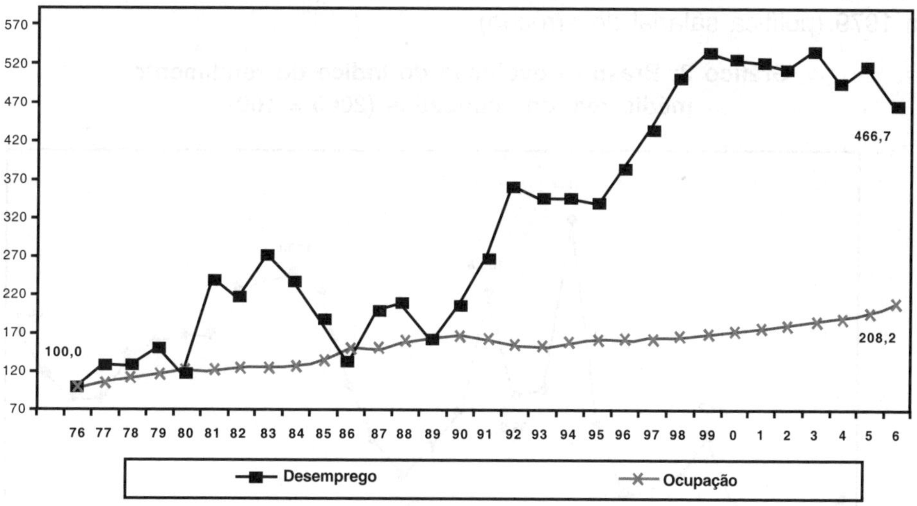

Fonte: IBGE — Pnad's ajustadas (Elaboração do autor)

Em trinta anos de desempenho regressivo da economia nacional, o mercado de trabalho registrou expressiva geração de excedente de força de trabalho, quase cinco vezes maior em 2006 que o observado em 1976. Isso

---

(1) Sobre a crise econômica da década de 1970, responsável tanto pelo desmoronamento do Sistema Financeiro Internacional constituído a partir de *Bretton Woods*, em 1944, que tinha taxas de juros fixas e paridade do dólar ao ouro, com adoção de políticas recessivas e de corte neoliberal ver: BELLUZZO, L. O declínio de Bretton Woods e a emergência dos mercados globalizados. 1995. In: Economia e Sociedade. N. 4, Campinas: IE; VILARREAL, R., *A contra-revolução monetarista*. Rio de Janeiro: Record. 1984.

ocorreu fundamentalmente porque a abertura de novas vagas ficou aquém do ingresso de mão de obra no interior do mercado de trabalho.

Para a entrada média anual de quase 2 milhões de novos trabalhadores no mercado de trabalho, a economia brasileira abriu próximo de 1,7 milhão de novas vagas em média ao ano. Em síntese, constata-se que a cada grupo de 100 pessoas ativas que ingressaram no mercado de trabalho, 85 trabalhadores encontraram algum tipo de ocupação, enquanto 15 permaneceram desempregadas.

Ademais do desemprego em alta, houve também o comportamento desfavorável do rendimento do trabalhador. Especialmente em relação à evolução do PIB que cresceu 2,8% ao ano, o rendimento médio real do ocupado aumentou somente 1,1% ao ano em média entre 1976 e 2006.

Nas últimas três décadas, o rendimento médio real dos ocupados apresentou cinco movimentos de expansão do seu poder aquisitivo (1980 - 1981; 1985 - 1986; 1989; 1993 - 1996 e 2005 - 2006) e quatro movimentos de queda (1976 - 1979; 1987 - 1992; 1997 - 2004). O ano de maior poder aquisitivo do rendimento do trabalhador foi em 1986 (Plano Cruzado) e o menor em 1979 (política salarial de arrocho).

Gráfico 2: Brasil — evolução do índice do rendimento médio real dos ocupados (2006 = 100)

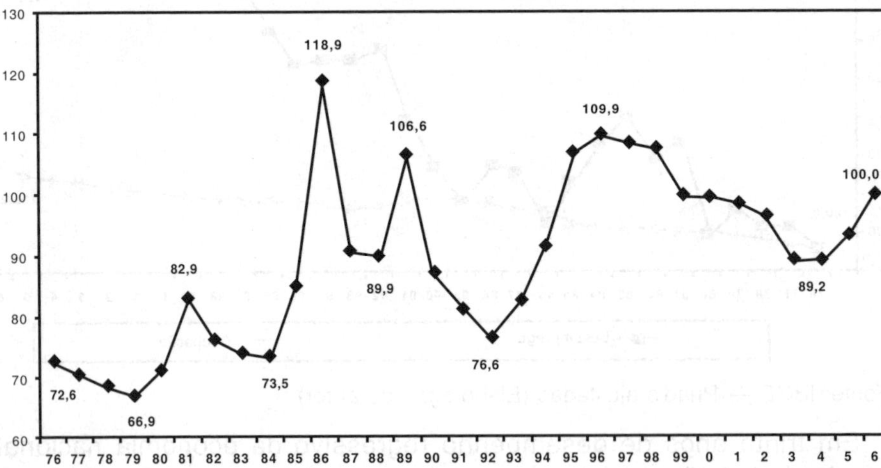

Fonte: IBGE — Pnad's ajustadas

Em paralelo ao elevado desemprego e à contida evolução na remuneração dos trabalhadores, observou-se ao avanço da precarização dos postos de trabalho. A tendência de contenção à expansão das vagas sem proteção na legislação social e trabalhista que vinha se verificando até o final da década de 1970 foi interrompida com a crise da dívida externa logo no início dos anos 1980.

Somente na segunda metade da década de 1980 que os postos de trabalho protegidos voltaram a superar brevemente as ocupações sem nenhuma proteção social e trabalhista. A partir da década de 1990, por sua vez, ganhou dimensão a geração dos postos de trabalho precários, sem proteção social e trabalhista, que ainda permanecem superando o total das vagas protegidas existentes no mercado de trabalho em 2006.

Por fim cabe também chamar a atenção para o fortalecimento do recorrente problema da rotatividade da mão de obra no Brasil. Desde a substituição do regime de estabilidade no emprego pela garantia do acesso ao FGTS, em 1966(2), o empregador passou a dispor de maior flexibilidade para determinar o regime de trabalho em função das oscilações das atividades econômicas do país.

Da mesma forma, assiste-se ao crescimento da desconfiança do empregador em relação ao empregado, que pode demitir sem causa quando lhe convier, e do empregado, que pode desfazer o contrato de trabalho quando encontra alternativa ocupacional de melhor remuneração. Por decorrência, os investimentos em qualificação são contidos, pois a empresa teme fortalecer a qualificação de seu trabalhador sob pena de terminar perdendo-o para outra empresa, muitas vezes concorrente, bem como o próprio trabalhador desconfia de que a maior qualificação profissional possa limitar o raio de procura por novas formas de trabalho impostas pela recorrente rotatividade no emprego(3).

Gráfico 3 — Brasil: evolução dos índices de variação do PIB e da taxa anual total de rotatividade, 1980 a 2002

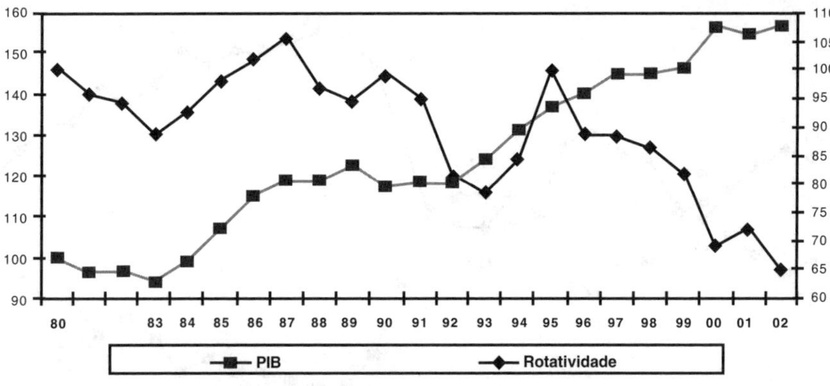

Fonte: IBGE e MTE — CAGED/RAIS

Em síntese, observa-se que durante os períodos de desaceleração econômica, com maior movimento de demissão do que admissão de empregados,

(2) Sobre isso ver: DIEESE. Fundo de Garantia e estabilidade no emprego. São Paulo, 1971, mimeo; MACEDO, R. & CHAHAD, J. (1985) *FGTS e a rotatividade*. Brasília: Nobel.

(3) Para maiores detalhes ver: BALTAR, P. & PRONI, M. *Sobre o regime de trabalho no Brasil*. In: OLIVEIRA, C. & MATTOSO, J. (orgs.) *Crise e trabalho no Brasil*. São Paulo: Scritta, 1996.

a taxa de rotatividade tende a ser decrescente, enquanto nas fases de expansão da produção, com maior admissão do que demissão de empregados, a taxa de rotatividade aumenta rapidamente. Mas desde o final da década de 1980, o comportamento da rotatividade apresenta importantes modificações.

Em parte isso se deve tanto às transformações nas práticas de gestão patronal da força de trabalho quanto às novidades nas relações capital-trabalho. De um lado, as empresas adotaram diversos procedimentos de enxugamento de mão de obra, com a terceirização do emprego, permitindo que fossem fortalecidos os postos de trabalho vinculados às atividades-fins do empreendimento.

De outro, face ao aumento do desemprego, os sindicatos terminaram adotando vários procedimentos nos acordos e convenções coletivas que mantivessem o emprego existente. Também os empregados passaram a aceitar, sem maiores contestações, medidas de interesse patronal, como forma de procurar estender ao máximo o seu contrato de trabalho.

Em função da elevada taxa de rotatividade no mercado de trabalho, o empregado tem enorme dificuldade de contribuir durante o ano com 12 contribuições mensais para a Previdência Social. Isso não apenas compromete o atendimento dos requisitos mínimos para o acesso à inatividade, como torna mais vulnerável o financiamento da própria Previdência Social.

Gráfico 4: Brasil — evolução da composição dos trabalhadores ocupados segundo grau de proteção* e de desproteção (total = 100%)**

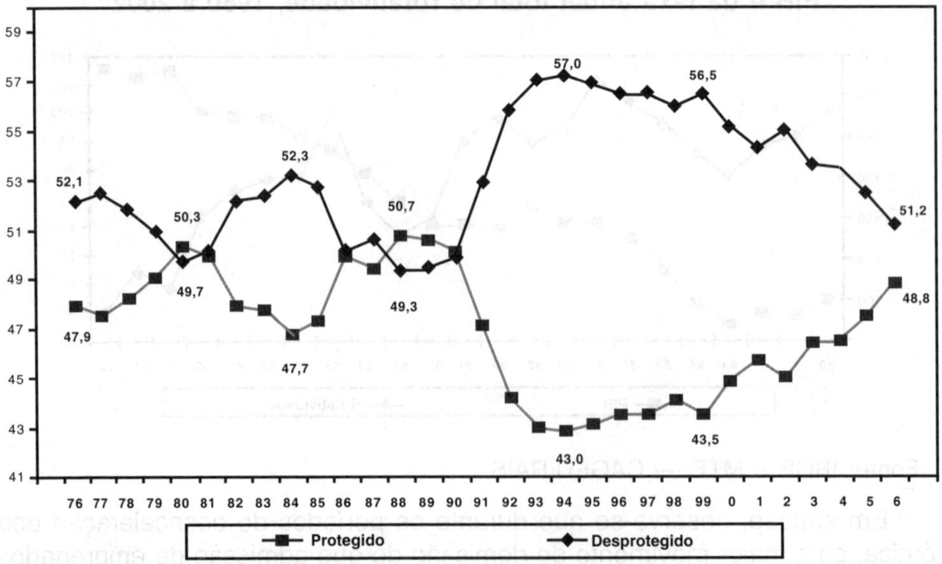

Fonte: IBGE — Pnad's ajustadas

** proteção: ocupações com alguma proteção por parte da legislação social e trabalhista, como, no mínimo, o acesso à Previdência Social;*

*** desproteção: ocupações sem nenhuma proteção por parte da legislação social e trabalhista.*

Em virtude disso tudo, constata-se como o funcionamento desfavorável do mercado de trabalho no Brasil terminou constrangendo a maior efetividade dos direitos sociais e trabalhistas ampliados pela Constituição Federal de 1988. Após o ajuste no interior do mercado de trabalho transcorrido durante o governo Collor, que comprimiu drasticamente o emprego de boa qualidade no país, a distância que separa as ocupações desprotegidas das protegidas passou a gradualmente ser reduzida.

Somente a partir de 2000, com a mudança no regime cambial, que a geração de ocupações protegidas passou a ocorrer em maior ritmo que os postos de trabalho desprotegidos. No ano de 2006, por exemplo, a maior parte das ocupações (51,2%) no Brasil ainda não possuía nenhum tipo de proteção social e trabalhista, enquanto em 1999 eram 56,5%.

2. CONSTITUIÇÃO FEDERAL E OS DESAFIOS DA PROTEÇÃO DO TRABALHO NO BRASIL

Como resultado da transição do regime militar para a democracia, o país estabeleceu uma nova Constituição Federal em 1988, após intenso período de debates acumulados durante trabalho da Assembleia Nacional Constituinte. Diferentemente das Constituições anteriores, a atual ousou inovar para além da definição das bases legais dos direitos civis, políticos e sociais.

De fato, a Constituição Federal de 1988 estabeleceu eixos estruturadores para parcela importante das políticas sociais. No caso da política do trabalho não foi diferente, com a definição de um capítulo específico e preciso de defesa e valorização de todos que dependem do exercício laboral para viver.

Não obstante a orientação legal a que se propôs o constituinte de 1988, o Brasil trilhou caminho extremamente desfavorável a todos que dependem do trabalho para viver. O melhor exemplo disso pode ser a evolução na participação do trabalho na renda nacional.

Nos primeiros seis anos da década de 1990, quando predominaram medidas de combate à inflação, de redução do papel do Estado e de aberturas comercial, financeira e produtiva, a economia cresceu 3,2% com média anual, sem registrar redução na participação da parcela do trabalho na renda nacional. Nesse período, o conjunto da renda da propriedade e mista cresceu em 17,8% a sua participação relativa na renda nacional passando de 46,5%, em 1990, para 54,8% em 1996.

Entre 1996 e 2001, a renda nacional cresceu, em média, somente 1,9% ao ano, fruto, em grande medida, das ações adotadas para enfrentar as crises financeiras da época, adicionadas à desvalorização do real e à contenção das importações. Apesar disso, a participação relativa do rendimento do trabalho recuperou parte de sua posição perdida na fase anterior, enquanto o peso relativo da renda da propriedade e mista, no total, caiu 4,6%, passando de 54,8%, em 1996, para 52,3%, em 2001.

Gráfico 5: Brasil: evolução da participação da renda do trabalho na renda nacional (em %)

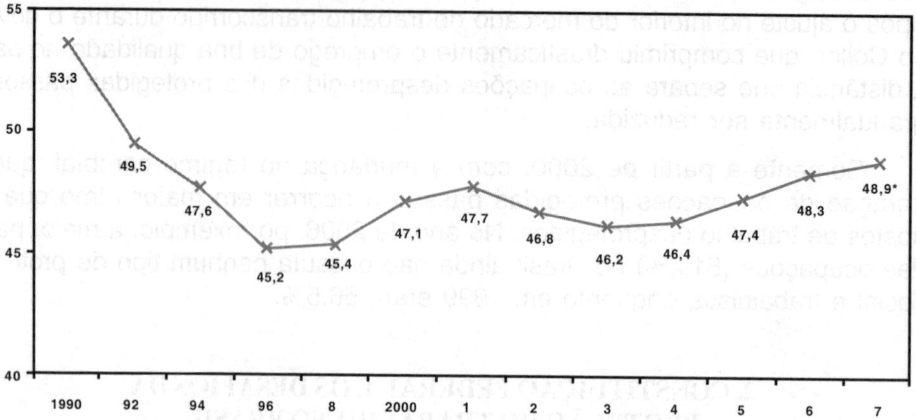

Fonte: IBGE — SCN e PNAD (Elaboração do autor).
*estimativa

De 2001 a 2004, a expansão média anual da renda nacional foi de 3,2%, mesmo com a manifestação da crise energética (2001) e da ortodoxia das medidas de combate à inflação em 2003. Nessa fase, a parcela da renda do trabalho, no total, caiu 2,1%, enquanto a participação da renda da propriedade e mista aumentou de 52,3%, do total, em 2001 para 53,6% em 2004.

De 2005 a 2007, a renda nacional aumentou 4,2% como média anual, estimulada pelo crescimento do mercado interno e das exportações. Nesse período, o peso do rendimento do trabalho em relação à renda nacional voltou a se recuperar, sem atingir, contudo, a mesma situação já constatada em 1990 (53,4%). Em compensação, a parcela da renda da propriedade e mista, no total, caiu de 53,6%, em 2004 para 51,1% em 2007, como estimativa.

Resumidamente, ressalta-se que para haver melhora geral na distribuição da renda nacional torna-se necessário que o aumento do peso relativo da parcela do trabalho na renda nacional (repartição funcional) ocorra simultaneamente à redução da desigualdade na repartição pessoal da renda do trabalho. Nos últimos 17 anos, somente em seis houve redução plena da desigualdade de renda no Brasil (pessoal e funcional), uma vez que na maior parte do tempo (2/3 dos últimos 17 anos) ocorreu elevação parcial ou total no grau de desigualdade na renda nacional.

Ademais do processo de concentração funcional da renda no Brasil e demais percalços da valorização do trabalho, observa-se que a Constituição Federal de 1988 passou a contar com importantes desafios a serem superados. Em primeiro lugar no que concerne à necessária expansão produtiva a rápidas taxas anuais e sustentadas no tempo para haver de fato o desenvolvimento pleno do trabalho.

Isso porque o país possui ainda um importante aspecto demográfico a enfrentar. Embora esteja passando por transição demográfica que torna crescentemente maior a população com faixas etárias mais altas, a expansão anual da População Economicamente Ativa tem sido importante. Dessa forma, o crescimento econômico precisa ser elevado, ao contrário de países de centro do capitalismo mundial que possuem praticamente uma população estagnada ou com baixa variação demográfica.

Em segundo lugar destaca-se a necessária modificação no papel do fundo público, cujo gasto social não se encontra na mesma perspectiva das economias centrais. O Brasil tem espaço para racionalizar e buscar a eficiência do gasto público, embora parcela importante da população não contribua no financiamento social. Observa-se, por exemplo, que apenas um a cada três encontra-se protegido pela regulação do mercado de trabalho, enquanto somente 1 a cada 2 contribui para a Previdência e Assistência Social.

Tudo isso, sem comentar o atraso da atuação das políticas sociais que são operadas por um padrão de gestão pública ultrapassado. A fragmentação dos gastos sociais e as ações setorializadas implicam somas elevadas somente no custo-meio de operação das políticas públicas, que na maior parte das vezes concentram-se nas medidas de natureza assistencial.

Diante da dispersão de objetivos, permanecem práticas ultrapassadas de uso do recurso público que obstruem a perspectiva necessária da emancipação social e econômica da população assistida. Da mesma forma, as iniquidades não se encontram somente na natureza do gasto social, mas fundamentalmente na forma de arrecadação tributária.

Também constitui um importante desafio a ser ultrapassado, como no caso da regressividade na estrutura tributária, que termina onerando muito mais os pobres do que os ricos. Ademais da desigual distribuição primária (funcional e pessoal) da renda, registra-se atuação do sistema tributário regressivo. Ou seja, os mais pobres que pagam mais tributos no país.

No ano de 2003, por exemplo, o peso da tributação sobre o rendimento das famílias com até dois salários mínimos mensais (menos de 830 reais de 2008), alcançou quase 49%. Ou seja, a cada dois reais que recebe, a família transfere quase um real aos cofres públicos na forma de tributos. Já uma família com rendimento superior a trinta salários mínimos mensais (acima de 13,5 mil reais de 2008) comprometia menos de 27% com tributação.

Para piorar, contata-se também que entre 1996 e 2003, momento de realização da Pesquisa de Orçamento Familiar do IBGE, a carga tributária sobre a renda das famílias cresceu mais para os pobres do que para as famílias ricas. O aumento foi de mais de 73% para as famílias de até 2 salários mínimos mensais e de menos de 47% para aquelas de mais de 30 salários mínimos mensais. A classe média, entretanto, teve maior adicional de tributação no mesmo período de tempo, mesmo que a carga tributária seja ainda 1/3 inferior à das famílias pobres no Brasil.

Gráfico 6: Brasil — evolução da carga tributária na renda familiar segundo faixas de renda e variação entre 1995/06 e 2002/03 (em %)

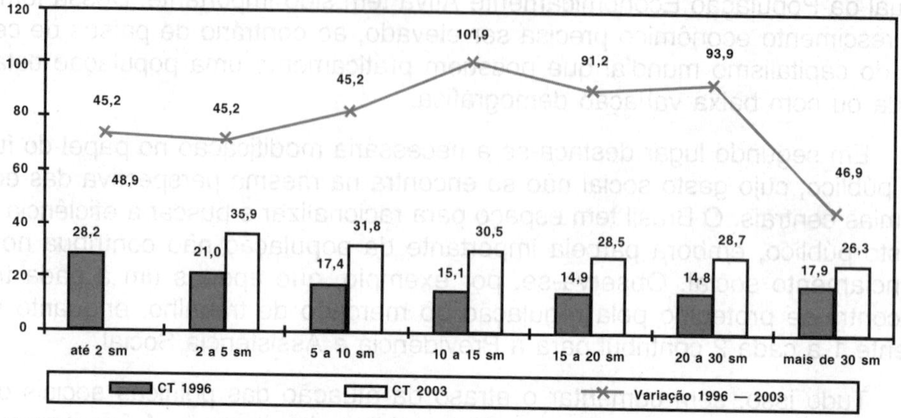

Fonte: IBGE — POF, 1995/96 e 2002/03 (elaboração IPEA)

A principal razão pela qual o pobre paga mais impostos do que o rico se deve à natureza fortemente regressiva do sistema tributário nacional. Ou seja, a forte predominância dos chamados tributos indiretos, geralmente embutidos no preço final dos bens e serviços, muitos deles que atendem ao consumo dos pobres.

Por outro lado, a tributação direta, geralmente atrelada à renda e patrimônio, tem reduzida importância na arrecadação do país. Ademais de pouco atuarem progressivamente sobre os ricos, inexistem tributos sobre diversas formas de riqueza, com o imposto sobre grandes fortunas, conforme experiência dos países desenvolvidos.

Nesse sentido, os 10% mais pobres do país, cuja renda média foi de 73 reais mensais em 2006, transferiam na forma de tributos quase 33% do rendimento. Já os 10% mais ricos do país, com renda média de quase 4 mil reais mensais, contribuíam com menos de 23% da renda com o sistema tributário.

Por conta disso, a desigualdade entre o rendimento médio bruto dos 10% mais ricos e o dos 10% mais pobres foi de 54 vezes em 2006. Já a desigualdade entre o rendimento médio líquido (após o efeito da tributação) dos 10% mais ricos e o dos 10% mais pobres foi de 80,5 vezes em 2006. Nesse mesmo ano, o aumento na desigualdade entre os rendimentos médios (bruto e líquido) dos extremos da distribuição pessoal da renda no Brasil em 49,1% se deveu ao papel regressivo do sistema tributário nacional.

Por fim, cabe chamar a atenção para o desafio da maior importância da política social no Brasil que é o de aprofundar a democracia representativa. Sem experiência democrática consolidada ao longo do tempo, o país tem concentrado não somente a renda, mas fundamentalmente o poder.

É difícil negar que o processo de exclusão social no Brasil não esteja ligado umbilicalmente com a concentração de poder. Nesses termos, a pobreza no país é de natureza política, que faz do pobre alvo de mera assistência, quando muito.

Sem retomar o rumo político que desde a década de 1980 colocou para um conjunto mínimo de famílias ricas o aprisionamento da política macroeconômica de sustentação do ciclo de financeirização da riqueza no Brasil, as ações sociais podem, cada vez mais, garantir uma maior funcionalidade com a manutenção da pobreza e exclusão social. Assim, aprofundar a democracia e avançar no modelo econômico que garanta expansão produtiva parecem ser as bases necessárias para que o sistema de proteção do trabalho no Brasil rompa com o ciclo estrutura de apartação social.

3. CONSIDERAÇÕES FINAIS

Nas páginas anteriores procurou-se recuperar os principais constrangimentos ao avanço da proteção social do trabalho no Brasil durante a implementação e desenvolvimento da Constituição Federal de 1988. Sem ter registrado o mesmo desempenho observado nas economias centrais, o país apresentou, ao longo do século passado, uma trajetória não desprezível de evolução de seu sistema de proteção social, sobretudo a partir da Revolução de 1930. De acordo com características específicas de um país periférico, o Brasil avançou em várias medidas de proteção social, sem, contudo romper com a natureza da exclusão social.

Desde 1981, contudo, a situação social tem sido agravada, mesmo com avanços consideráveis abertos pela Constituição Federal de 1988, particularmente pelo predomínio da semiestagnação produtiva e pelo ciclo da financeirização da riqueza, conduzido, em grande medida, pelas políticas neoliberais. Com isso, a desestruturação do mercado de trabalho aprofundou-se, resultando no aparecimento de nova condição de exclusão que foi se sobrepondo à exclusão tradicional herdada pelo passado colonial e escravista.

Não obstante os obstáculos e limites impostos à evolução do sistema de proteção do trabalho, o Brasil tem uma oportunidade singular de aprofundar a democracia e constituir um novo modelo de crescimento da renda, refazer as pazes com um futuro socialmente justo. Isso é possível e necessário, ainda que dependa da constituição de uma nova maioria política comprometida verdadeiramente com o seu povo.

A CONSTITUIÇÃO DE 1988 E O MUNDO DO TRABALHO NO BRASIL(*)

Laís Abramo(**)

INTRODUÇÃO

A análise do significado da Constituição de 1988 no plano dos direitos do trabalho deve começar com uma reflexão sobre o contexto no qual ela foi elaborada, ou seja, o da ampliação dos direitos de cidadania e da transformação institucional após o fim da ditadura militar.

A convocação de uma Assembleia Nacional Constituinte Livre e Soberana era parte das demandas do movimento de oposição democrática ao regime militar desde meados dos anos 1970. Por intermédio dela se pretendia não apenas eliminar a "legislação de exceção" (Lei de Segurança Nacional, Ato Institucional n. 5, proibição ao direito de greve etc.), mas também questionar o conjunto do edifício jurídico-institucional legado pela ditadura militar, nele incluída a Constituição de 1969.

O crescimento dos movimentos sociais na segunda metade dos anos 1970 fortaleceu essa demanda. Em suas lutas cotidianas, esses movimentos instituíam novas práticas e conquistavam novos direitos, em oposição aos estreitos marcos legais vigentes. Entre os momentos mais expressivos desse processo, podemos destacar o Movimento contra a Carestia e o Custo de Vida, em 1976; a ampla mobilização estudantil de 1977; o Movimento de Reposição Salarial (novembro de 1977) e a eclosão das greves metalúrgicas no ABC paulista, em 1978[1]. As greves de 1978 inauguram um importante ciclo grevista que se estende até 1980, dando origem ao "Novo Sindicalismo" e a um significativo processo de reorganização sindical e de retomada das negociações coletivas[2].

(*) Uma versão preliminar desse texto foi apresentada no Seminário *20 anos de Constituição Cidadã no Brasil: avanços, limites e perspectivas para o mundo do trabalho no início do século XXI,* organizado pela ABET-IPEA-OIT, no Rio de Janeiro, em 26 e 27 de setembro de 2008.

(**) Agradeço os comentários de Solange Sanches e José Ribeiro.

(1) É importante assinalar que cada uma dessas mobilizações e momentos expressivos tinha por trás de si um prolongado acúmulo de experiências de resistência, luta e organização. Para uma análise detalhada desse processo ver, entre outros, Bargas e Rainho (1983), Durand, V.M. (1987), Sader (1988), Silva Telles (1994), Caccia-Bava (1994), e Abramo, 2000.

(2) Para uma análise desse período ver, entre outros, Moisés, J.A. (1982), Werneck Vianna (1983), Almeida, M.H.T (1975) e Abramo (1991).

Isso significa, portanto, que, no momento de instalação do Congresso Constituinte (fevereiro de 1987), o movimento sindical já havia acumulado quase uma década de intensas e importantes mobilizações.

Em 1985, a derrota do amplo movimento pelas eleições diretas para Presidente da República (conhecido como Movimento pelas *Diretas Já!*) colocou em evidência, uma vez mais, a distância existente entre as novas práticas e a velha legalidade. Nesse contexto, e com o objetivo de garantir e ampliar as promessas democráticas contidas na candidatura de Tancredo Neves, os setores mais progressistas da sociedade transformaram a reivindicação pela instalação imediata de uma Assembleia Constituinte livre, democrática e soberana em sua principal bandeira de luta.

O Congresso Constituinte, enfim instalado em fevereiro de 1987, terceiro ano de vigência da "Nova República", refletia, no entanto, as limitações e o caráter pactuado da transição democrática. A soberania do Congresso Constituinte tinha notáveis limitações, derivadas do fato de a legislação de exceção não ter sido revogada. Além disso, as funções normais de um parlamento viciado por 21 anos de ditadura militar se sobrepunham às funções extraordinárias de elaboração da nova Carta Magna.

Apesar dessas circunstâncias, todo o movimento popular — nele incluído o movimento sindical — participou ativamente do processo constituinte, na tentativa de garantir a inserção, na nova Constituição, dos direitos conquistados nos anos anteriores pelos seus setores mais organizados. Era uma tentativa também de elevar a essa instância magna uma série de demandas que, no período anterior, haviam sido sistematicamente rejeitadas pelo governo ou, no caso do movimento sindical, nos dissídios coletivos ou na negociação direta com os empregadores.

PRINCIPAIS AVANÇOS DA CONSTITUIÇÃO DE 1988 NO PLANO DOS DIREITOS DO TRABALHO

Foram muitos e significativos os avanços da Constituição de 1988 no plano dos direitos do trabalho.

O mais importante deles do ponto de vista da ampliação dos direitos trabalhistas — uma dimensão fundamental da cidadania — a milhões de trabalhadores e trabalhadoras foi a equalização de direitos entre trabalhadores urbanos e rurais. Essa equalização, tal como definida no art. 7º da Constituição de 1988, significou, na prática, a extensão dos direitos consagrados na Consolidação das Leis Trabalhistas (CLT) a estes últimos, que antes estavam dela excluídos. Além disso, o art. 7º, aliado às disposições relativas à Previdência Social (Seção III), significou também a ampliação dos benefícios da Previdência social aos trabalhadores rurais, incluindo a aposentadoria por idade no valor de um salário mínimo, qualquer que seja a natureza do trabalho exercido e independente do tempo de contribuição. Como é hoje amplamente reconhecido, a concessão desse benefício aos trabalhadores rurais teve um efeito importantíssimo na redução dos índices de pobreza no País.

Em segundo lugar, a Constituição de 1988 significou um avanço importante na estruturação de um Sistema Público de Emprego, entendido como um conjunto de programas, direitos e serviços englobando as políticas passivas (assistência financeira aos desempregados) e ativas de mercado de trabalho (qualificação e intermediação de mão de obra e programas de apoio a pequenos e microempreendimentos) (Azeredo, 1998: 85)(3). Apesar do SINE (Sistema Nacional de Emprego) ter sido criado em 1975 e o seguro-desemprego em 1986, faltava um elemento-chave a essa estruturação, ou seja, uma base de financiamento estável e segura. A Constituição de 1988 estabelece o direito ao seguro-desemprego no caso de desemprego involuntário (art. 7º, inciso II e art. 201, inciso III), assim como a base para o financiamento estável do benefício, que será concretizada com a criação do Fundo de Amparo ao Trabalhador (FAT) e do Conselho Deliberativo do Fundo de Amparo ao Trabalhador (CODEFAT), em 1990(4) (CARDOSO *et al*, 2006:10). É importante assinalar que até hoje, mais de 20 anos depois, apenas cinco países da América Latina contam com sistemas de seguro-desemprego, e que o brasileiro é o mais amplo deles, tanto em termos de cobertura quanto dos benefícios concedidos.

Em terceiro lugar, o reconhecimento constitucional do direito de greve, negado durante todo o período do regime autoritário. A luta por esse direito havia se tornado um tema central para o movimento sindical desde 1964 e se reforça a partir de 1978, com o ressurgimento das grandes mobilizações sindicais. O texto constitucional aprovado assegurava a realização das greves, independentemente do seu conteúdo (reinvidicatórias, políticas, de solidariedade etc.), sem que a sua aprovação devesse seguir nenhum procedimento estabelecido por qualquer instância diversa daquela constituída pelos trabalhadores diretamente comprometidos.(5) A aprovação desse artigo significou o fim do Decreto-Lei n. 4.330, de 1 de junho de 1964, que restringia fortemente

---

(3) Ver discussão a respeito em Cardoso *et al* (2006) e Leite e Souza (2008).

(4) O FAT foi criado com a finalidade de financiar o Seguro-desemprego, o Abono Salarial e os Programas de Desenvolvimento Econômico. Seus recursos provêm, principalmente, das contribuições para o PIS e o PASEP. O Fundo é administrado pelo CODEFAT, um órgão colegiado, de caráter tripartite e paritário, com representação do governo, empregadores e trabalhadores. Dentre as funções mais importantes do órgão estão as de elaborar diretrizes para programas e para alocação de recursos, acompanhar e avaliar seu impacto social e propor o aperfeiçoamento da legislação referente às políticas que lhe são correlatas. Igualmente importante é o papel que exerce no controle social da execução destas políticas, no qual estão as competências de fiscalização e administração do Fundo, análise de suas contas e dos relatórios executores dos programas (MTE — Ministério do Trabalho e Emprego, Emprego e Renda, Fundo de Amparo ao Trabalhador — FAT. Disponível em: <http/ www.mte.gov.br>. acesso em: abril de 2008) (LEITE e SOUZA, 2008).

(5) Segundo o texto constitucional (Artigo 9º), é assegurado o direito de greve, competindo aos trabalhadores decidir sobre a oportunidade de exercê-lo e sobre os interesses que devem por meio dele defender.

esse direito, assim como do Decreto-Lei n. 1632, de 1978, sobre a greve nos setores "essenciais", que subordinava essa definição ao conceito de segurança nacional. O inciso I do art. 9º estabelece que deverá ser regulamentada em lei a definição dos serviços ou atividades essenciais, assim como as disposições relativas ao atendimento das "necessidades inadiáveis da sociedade". É importante assinalar que até hoje o direito de greve no setor público não foi regulamentado.

Em quarto lugar, a redução da jornada de trabalho de 48 para 44 horas semanais (art. 7º, XIII). Essa disposição significou a extensão, para o conjunto dos trabalhadores, de um direito que já havia sido conquistado pelas suas categorias mais organizadas. Com efeito, a jornada semanal de 44 horas já vinha sendo progressivamente implantada em várias categorias a partir das greves de 1985, que tinham como reivindicação central a redução da jornada semanal para 40 horas, além do reajuste trimestral de salários (ABRAMO, 1991).(6)

Outros avanços importantes foram a instituição da jornada de seis horas para o trabalho realizado em turnos ininterruptos de revezamento (Art. 7º, XIV), o adicional de 50% sobre as horas extraordinárias, anteriormente definido em 20% (Art. 7º, XVI) e a extensão do direito ao 13º salário para os aposentados (Art. 7º, VIII).

Em termos da igualdade de gênero no mundo do trabalho, a Constituição de 1988 também representou um considerável avanço. O movimento feminista e das mulheres havia sido muito ativo desde os anos 1970, não apenas na luta pela melhoria das condições de vida, como também no questionamento ao regime autoritário. Portando essa trajetória e esse acúmulo de experiências, no momento de instalação do Congresso Constituinte o movimento está pronto para apresentar uma extensa pauta de ampliação de direitos, assim como manter uma intensa mobilização durante todo o processo na tentativa de conquistá-los.

O Conselho Nacional dos Direitos da Mulher, que havia sido criado em 1985, também havia contribuído a fortalecer a presença das mulheres no debate político nacional. O Conselho terá um papel central, junto com os movimentos sociais, na articulação da participação das mulheres no processo constituinte.

As deputadas constituintes se organizaram em uma força-tarefa que reunia mulheres dos mais variados partidos e movimentos sociais e que passou a ser conhecido como o *lobby do batom* (denominação inicialmente depreciativa e de caráter sexista que lhes foi atribuída, mas que passou a ser assumida com humor e criatividade pelas integrantes do grupo). Sob o lema *Constituinte pra valer tem que ter palavra de mulher!*, o grupo elaborou emendas populares

(6) Vale notar que a reivindicação apresentada pelo movimento sindical ao Congresso Constituinte era a redução da jornada para 40 horas semanais.

e recolheu milhares de assinaturas por todo o País, debatendo com deputados, partidos, autoridades do Executivo e do Judiciário e com a sociedade civil. Essas propostas foram reunidas na Carta das Mulheres Brasileiras para os Constituintes, entregue durante solenidade no Congresso Nacional.

Como resultado desse processo uma série de avanços se plasmaram na Constituição de 1988. Ela proclamou a igualdade jurídica entre homens e mulheres, ampliou seus direitos civis, sociais e econômicos e estabeleceu a igualdade de direitos e responsabilidades na família. O Preâmbulo e o art. 1º estabelecem que a cidadania e a dignidade da pessoa humana são princípios estruturantes do Estado Democrático de Direito, e proclamam a necessidade de promover o bem de todos, sem preconceitos de origem, raça, sexo, cor, idade e quaisquer outras formas de discriminação (Preâmbulo e art. 1º, IV). No art. 5º estabelece a igualdade de todos perante a lei, "sem distinção de qualquer natureza" e a igualdade de direitos e obrigações entre homens e mulheres (art. 5º, I). Além disso, elimina o pátrio poder, ao estabelecer, no capítulo referente à família, a igualdade de direitos entre homens e mulheres na sociedade conjugal (art. 226, § 5º).

No plano das relações de trabalho, a Constituição amplia a licença-maternidade de 90 para 120 dias, e institui a licença-paternidade e o direito à aposentadoria para as trabalhadoras domésticas. Uma medida crucial para a construção da igualdade de fato foi a aprovação do direito à titulação da terra para as mulheres em caso de reforma agrária.(7)

Também a questão da saúde do trabalhador passou por significativas mudanças a partir da Constituição de 1998. Dentre as principais, pode-se destacar a mudança trazida pelo art. 7º, no inciso XXVII, que institui o seguro contra acidentes de trabalho, a cargo do empregador, sem excluir a indenização a que este está obrigado, quando incorrer em dolo ou culpa. Antes dessa modificação, o empregador respondia apenas pelos acidentes de trabalho no caso de comprovação do dolo ou culpa grave. Outra mudança importante diz respeito à integração da saúde do trabalhador no Sistema Único de Saúde (SUS), conforme o art. 200 nos incisos II e VIII:(8)

Outro avanço importantíssimo da Constituição de 1988 e que não está referido direta e especificamente ao mundo do trabalho, mas abrirá um campo muito grande para o questionamento das formas e mecanismos de discriminação que nele se estruturam e reproduzem é a definição do racismo como um

---

(7) "O título de domínio e a concessão de uso serão conferidos ao homem ou à mulher, ou a ambos, independentemente do estado civil, nos termos e condições previstos em lei" (Art. 189, parágrafo único).

(8) "Ao Sistema Único de Saúde compete, além de outras atribuições, nos termos da lei: II — executar as ações de vigilância sanitária e epidemiológica, bem como as de saúde do trabalhador; VIII — colaborar na proteção do meio ambiente, nele compreendido o do trabalho."

crime "inafiançável e imprescritível" (art. 5º, XLII) e a criação da figura jurídica dos "remanescentes de quilombos", reconhecendo-lhes o direito à propriedade definitiva de suas terras[9].

Por sua vez, as modificações introduzidas na institucionalidade sindical estiveram muito aquém do que havia sido insistentemente reivindicado pelo "novo sindicalismo" desde o final dos anos 1970. Com efeito, a luta pela liberdade sindical, expressa no questionamento à estrutura sindical corporativista herdada do Estado Novo, aliada à legislação repressiva da ditadura militar, tinha sido um dos seus temas centrais, ocupando um lugar de destaque na sua agenda.

O debate constitucional sobre a institucionalidade sindical esteve entre os mais polêmicos no campo das relações de trabalho e permeou inclusive o próprio movimento sindical. No momento da instalação do Congresso Constituinte, um setor desse movimento (expresso nas posições da CUT) defendia fortemente a ampla liberdade e autonomia sindical nos moldes da Convenção 87 da Organização Internacional do Trabalho. Outro setor (expresso nas posições da CGT) defendia o princípio da unicidade sindical e a manutenção do imposto sindical.

A nova Constituição eliminou várias formas de controle estatal sobre os sindicatos, tais como o poder de intervenção e cassação das suas diretorias e o controle ministerial sobre os seus estatutos. A existência de centrais sindicais deixou de ser proibida, ainda que elas continuassem sem ter qualquer poder de negociação. Foi instituída a possibilidade de ter um representante dos trabalhadores em todas as empresas com mais de 200 empregados, sem, porém, qualquer garantia de estabilidade no emprego.

No entanto, foram mantidos dois dos pilares básicos da estrutura sindical corporativista: o sindicato único por base territorial com exclusividade de representação e negociação e o imposto sindical. Em relação ao primeiro ponto, a única diferença introduzida pela Constituição de 1988 foi que a base territorial desse sindicato passava a ser determinada pelos próprios trabalhadores e não mais pelo Ministério do Trabalho. Estabelecendo que essa base não pode ser inferior a um município, o novo ordenamento abre a possibilidade, anteriormente inexistente, de organização de sindicatos nacionais.

Apesar da manutenção desses dois princípios básicos da estrutura sindical corporativista (a unicidade sindical e o imposto sindical), as mudanças introduzidas pela Constituinte foram importantes para ampliar os espaços de liberdade em termos de organização sindical. Este fato é ainda mais significativo se consideramos que essa estrutura havia atravessado incólume a Assembleia Constituinte de 1946 e o período democrático de 1945 a 1964.

(9) É importante assinalar que esse direito, instituído em 1988 só será regulamentado em lei em 2004.

O SIGNIFICADO DA CONSTITUIÇÃO DE 1988 VISTO EM PERSPECTIVA

A análise desenvolvida na seção anterior desse artigo evidencia os importantes avanços no plano dos direitos do trabalho representados pela Constituição de 1988, como parte de um processo mais geral de ampliação dos direitos de cidadania e reconstrução das bases democráticas do Estado brasileiro depois de mais de duas décadas de regime militar.

Um dos grandes paradoxos na análise do significado da Constituição de 1988 no plano das relações de trabalho nas duas décadas que se seguiram à sua promulgação poderia ser definido nos seguintes termos: por um lado, os avanços nela plasmados são resultado de um importante processo de mobilização desenvolvido nos anos anteriores como parte da luta pela redemocratização do País. Por outro lado, a nova Constituição entra em vigência em um período marcado, em geral, e especialmente na América Latina, por um intenso processo de precarização e informalização, flexibilização e desregulamentação das relações de trabalho, que se expressa na diminuição da proteção ao trabalhador individual e limitação da ação sindical. Em um período também em que a economia brasileira apresenta um crescimento errático e muito reduzido, com baixa capacidade de geração de empregos e que, em decorrência dessas características, assim como do processo de abertura da economia e da reestruturação produtiva que a acompanha, se asssite a um processo de desestruturação do mercado de trabalho, marcado pelo aumento do desemprego, da informalidade e pela queda dos rendimentos do trabalho.[10]

No caso da América Latina, em razão de o fato da definição dos salários, remunerações e condições de trabalho, incluindo as condições contratuais, ocorrer muito mais por meio da legislação do que da negociação coletiva, o processo de desregulamentação dependia basicamente de reformas legislativas. Essas reformas foram implementadas em vários países da região, configurando uma desregulamentação promovida pelo Estado. Essa desregulamentação foi mais marcada em países como Chile, Panamá, Equador, Peru e Colômbia, mas também ocorreu em certa medida na Argentina, Brasil, Uruguai e Venezuela (Ermida, 2007). Segundo o autor, essas reformas se caracterizaram por dois traços básicos: em primeiro lugar, a diminuição dos direitos trabalhistas da precarização dos contratos de trabalho (ou seja, o estabelecimento de contratos de trabalho com direitos mínimos) ou da descaracterização ou obscurecimento da relação de trabalho (via terceirização, subcontratação, criação de falsas cooperativas etc.); em segundo lugar, a privatização dos regimes de aposentadoria, o que ocorreu em 12 países latino-americanos (Chile, Argentina, Colômbia, Uruguai, México, Bolívia, El Salvador, Peru, Costa Rica, Equador, Nicarágua e República Dominicana).

---

(10) Existe uma ampla bibliografia a esse respeito no País. Para uma análise condensada da evolução dos indicadores do mercado de trabalho nesse período ver CEPAL-PNUD-OIT, 2008.

No entanto, a falta de resultados dessas reformas na maioria dos países em que elas foram implementadas, com a justificativa de que propiciariam o aumento da competitividade, o crescimento econômico e a geração de empregos, aprofundou a crítica a seu respeito, principalmente a partir do começo dos anos 2000.

O autor levanta a hipótese de que nos primeiros anos do novo século se está produzindo uma mudança na direção de uma re-regulamentação do trabalho na América Latina, associada à emergência de governos progressistas. Esse processo estaria se dando em quatro níveis.

Em primeiro lugar, por meio de *reformas constitucionais*: como já assinalado, nos anos 1980 e 1990, a maioria dos processos de flexibilização não se deu por meio de reformas constitucionais (com exceção do Peru), mas sim por meio de reformas na legislação ordinária. Paradoxalmente, em tempos marcados pela flexibilização das relações de trabalho, em vários casos (e a Constituição de 1988 no Brasil é o exemplo primeiro e mais claro disso), as mudanças constitucionais não acompanham essa tendência; ao contrário, em alguns casos, estabelecem novos direitos ou elevam o seu nível, ou seja, *constitucionalizaram* direitos trabalhistas anteriormente previstos nas legislações ordinárias.

Em segundo lugar, por meio de *reformas nas legislações ordinárias*, tais como as levadas a cabo no Chile (2001 e 2006), na Argentina e Venezuela (2004), e no Uruguai (entre 2005 e 2007). Entre as mudanças introduzidas por essas reformas, destacam-se medidas tendentes ao fortalecimento dos sindicatos, à recentralização e extensão da negociação coletiva, ao estabelecimento de responsabilidade solidária na terceirização ou subcontratação de mão de obra e à reversão parcial das reformas privatizadoras dos regimes de previdência social.

Em terceiro lugar, por meio da *jurisprudência*, ou seja, do reestabelecimento de direitos que haviam sido eliminados ou rebaixados pela legislação ordinária por intermédio aplicação direta, pela Justiça (no caso do Brasil pela Justiça do Trabalho) de preceitos constitucionais ou normas internacionais (pactos e declarações de direitos humanos, convenções e recomendações da Organização Internacional do Trabalho). Segundo *Ermida* (2007), "esses tribunais 'desaplicam' a lei desreguladora ou flexibilizadora e aplicam diretamente a norma constitucional ou internacional mais favorável".

Em quarto lugar por meio da *normatividade internacional*. O autor destaca nesse sentido a Recomendação 198 OIT sobre a relação de trabalho (2006) que "reafirma a proteção dos trabalhadores como o objetivo central da política trabalhista e proclama a procedência de uma série de instrumentos técnico-jurídicos tradicionais para detectar a existência de relações de trabalho encobertas, e exorta os Estados-membros da OIT a eliminar os incentivos que fomentam as relações de trabalho encobertas".

No caso do Brasil, e apesar das críticas à Constituição de 1988 feitas por vários setores da sociedade em vários momentos, a sua importância tem sido fundamental para a garantia dos direitos do trabalho como parte constitutiva central da própria noção de cidadania.

A REVALORIZAÇÃO DO TRABALHO E DOS DIREITOS A ELE ASSOCIADOS NO CONTEXTO DA GLOBALIZAÇÃO

Nessa última seção do artigo pretendemos fazer uma discussão sobre o papel da Organização Internacional do Trabalho (OIT) em um processo de recolocação do trabalho — e dos sujeitos coletivos e direitos a eles associados — na agenda pública e política no contexto da globalização, ressaltando alguns momentos nessa trajetória e a sua potencialização a partir da eclosão da crise econômica e financeira internacional em setembro de 2008.

O momento fundacional: a justiça social é condição para a paz universal

A OIT foi criada em 1919, como parte do Tratado de Versalhes, que pôs fim à Primeira Guerra Mundial. Fundou-se sobre a convicção primordial de que a paz universal e permanente somente pode estar baseada na justiça social. E que esta pressupõe a existência de oportunidades de emprego e respeito aos direitos no trabalho.

Segundo Ramos (2009), o nascimento da OIT foi produto de diversas correntes e ações do pensamento humanitário, reformista e socialista do século XIX e começo do século XX na Europa, onde a competição comercial entre as nações se incrementou drasticamente, fruto das novas técnicas de produção da Revolução Industrial. Foi uma resposta ao extraordinário desenvolvimento econômico propiciado pela Revolução Industrial, que, no entanto, não foi acompanhado pela melhoria das condições de trabalho. Ao contrário, ao desestruturar o modo de produção anterior, esse processo significou a desestruturação também das formas e modo de vida de grandes contingentes da população, agravando sua pobreza e miséria e criando uma situação de forte insegurança social.

A OIT nasce em abril de 1919 em meio a uma crescente comoção social, e a um movimento operário cada vez mais organizado, que exigia que o acordo de paz que colocaria fim ao primeiro conflito bélico de dimensão mundial contemplasse as reivindicações dos trabalhadores, já organizados em vários países, por meio da adoção de regras internacionais de proteção a seus direitos. O seu surgimento responde também à posição de industrialistas visionários que consideravam que o progresso social era condição para a sobrevivência e desenvolvimento das empresas e países. Expressava assim, desde o seu nascimento, a necessidade de que o desenvolvimento econômico fosse acompanhado pelo desenvolvimento social (RAMOS, 2009).

Na primeira sessão da Conferência Internacional do Trabalho, realizada em 1919, a OIT adota seis convenções. A primeira delas responde a uma das principais reivindicações do movimento sindical e operário do final do século XIX e começo do século XX: a limitação da jornada de trabalho a oito horas diárias e 48 horas semanais. As demais convenções adotadas nessa ocasião se referem a outros temas centrais das condições de trabalho e das lutas operárias e sindicais da época: a luta contra o desemprego, a proteção à maternidade, a limitação da utilização do trabalho infantil na indústria e a proibição do trabalho noturno de mulheres e menores de 18 anos.

Na mesma ocasião foi definida, no preâmbulo da Constituição da OIT, uma série de outros temas que, segundo os representantes de governos, empregadores e trabalhadores reunidos nessa ocasião, requeriam uma ação imediata por parte dos Estados. Entre eles estavam a garantia de um salário vital adequado, a regulamentação das condições de contratação da mão de obra, a proteção dos trabalhadores contra os acidentes de trabalho e as enfermidades — profissionais ou não —, as aposentadorias, o reconhecimento do princípio de um salário igual para um trabalho de igual valor e da liberdade sindical e a organização do ensino profissional e técnico. Esses temas foram objeto de discussão e do estabelecimento de uma série de convenções e recomendações nos anos posteriores. Com efeito, entre 1919 e 1939 foram adotadas pela OIT 67 Convenções e 66 recomendações relativas a uma série de aspectos das condições e relações de trabalho. A eclosão da Segunda Guerra Mundial interrompeu temporariamente esse processo (OIT, 2009a; Ramos, 2009).

A Grande Depressão, a 2ª Guerra Mundial e a Declaração de Filadélfia: o trabalho não é uma mercadoria

Dez anos depois de sua criação, em 1929, a OIT enfrenta a maior crise do capitalismo moderno, a Grande Depressão dos anos 30. Nessa situação, as suas convenções ofereciam um mínimo de proteção à grande massa de desempregados.

Durante a 2ª Guerra Mundial, a sede da OIT foi transferida de Genebra, na Suíça, para Montreal, no Canadá. Em 1944, em meio ao segundo conflito bélico de escala mundial, os delegados da Conferência Internacional do Trabalho adotaram a Declaração de Filadélfia que, como anexo à sua Constituição, passou a constituir, desde então, a carta de princípios e objetivos da Organização.

A Declaração de Filadélfia antecipava em quatro meses a adoção da Carta das Nações Unidas (1946) e em quatro anos a Declaração Universal dos Direitos Humanos (1948), para as quais serviu de referência. Reafirmava o princípio de que a paz permanente só pode estar baseada na justiça social e estabelecia quatro ideias fundamentais, que constituem valores e princípios básicos da OIT até hoje: que o trabalho deve ser fonte de dignidade; que o trabalho não é uma mercadoria; que a pobreza, em qualquer lugar, é uma ameaça à prosperidade de todos; e que todos os seres humanos têm o direito de perseguir o seu bem-estar material em condições de liberdade e dignidade, segurança econômica e igualdade de oportunidades. Além disso, proclamava que todo o planejamento econômico deve ter um fim social, reiterando a necessidade de compatibilizar os objetivos econômicos e sociais no processo de desenvolvimento dos países.

No final da guerra, nasce a Organização das Nações Unidas (ONU), com o objetivo de manter a paz por meio do diálogo entre as nações. A OIT, em 1946, se transforma em sua primeira agência especializada.

A Declaração de 1998: reafirmação dos direitos e princípios fundamentais no trabalho no contexto da globalização

Em 1998, a Conferência Internacional do Trabalho, na sua 87ª sessão, adota a Declaração dos Direitos e Princípios Fundamentais no Trabalho, definidos como o respeito à liberdade sindical e de associação e o reconhecimento efetivo do direito de negociação coletiva, a eliminação de todas as formas de trabalho forçado ou obrigatório, a efetiva abolição do trabalho infantil e a eliminação da discriminação em matéria de emprego e ocupação.

A Declaração associa a esses 4 direitos e princípios 8 Convenções, que passam a ser definidas como fundamentais.[11] Estabelece que todos os Estados-membros da OIT, pelo simples fato de sê-lo e de terem aderido à sua Constituição, são obrigados a respeitar esses direitos e princípios, havendo ou não ratificado as convenções a eles correspondentes. A Conferência define também a ratificação universal dessas Convenções como um objetivo, assenta as bases para um amplo programa de cooperação técnica da OIT com os seus Estados Membros com o objetivo de contribuir à sua efetiva aplicação e define um mecanismo de monitoramento dos avanços realizados.[12]

---

(11) Essas Convenções são as seguintes: Convenção sobre o trabalho forçado, 1930 (n. 29) e a Recomendação sobre a imposição indireta do trabalho, 1930 (n. 35); Convenção sobre a liberdade sindical e a proteção do direito de sindicalização, 1948 (n. 87); Convenção sobre o direito de sindicalização e de negociação coletiva, 1949 (n. 98); Convenção sobre igualdade de remuneração, 1951 (n. 100); Convenção sobre a abolição do trabalho forçado, 1957 (n. 105); Convenção sobre igualdade de remuneração, 1951 (n. 100) e a Recomendação sobre o mesmo tema, 1951 (n. 90); Convenção sobre discriminação (emprego e ocupação), 1958 (n. 111) e a Recomendação sobre o mesmo tema, 1958 (n.111); Convenção sobre a idade mínima, 1973 (n. 138) e a Recomendação sobre o mesmo tema, 1973 (n. 146); Convenção sobre as piores formas de trabalho infantil, 2000 (n. 182) e a Recomendação sobre o mesmo tema, 2000 (n. 191).

(12) A elaboração de relatórios globais em um ciclo de 4 anos é parte desse mecanismo de monitoramento, com o objetivo de analisar o estado de cumprimento das Convenções associadas a cada um desses 4 direitos e princípios e definir as prioridades da cooperação técnica para o período seguinte. Os relatórios globais produzidos anualmente a partir de 2001 compõem um acervo muito importante de análise desses temas no âmbito mundial. São eles: *Su voz en el trabajo* (2000), *Não ao trabalho forçado* (2001), *Un futuro sin trabajo infantil* (2002), *La hora de la igualdad en el trabajo* (2003),

É importante notar que a Declaração dos Direitos e Princípios Fundamentais no Trabalho foi adotada em um momento que se caracterizava pelo auge da força do Consenso de Washington. Em um momento em que predominavam as ideias relacionadas ao fim do trabalho, à desidratação dos sujeitos coletivos associados ao mundo do trabalho e à própria ideia de que este pudesse ser um *locus* significativo de constituição de identidades e sujeitos coletivos. Em que era visto como quase inevitável um processo de diminuição ou desaparição progressiva do trabalho formal, protegido, estável, regulado, devido tanto ao processo de desenvolvimento tecnológico, que produzia um desemprego estrutural, como ao processo de globalização que, ao acirrar a competitividade entre as empresas e os países, tornaria necessário e inevitável reduzir os custos do trabalho como parte dos custos da produção.

Por outro lado, esse foi um momento também posterior à realização da Cúpula Social de Copenhague (1995), que recolocou a discussão sobre o emprego em um lugar de importância na agenda internacional.

A Declaração dos Direitos e Princípios Fundamentais no Trabalho contém alguns postulados extremamente importantes. Em primeiro lugar, que o crescimento econômico é essencial, mas não suficiente, para assegurar a equidade, o progresso social e a erradicação da pobreza, contrapondo-se, portanto, a uma ideia, com forte vigência na época, de que o crescimento econômico por si só poderia levar ao bem-estar social. Em segundo lugar, a Declaração estabelece a necessidade urgente de reafirmar, em uma situação de crescente interdependência econômica (ou seja, crescente competitividade no âmbito internacional), *a natureza imutável dos princípios e direitos fundamentais contidos na Constituição da OIT* e, portanto, dos direitos do trabalho. Em terceiro lugar, a Declaração estabelece um patamar mínimo a ser respeitado por todos os Estados-membros, em qualquer circunstância, e não negociável em nome da necessidade de aumentar a produtividade e a competitividade das empresas, setores ou países ou de reduzir os custos de produção.

Além de ser um instrumento importante para a valorização do trabalho e dos direitos a ele associados, no contexto de uma forte "batalha de ideias", a consequência prática da Declaração de 1998 foi um expressivo fortalecimento da cooperação técnica da OIT em áreas tão importantes como o combate ao trabalho infantil, ao trabalho forçado e à não discriminação em várias regiões do mundo nos anos que se seguiram à sua adoção.[13]

Organizar-se en pos de la justicia social (2004), *Uma aliança global contra o trabalho forçado* (2005), *O fim do trabajo infantil: um objetivo ao nosso alcance* (2006), *La igualdad en el trabajo: enfrentando desafíos* (2007), *Liberdade sindical na praìtica: lições a retirar* (2008), *O custo da coerção* (2009).

(13) Para uma análise mais detalhada a respeito, ver os relatórios globais produzidos pela OIT desde 2001 como parte do mecanismo de monitoramento da Declaração (OIT, 2001; OIT, 2002; OIT, 2003; OIT, 2004a; OIT, 2005a; OIT, 2006; OIT, 2007a; OIT, 2008a e OIT, 2009b).

Um ano depois, em 1999, a OIT formaliza o conceito de trabalho decente, entendido como um trabalho produtivo, adequadamente remunerado, exercido em condições de liberdade, equidade e segurança como forma de acesso a uma vida digna. Por esse conceito, a OIT pretendeu expressar a atualização da sua missão histórica de promover o emprego de qualidade para homens e mulheres, os direitos no trabalho, a proteção social e a voz e representação dos atores no mundo do trabalho e o diálogo entre eles. À noção de um emprego de qualidade, o conceito acrescenta as noções de direitos (todas as pessoas que vivem do seu trabalho são sujeitos de direito e não apenas aquelas que estão no setor mais estruturado da economia), proteção social, voz e representação; reafirma que existem formas de emprego e trabalho consideradas inaceitáveis e que devem ser abolidas (entre elas o trabalho infantil e todas as formas de trabalho forçado ou obrigatório); reconhece a existência da economia informal e afirma a necessidade imperiosa de reduzir os déficits de trabalho decente nesse setor e avançar no sentido de uma progressiva formalização e que o objetivo da promoção da equidade de gênero deve ser incorporado como um eixo transversal em todas essas dimensões dessa agenda.

Mas mais que um conceito, o que se começou a construir naquela ocasião foi uma **estratégia de ação**, consubstanciada na Agenda Global de Trabalho Decente.

Com efeito, nos anos que se seguiram à formalização desse conceito pela OIT e, em especial a partir de 2003, este, assim como a proposta de uma *Agenda do Trabalho Decente*, passaram a ser discutidos e assumidos por um conjunto cada vez maior de atores sociais. Em torno deles foram estabelecidos compromissos e reafirmadas ideias e propostas importantes em termos da revalorização do trabalho e dos direitos a ele associados, em uma série de reuniões e conferências internacionais de grande relevância. Entre estas se destacam a Conferência Regional de Emprego do Mercosul (Buenos Aires, abril de 2004), as XIII, XIV e XV Conferências Interamericanas de Ministros do Trabalho da Organização dos Estados Americanos — OEA (Salvador, setembro de 2003, Cidade do México, setembro de 2005 e Porto Espanha, setembro de 2007), a Assembleia Geral das Nações Unidas — ONU (Nova York, setembro de 2005), a IV Cúpula das Américas (Mar del Plata, novembro de 2005), a XVI Reunião Regional Americana (Brasília, maio de 2006) e a Sessão Substantiva de Alto Nível do Conselho Econômico e Social da ONU (julho 2006, Genebra).[14]

A primeira dessas ideias é que *a promoção do emprego produtivo e do trabalho decente são elementos centrais das estratégias de redução da pobreza e, portanto, da consecução das Metas do Milênio.* Com efeito, a relação

(14) Para uma discussão mais aprofundada sobre o tema ver Levaggi (2006); BRASIL-MTE (2006a) e Abramo (2007).

entre o trabalho decente e a redução da pobreza, definida dessa forma, foi afirmada por mais de 150 chefes de Estado e governo reunidos na Assembleia Geral da ONU em setembro de 2005 em Nova York. É importante notar que essa relação não estava claramente estabelecida na Declaração do Milênio que deu origem aos Objetivos de Desenvolvimento do Milênio (ODMs) e seus indicadores, adotada na Cúpula do Milênio no ano 2000. Como resultado de uma discussão realizada nos anos posteriores, e na qual a OIT teve um papel importante, foram acrescentados novos indicadores relacionados ao trabalho.

A segunda é que *o crescimento econômico é condição necessária, mas não suficiente, para a redução da pobreza e da desigualdade social.* Para que isso aconteça, é necessário que os governos se comprometam com a formulação e implementação de estratégias ativas de promoção do emprego e do trabalho decente. Entre elas, e vinculadas ao objetivo de erradicar a pobreza e a exclusão social e contribuir para a garantia da governabilidade democrática, está a adoção de políticas direcionadas à geração de mais e melhores empregos tanto na área rural como na urbana, a promoção do investimento em infraestrutura básica com alto impacto positivo em termos de promoção do crescimento econômico e geração de emprego e o aumento da comunicação entre os ministros responsáveis pelas políticas econômicas, sociais e trabalhistas em cada país, com o objetivo de coordenar políticas orientadas à criação de emprego e à redução da pobreza[15].

A terceira delas é que o trabalho decente deve ser um eixo fundamental das estratégias de crescimento e desenvolvimento econômico. Esse foi um dos pontos centrais das conclusões da XVI Reunião Regional Americana da OIT realizada em maio de 2006 em Brasília, da qual participaram representantes de governos, empregadores e trabalhadores de 23 países, que também se comprometeram com *uma década de promoção do trabalho decente.*

---

(15) Essas ideias foram discutidas e assumidas por 34 Chefes de Estado reunidos em novembro de 2005 em Mar del Plata, Argentina, na IVa Cúpula das Américas, ocasião em que adotaram uma Declaração e um Plano de Ação. O Plano de Ação de Mar del Plata contém também propostas em diversas outras áreas de política, entre as quais se destacam as seguintes: promoção de serviços de assistência técnica, produtiva e creditícia à pequena empresa (melhorar o clima de investimento, facilitar acesso a mercados etc....); favorecer a pesquisa, o desenvolvimento e a adoção de fontes renováveis e eficientes de energia (incluindo a energia mais limpa) e, entre elas, as que fomentem o uso intensivo de mão de obra; estimular políticas que melhorem a distribuição de renda; promover o diálogo social tripartite; eliminar o trabalho forçado; erradicar o trabalho infantil; combater o tráfico de pessoas; reduzir o desemprego juvenil e a porcentagem de jovens que não estuda nem trabalha; eliminar a discriminação de gênero e raça no trabalho; eliminar a discriminação por motivos de idade e de deficiências; reduzir a informalidade (promover metas para a formalização gradual dos trabalhadores assalariados sem proteção social, em particular as trabalhadoras domésticas; fortalecer e ampliar as políticas de formação profissional; melhorar a saúde e segurança no trabalho; promover o exercício pleno e eficaz dos direitos dos trabalhadores (incluídos os migrantes) e a Declaração dos Direitos e Princípios Fundamentais no Trabalho da OIT (BRASIL-MTE, 2006b). A IV Cúpula das Américas confere à OIT um mandato: propor políticas que possam fazer avançar o cumprimento desses compromissos e as áreas temáticas definidas no Plano de Ação. No cumprimento desse mandato, o Diretor Geral da OIT apresentou aos seus constituintes tripartites da região americana (governos, empresários e trabalhadores), em maio de 2006, durante a XVI Reunião Regional Americana, uma Agenda Hemisférica para a Promoção do Trabalho Decente (AHTD).

Em síntese, é interessante observar que o que passa a ser assumido nesses fóruns não é apenas o conceito genérico de trabalho decente, mas também a ideia de que este é uma via fundamental para a redução da pobreza e das desigualdades sociais e, nesse sentido, deve ser parte constitutiva das Metas do Milênio. Além disso, que o objetivo de promoção do trabalho decente deve ter um lugar central — e não residual — nas estratégias de desenvolvimento dos países e nas políticas nacionais e internacionais, incluídas aquelas dirigidas à redução da pobreza, em razão da sua capacidade de impulsionar uma distribuição mais equitativa dos beneficios do crescimento econômico e favorecer a inclusão social. Também se reconhece que o crescimento econômico é uma condição necessária mas não suficiente para a promoção do trabalho decente e que os governos da região devem definir estratégias e implementar políticas ativas e dinâmicas para a consecução desse objetivo, o que supõe a existência de Estados e atores sociais fortes, assim como a consolidação de processos e instâncias de participação e diálogo social.

A Agenda do Trabalho Decente como resposta à crise econômica internacional

A eclosão da crise financeira internacional, em setembro de 2008, apesar da sua gravidade e seus impactos negativos sobre a produção, o emprego e as demais dimensões da Agenda do Trabalho Decente, e das ameaças que representa para os avanços realizados por muitos países no combate à pobreza, abre um novo espaço para a afirmação de uma perspectiva de valorização do trabalho e dos direitos a ele associados.

Com efeito, as políticas que vêm sendo implementadas por diversos países no enfrentamento da crise têm um caráter muito distinto das políticas de ajuste que caracterizaram a maioria das respostas nacionais às crises dos anos 1980 e 1990, em especial nos países latino-americanos. Pode-se dizer que existe uma forte convergência em relação a uma revalorização do papel do Estado, assim como das políticas anticíclicas que combinam políticas macroeconômicas e de investimento com o objetivo de deter a desaceleração econômica e a recessão, políticas de mercado de trabalho que promovam a criação ou a conservação dos empregos e políticas de proteção social para aumentar a cobertura ou duração dos benefícios e assegurar níveis mínimos de renda à população mais afetada.

O reconhecimento de que na raiz da crise está um processo de desvalorização do trabalho e supervalorização do sistema financeiro, assim como os resultados de uma globalização injusta e inequitativa, abre campo para estratégias de enfrentamento da crise que reforcem a importância dos objetivos de promoção do emprego, dos direitos no trabalho e da proteção social.

A OIT tem buscado contribuir com esse processo, chamando a atenção para três temas centrais. Em primeiro lugar, o fato de que já existia uma crise do emprego antes da eclosão da crise econômica e financeira. Essa crise do emprego se expressava não apenas na magnitude do contingente de pessoas desempregadas no mundo (195 milhões em 2007 segundo os cálculos da OIT), como no fato de que 40% das pessoas que estavam ocupadas (cerca de 1,4 bilhões de pessoas) ganhava menos de 2 US$/dia (encontrando-se, portanto, em uma situação de pobreza) e 20% delas recebiam menos de 1 US$/dia (em uma situação de extrema pobreza). Além disso, oito em cada dez pessoas não tinham acesso aos regimes de previdência social (OIT, 2007b).

Em segundo lugar, o fato de que a crise esteve precedida por um desequilíbrio crescente nos rumos da globalização e por uma distribuição muito desigual dos seus benefícios — entre os países e no seu interior — que tem no aumento das desigualdades de renda — mesmo nos anos de prosperidade econômica — uma das suas expressões mais claras (OIT, 2009c)[16]. Em consequência, a resposta à crise atual não deve ser uma volta ao *status quo* existente antes da sua eclosão. A crise deve ser vista também como uma oportunidade para redefinir as bases dos processos de desenvolvimento e crescimento econômico no rumo de um modelo que seja mais sustentável do ponto de vista econômico, social e ambiental.

Em terceiro lugar, para a necessidade de colocar a proteção do emprego e da renda dos trabalhadores e trabalhadoras no centro da resposta à crise.

Em novembro de 2008, o Conselho de Administração da OIT, composto por representantes de governos, organizações de trabalhadores e empregadores, define por consenso seis diretrizes gerais para o enfrentamento da crise. São elas: a) desenvolvimento de políticas anticíclicas, com investimentos públicos e privados dirigidos preferencialmente a setores estratégicos do ponto de vista do desenvolvimento do país e intensivos em mão de obra; b) promoção das empresas sustentáveis, com especial ênfase às pequenas e médias; c) promoção dos empregos verdes para contribuir com uma resposta à crise que seja ambientalmente sustentável[17]; d) fortalecimento dos sistemas de proteção social: criação e/ou fortalecimento de políticas de salário mínimo, programas de transferência condicionada de renda, seguro-desemprego e políticas ativas de mercado de trabalho (intermediação e qualificação); e) respeito aos direitos e princípios fundamentais no trabalho: fortalecimento das ações de prevenção e fiscalização para evitar o recrudescimento do trabalho infantil, escravo,

(16) O relatório final da Comissão Mundial sobre a Dimensão Social da Globalização, organizada pela OIT, já apontava, em 2004, em suas conclusões, que essas desigualdades globais eram *inaceitáveis do ponto de vista moral e insustentáveis do ponto de vista político* (OIT, 2005a). Em junho de 2008, durante 97ª sessão da Conferência Internacional do Trabalho, foi adotada a Declaração sobre Justiça Social para uma Globalização Equitativa na qual a OIT expressa sua preocupação com os rumos da globalização e os sinais que já anunciavam a grave crise financeira internacional que iria eclodir a partir de setembro de 2008. Por sua vez, dois estudos apresentados no segundo semestre de 2008 (OIT 2008c; OIT, 2008d) evidenciam o aumento da desigualdade de renda na maioria dos países analisados entre o começo dos anos 1990 e a metade da primeira década do século XXI. Um desses estudos (2008c) aponta que entre os fatores que ajudaram a contrarrestar essa tendência negativa, em alguns países, estavam as políticas de salário mínimo e os processos de negociação coletiva.

(17) Ver discussão a respeito do tema dos empregos verdes em UNEP (2008).

forçado ou degradante e a discriminação no emprego e na ocupação; f) fortalecimento do diálogo social e sua mobilização para discutir propostas de enfrentamento da crise, com ênfase nos processos de negociação coletiva.

Esse acordo básico entre os constituintes tripartites da OIT passou a orientar as ações da Organização e as atividades de assistência técnica realizadas em diversos países a partir da eclosão da crise e evoluiu para o Pacto Mundial pelo Emprego adotado na 98ª Sessão da Conferência Internacional do Trabalho realizada em junho de 2009 em Genebra.

O Pacto Mundial pelo Emprego pretende ser a resposta à crise definida pelos constituintes tripartites da OIT a partir da perspectiva do trabalho decente, com o objetivo de contribuir para uma recuperação produtiva e sustentável (OIT, 2009e).

O objetivo estratégico do Pacto Mundial para o Emprego é contribuir para que o emprego, a proteção social e o respeito aos direitos dos trabalhadores e trabalhadoras ocupem um lugar central na resposta à crise e no processo de recuperação. O recurso ao diálogo social é fundamental na definição e na implementação dessas políticas.

O seu alcance é mundial porque a crise tanto porque tem essa característica e atinge todos os países em todas as regiões e todos os graus de desenvolvimento quanto porque procura promover uma maior coerência das políticas de resposta à crise entre os governos e as organizações internacionais a partir do enfoque do trabalho decente. Mas ele não é uma receita; deve ser adaptado às diferentes realidades e prioridades regionais e locais. E é também uma proposta a ser incluída na cooperação dos países desenvolvidos com os países em desenvolvimento, assim como na cooperação sul-sul.

O Pacto ressalta a importância da ação do Estado e da dinâmica dos mercados internos e afirma a necessidade de medidas urgentes, audazes e coordenadas, para potencializar a eficácia das políticas e medidas adotadas no âmbito nacional. Alerta para o fato de que, se isso não ocorrer, a tendência é que o emprego continue deprimido por muito tempo, inclusive depois que se recuperem os mercados de valores e que a economia de muitos países volte a crescer. O perigo é que, nesse momento, "se deixe de prestar atenção a essa soterrada e persistente crise do emprego" (OIT, 2009c).

CONSIDERAÇÕES FINAIS

A análise do Constituição de 1988, duas décadas depois da sua promulgação, tanto no que se refere ao contexto e ao processo da sua elaboração, quanto aos direitos que nela foram plasmados, continua sendo um elemento central para entender o processo de construção da democracia e de ampliação da cidadania no Brasil.

Na contramão do processo de flexibilização, desestruturação e precarização do trabalho que caracterizaria os anos 1990 no Brasil e na maioria dos países da América Latina, a Constituição de 1988 continuou sendo uma referência central para o Direito do Trabalho e para o processo de inclusão social que progressivamente irá se plasmando em políticas públicas em uma série de dimensões da vida nacional.

No contexto da atual crise econômica e financeira internacional, que teve entre as suas causas principais um profundo processo de desvalorização do trabalho e da produção, e que ameaça as conquistas recentes em termos do combate à pobreza e da promoção do trabalho decente, paradoxalmente se amplia o espaço para a reafirmação da importância do direito ao trabalho no contexto internacional, regional e nacional.

BIBLIOGRAFIA

ABRAMO, L. Movimiento sindical, consolidación y transición democrática en Brasil. In: CAMPERO, G.; CUEVAS, A. (org.). *Sindicatos y transición democratica.* Santiago do Chile: Planeta/ISCOS-CISL/CLACSO, 1991. (Coleção El Sindicalismo Latinoamericano en los 90).

ABRAMO, L. *O resgate da dignidade:* greve metalúrgica e subjetividade operária. Campinas: Unicamp, 2000.

______. Trabalho decente e informalidade. In: DAL ROSSO, S; FORTES, J.A. (ed.) *Condições de trabalho no limiar do século XX*, Brasília: Época, 2007.

ALMEIDA, M.H.T. O sindicato no Brasil: novos problemas, velhas estruturas. *Debate e Crítica.* São Paulo, Hucitec, CEDEC, OIT-PNUD-IPEA, 1975.

AZEREDO, B. *Políticas públicas de emprego: a experiência brasileira.* São Paulo: ABET, 1998.

BARGAS, O. e RAINHO. L. F. *As lutas operárias e sindicais dos metalúrgicos de São Bernardo (1977-79)*, v. I. São Paulo, Associação Beneficente e Cultural dos Metalúrgicos de São Bernardo e Diadema, 1983.

BRASIL. Ministério do Trabalho e Emprego. *Agenda nacional de trabalho decente.* Brasília, DF, 2006a.

BRASIL. Ministério do Trabalho e Emprego. Trabalho decente nas Américas: A consolidação de um caminho comum. *Caderno de Relações Internacionais,* V. IV, Brasília: MTE, 2006b.

CACCIA-BAVA, S. A luta nos bairros e a luta sindical. 2. ed. In: KOWARICK, L. (org.). *As lutas sociais e a cidade.* São Paulo, Paz e Terra-UNSRID, 1994.

CARDOSO, J. C. *et al.* Políticas de emprego, trabalho e renda no Brasil: desafios à montagem de um sistema público de emprego. *Texto para Discussão* n. 1237, Brasília: IPEA, novembro de 2006.

CEPAL-PNUD-OIT. *Emprego, desenvolvimento humano e trabalho decente:* a experiência brasileira recente. Brasília: CEPAL-PNUD-OIT, 2008.

DURAND, V.M. *Crisis y movimiento obrero en Brasil.* Cidade do México: UNAM, 1987.

ERMIDA, O. La política laboral de los gobiernos progresistas. *Nueva Sociedad,* Berlin, n. 211, sep./oct. 2007.

LEITE, M. e SOUZA, S. *Políticas de emprego e igualdade de oportunidades de gênero e raça no Brasil,* consultoria realizada para a OIT, não publicada, 2008.

LEVAGGI, V. *Democracia y trabajo decente en América Latina.* Lima: OIT, 2006. Disponível em: http://200.62.227.13/WDMS/bib/publ/libros/democracia_trabajo_decente_vl.pdf

MOISÉS, J.A. A estratégia do novo sindicalismo. *Revista de Cultura e Política.* São Paulo, CEDEC, Paz e Terra, abr-set; 1981ª, n 5-6. 1982.

GREEN jobs: towards decent work in a sustainable, low-carbon world. Washington D. C.: UNEP, 2008. 376 p. United Nations Environment Programme, International Labour Organization, International Organization of Employers, International Trade Union Confederation. Disponível em: <http://www.unep.org/labour_environment/PDFs/Greenjobs/UNEP-Green-Jobs-Report.pdf> Acesso em: 3 jul. 2009.

ORGANIZAÇÃO INTERNACIONAL DO TRABALHO. Conferência Internacional do Trabalho, 89e reunião, 2001. *Não ao trabalho forçado*: relatório global do seguimento da declaração da OIT relativa a princípios e direitos fundamentais no trabalho: relatório do diretor-geral, relatório I (B). Genebra: OIT, 2001. 144 p. Disponível em: <http://www.oitbrasil.org.br/info/downloadfile.php?fileId=134> Acesso em: 3 jul. 2009.

ORGANIZAÇÃO INTERNACIONAL DO TRABALHO. Conferência Internacional do Trabalho, 90a reunión 2002. *Un futuro sin trabajo infantil*: informe global con arreglo al seguimiento de la Declaración de la OIT relativa a los principios y derechos fundamentales en el trabajo, Informe del Director General I (B). Ginebra: OIT, 2002. Disponível em: <http://www.ilo.org/public/libdoc/ilo/P/09374/09374(2002-90)157.pdf>. Acesso em: 3 jul. 2009.

ORGANIZAÇÃO INTERNACIONAL DO TRABALHO. Conferência Internacional do Trabalho, 91a reunión 2003. *La hora de la igualdad en el trabajo*: informe global con arreglo al seguimiento de la Declaración de la OIT relativa a los principios y derechos fundamentales en el trabajo. Informe del director general I (B). Ginebra: OIT, 2003. 153 p. Disponível em: <http://www.ilo.org/public/libdoc/ilo/P/09374/09374(2003)153.pdf> Acesso em: 3 jul. 2009.

ORGANIZAÇÃO INTERNACIONAL DO TRABALHO. Conferência Internacional do Trabalho, 92a reunión 2004. *Organizarse en pos de la justicia social*: Informe global con arreglo al seguimiento de la Declaración de la OIT relativa a los principios y derechos fundamentales en el trabajo: Informe del director-general I (B). Ginebra: OIT, 2004. 149 p. Disponível em: <http://www.ilo.org/public/libdoc/ilo/P/09374/09374(2004-92)149.pdf> Acesso em: 3 jul. 2009.

ORGANIZAÇÃO INTERNACIONAL DO TRABALHO. Comissão mundial sobre a dimensão social da globalização. *Por uma globalização*: criar oportunidades para todos. Brasília, DF: Ministério do Trabalho e Emprego, 2005a.

ORGANIZAÇÃO INTERNACIONAL DO TRABALHO. Conferência Internacional do Trabalho, 93a Reunião, 2005b. *Uma aliança global contra o trabalho forçado*: relatório global de seguimento da declaracão sobre princípios e direitos fundamentais no trabalho 2005: Relatório do diretor geral relatório I(B). Genebra: OIT, 2005. 96 p. Disponível em: <http://www.oitbrasil.org.br/info/downloadfile.php?fileId=110>. Acesso em: 3 jul. 2009.

ORGANIZAÇÃO INTERNACIONAL DO TRABALHO. Conferência Internacional do Trabalho, 95a sessão 2006. *O fim do trabalho infantil*: um objetivo ao nosso alcance: Relatório Global no quadro do Seguimento da Declaração da OIT sobre os Princípios e Direitos Fundamentais no Trabalho: relatório do Director-Geral, 2006. Genebra: OIT, 2006. 136 p. Disponível em: <http://www.oitbrasil.org.br/info/downloadfile.php?fileId=190> Acesso em: 3 jul. 2009.

ORGANIZAÇÃO INTERNACIONAL DO TRABALHO. Conferência Internacional do Trabalho, 96a sessão, 2007. *Igualdade no trabalho*: enfrentar os desafios: relatório global de acompanhamento de declaração da OIT relativa aos direitos e princípios fundamentais no trabalho: relatório do director-geral. Genebra: OIT, 2007a. 137 p. Disponível em: <http://www.ilo.org/public/portugue/region/eurpro/lisbon/pdf/igualdade_07.pdf> Acesso em: 3 jul. 2009.

ORGANIZAÇÃO INTERNACIONAL DO TRABALHO. *Tendencias mundiales del empleo.* Ginebra, OIT, 2007b.

ORGANIZAÇÃO INTERNACIONAL DO TRABALHO. Conferência Internacional do Trabalho, 97. sessão, 2008. *Liberdade sindical na pratica*: licões a retirar: relatório global de acompanhamento da declaração da OIT relativa aos Princípios e direitos fundamentais no trabalho. Lisboa: OIT, 2008a. 109 p. Disponível em: <http://www.oit.org/public/portugue/region/eurpro/lisbon/pdf/relatorioglobal_2008.pdf> Acesso em: 3 jul. 2009.

ORGANIZAÇÃO INTERNACIONAL DO TRABALHO. *Declaração da OIT sobre a Justiça social para uma globalização equitativa, 2008.* [Brasília, DF, 2008b]. Disponível em: <http://www.oit.org.br/download/declaracao_oit_globalizacao.pdf> Acesso em: 3 jul. 2009.

ORGANIZAÇÃO INTERNACIONAL DO TRABALHO. *Global wage report 2008/09*: minimum wages and collective bargaining, towards policy coherence. Geneva: ILO, 2008c. Disponível em: <http://www.ilo.org/public/libdoc/ilo/P/09258/09258(2008-09).pdf> Acesso em: 3 jul. 2009.

ORGANIZAÇÃO INTERNACIONAL DO TRABALHO *Income inequalities in the age of financial globalization.* Geneva: ILO, 200c.

ORGANIZAÇÃO INTERNACIONAL DO TRABALHO. 90 anos da Organização Internacional do Trabalho. *Nota Técnica.* Brasília, OIT, 2009a.

ORGANIZAÇÃO INTERNACIONAL DO TRABALHO. Conferência Internacional do Trabalho, 98ª sessão, 2009. *O custo da coerção*: Relatório global de seguimento da Declaração da OIT sobre os direitos e princípios fundamentais do trabalho: relatório I(B). Lisboa: OIT Autoridade para as condições do trabalho, 2009b. 88 p.

ORGANIZAÇÃO INTERNACIONAL DO TRABALHO. Conferência Internacional do Trabalho, 98ª sessão, 2009c. Enfrentando la crisis mundial del empleo: la recuperación mediante políticas de trabajo decente: Informe del director-general. Ginebra:

OIT, 2009 *c* ou *d*. Disponível em: <http://www.ilo.org/wcmsp5/groups/public/—ed_norm/—relconf/documents/meetingdocument/wcms_106222.pdf> Acesso em: 3 jul. 2009.

ORGANIZAÇÃO INTERNACIONAL DO TRABALHO. *Para recuperarse de la crisis: un pacto mundial para el empleo.* Geneva: ILO, 2009d.

RAMOS, C. *La OIT a sus 90 anos. Si quieres la paz cultiva la justicia.* Brasilia, OIT (no prelo), 2009.

SADER. E. *Quando novos personagens entraram em cena.* São Paulo: Paz e Terra, 1988.

SILVA TELLES, Anos 70: experiências, práticas e espaços políticos. In: KOWARICK, L. (org.). *As lutas sociais e a cidade.* 2. ed. São Paulo: Paz e Terra-UNSRID, 1994.

VIANNA. V. *A classe operária e a abertura.* São Paulo: Cerifa, 1983.

ESTRUTURAS EM TEMPOS DE MUDANÇA: OS TRABALHADORES, A CONSTITUIÇÃO DE 1988 E O PROJETO DE REFORMA SINDICAL

Marco Aurélio Santana(*)

INTRODUÇÃO

A década de 1980 caracterizou-se pela abertura política, em que o regime militar implantado no país em 1964, dando seus últimos suspiros, e pela transição para o regime democrático. Ela pode ser considerada também um período de ressurgimento e ascensão do movimento dos trabalhadores brasileiros, reintroduzindo este importante ator na cena política nacional.

Em um contexto marcado pelo ocaso dos governos militares e pelo advento da chamada Nova República, vamos ver os trabalhadores e seus órgãos representativos buscando encontrar soluções para sua organização nacional, suas formas de luta e mobilização, sua participação política etc. A saída de um regime ditatorial para um regime democrático trouxe novas questões ao movimento dos trabalhadores. A descompressão política, que eles mesmos haviam ajudado também a precipitar, lhes garantiria maiores espaços de ação; mas a conjuntura econômica, que repetia amplificados os contextos inflacionários, se lançava combustível nas inúmeras mobilizações deflagradas no período, pressiona os trabalhadores com a perda do poder aquisitivo. Isso os lançou em processos de luta contra tais perdas vindas diretamente da inflação ou dos muitos planos econômicos tentados naqueles anos.

Um elemento de grande destaque no período foi a convocação da Assembleia Nacional Constituinte, que elegeu seus parlamentares em 1986, trabalhou durante o ano de 1987 e foi promulgada em 1988. Batizada de "Constituição cidadã" pelos avanços dos direitos sociais e políticos que portava, essa constituinte vai contar com a participação organizada dos trabalhadores antes e durante sua realização, seja por meio das famosas emendas populares, de atos públicos e presenças nas galerias durante as votações, os trabalhadores brasileiros e suas organizações lutaram no sentido de fazerem-se presentes em termos de seus direitos na Carta Magna do País.

(*) Professor do Departamento de Sociologia e do Programa de Pós-Graduação em Sociologia e Antropologia da Universidade Federal do Rio de Janeiro (UFRJ).

Mais recentemente, a chegada de Luiz Inácio da Silva, o Lula, à presidência da República, levou ao poder uma geração de militantes sindicais e seu projeto de mudanças na estrutura sindical brasileira. Esse projeto buscava também aprofundar muitas questões que, por causa de um conjunto de fatores, foram deixadas ao largo, além também de tratar de outras que, se foram alvo de análise e debate na constituinte, acabaram por, na visão dessa geração, gerar problemas que precisavam de resposta urgente, como a chamada fragmentação sindical.

Este artigo visa exatamente a analisar a questão do trabalho e do sindicalismo, tanto na Constituição de 1988 como no projeto de reforma sindical de 2005, a partir da trajetória do movimento sindical brasileiro no período, não só percorrendo seus passos e ações ao longo da conjuntura, mas também fazendo um balanço das práticas empreendidas e apontando as perspectivas em termos de seus desdobramentos.

OS TRABALHADORES EM MOVIMENTO EM FINS DO REGIME MILITAR

O movimento operário e sindical brasileiro experimentou, no final da década de setenta, um momento marcante para sua história. Submergido após o duro impacto promovido pelo golpe militar de 1964, que lhe havia deixado pouco ou quase nenhum espaço de manobra, senão aquele do silencioso trabalho no interior das empresas e de pontuais tentativas mais visíveis de contestação, o sindicalismo de corte progressista emergia cobrando a ampliação dos espaços para a representação dos interesses da classe trabalhadora. No cenário político mais amplo, a emergência do movimento dos trabalhadores acabou estremecendo os arranjos políticos da transição para o regime democrático que iam sendo pensados sem eles.

Na inflexão da ditadura militar, que já desde o governo de Ernesto Geisel (1974-1979) ia se propondo uma estratégia de flexibilização do regime em marcha lenta, gradual e segura, a sociedade brasileira vai reconquistando seus espaços de participação política. Vivendo um ambiente de efervescência, ela verá surgirem inúmeros movimentos sociais[1] que irão pavimentando o caminho para o processo de redemocratização, acelerando a crise do regime militar (Krischke, 1982 e Sader, 1988). Dentre esses movimentos podem ser listados o estudantil, o de mulheres, o de bairros e o contra a carestia. Articulados ou não ao movimento sindical, os movimentos sociais, em seu conjunto, engrossarão o caldo da luta democrática do período. Esta luta terá nos trabalhadores um sólido ponto de sustentação.

Quando os metalúrgicos do ABC paulista entraram em greve em 1978, abrindo caminho para a paralisação que se seguiu em outras categorias, eles

(1) Para uma análise destes movimentos sociais, ver, na vasta bibliografia a respeito, Gohn (1985) e Boschi (1987).

rompiam com os limites estreitos estabelecidos pela lei antigreve, com o "arrocho salarial" e o silêncio geral ao qual havia sido forçada a classe trabalhadora pelo menos desde as greves de Contagem e Osasco, em 1968[2]. Com isso, eles impactaram alguns dos pilares de sustentação política e econômica da ditadura militar.

Um dos fatores importantes para a deflagração do movimento foi, sem sombra de dúvida, a denúncia de que o regime militar, em 1973 e 1974, maquilara os índices de inflação, mascarando o verdadeiro patamar do custo de vida[3]. Isto levou a que os trabalhadores fossem penalizados em 34,1%. O sindicato dos metalúrgicos de São Bernardo do Campo, sob a presidência de Luís Inácio da Silva, o Lula, começa uma campanha pela reposição salarial em busca daquilo que lhes havia sido, de forma espúria, retirado. Ainda que experimentasse o pouco interesse dos patrões e do governo no sentido da reposição, esta campanha pela reposição fertilizará o terreno para as mobilizações futuras.

A campanha salarial de 1978 se nutrirá desse solo fértil. A campanha deste ano, em si, não trazia nenhuma novidade. Ela termina como as anteriores, homologando-se os índices oficiais. Porém, o sindicato tinha como estratégia desmascarar todo o processo[4]. É por isso, que o sindicato se recusa à negociação tutelada pela Justiça do Trabalho, abrindo mão de sua participação no dissídio.

A política do sindicato, então, era trazer a público o que seria uma farsa de participação gerada pelo governo e deixar um vazio em termos da parte referente à representação dos trabalhadores. O sindicato, que ao longo da campanha de reposição que precedeu a campanha salarial de 1978 já vinha batendo na tecla do roubo efetuado pelo governo, preparava o caminho para uma desilusão ainda maior ao fim desta campanha.

Em fins de março, os trabalhadores da Mercedes-Benz já haviam paralisado o trabalho por não terem recebido o aumento que a empresa costumava conceder. O desenvolvimento da paralisação em vários setores da fábrica levou à demissão de 17 operários, fazendo o movimento refluir. A própria postura da empresa posteriormente indicava uma certa alteração nos padrões de negociação. O endurecimento era sensível[5].

---

(2) Sobre as referidas greves, ver Weffort (1972).

(3) Ver Rainho (1980) e Humphrey (1982).

(4) Como assinala Lula, procurou-se "mostrar ao trabalhador que pouco adiantava ele participar das assembleias do sindicato em termos de salários: e de pouco adianta virem vinte mil trabalhadores numa assembleia, porque o decreto do reajuste de salário é dado pelo Presidente da República, e que a participação nas assembleias teria pouca influência na determinação do índice decretado pelo governo" (Cadernos do Presente, 1978: 73).

(5) Segundo o relato de um militante sindical, assinalado por Antunes (1988: 19), até aquele momento, o padrão era o de que "os conflitos eram resolvidos lá dentro das fábricas. Conversavam, chegavam num acordo e tal. Bem mais aí o Lula foi lá conversar com o cara da Mercedes, um gerente [que] mandou o Lula se danar".

Em 12 de maio de 1978, os trabalhadores da Saab-Scania entraram em greve. Na verdade, a Scania já havia passado, em fins de 1977, por tensões internas entre a direção da empresa e seus empregados o que resultara na demissão de alguns operários. O sindicato reverteu as demissões na Justiça, mas elas acabaram prevalecendo na prática.

A greve de 12 de maio de 1978 pegou o sindicato um pouco de surpresa(6). O movimento se estendeu por quatro dias, findos os quais a diretoria do sindicato arranca um acordo "de boca" da direção da empresa, acordo que depois, pressionada pelos outros setores da indústria automobilística, a Scania não cumpriu, trocando os 20% das reivindicações por parcos 6,5%. Nova mobilização é tentada, mas, mediante as práticas repressivas da empresa, não se efetivou.

Mas as mobilizações por fábrica já se alastravam pelo ABC paulista. No dia 15 de maio pára a Ford, e no dia 16 a Volkswagen. Apesar da posição do TRT de considerar as greves ilegais, isto foi o início de uma onda mobilizatória que alcançou grandes, médias e pequenas empresas, desenvolvendo tipos variados de greve e com duração diversa, chegando a alcançar outros municípios como Osasco e São Paulo. A mobilização acaba por atingir outros setores da economia (Antunes, 1988), trazendo preocupação para todo o patronato e para o governo militar.

Esta greve foi de grande relevância para o movimento dos trabalhadores, em particular, e para a sociedade, em geral, já que demonstrava sua capacidade de organização, mobilização e disposição de luta, ainda que frente ao temível regime militar. Como assinala *Munakata* (1980: 61) "envolvendo centenas de milhares de trabalhadores (...) não se pode negar que o movimento fez emergir à tona da pantanosa cena política brasileira um novo fator: exatamente a presença dos trabalhadores". Em entrevista após a greve, Lula dizia que "o caminho ficou muito tempo fechado, o mato cresceu e está impedindo os trilhos. Agora, estamos apenas cortando o mato, desobstruindo a linha" (NAPPT, 1981: 49).

Após a greve de 1978, tornaram-se possíveis outras mobilizações, em um processo que se consolida e amplia com as greves de metalúrgicos em 1979 e 1980, às quais, em volume ainda maior que na anterior, se incorporam outras categorias (bancários, petroleiros, professores etc.) em todo o País, em uma verdadeira ascensão da classe trabalhadora no Brasil do período.

A riqueza deste ressurgimento dos trabalhadores no cenário político nacional pode ser constatada, entre outras coisas, na criação de um partido político, o Partido dos Trabalhadores (PT), em 1980(7); e na criação, pouco tempo de-

(6) O depoimento de um militante sindical assinala que "A greve nasceu de uma decisão espontânea do pessoal do diurno da ferramentaria. O pessoal do noturno estava saindo, quando o turno do dia entrou e não ligou as máquinas. Ninguém começou a trabalhar. Não se ouvia o menor barulho na fábrica" (Antunes, 1988: 20).

(7) Apesar de os primórdios da proposta de um partido dos trabalhadores remontarem a 1978, e terem tomado corpo em articulações e movimentos ao longo de todo o ano de 1979, foi em 1980 que o PT foi fundado oficialmente. Mais informações sobre este processo podem ser conseguidas, entre outros, em Oliveira (1988), Meneguello (1989) e Berbel (1991).

pois, de organismos intersindicais de cúpula. O retorno dos trabalhadores foi marcado, também, pelo aparecimento do que se convencionou chamar de "novo sindicalismo", supostamente caracterizado por práticas que indicariam sua novidade na recente história sindical brasileira[8]. Desta forma, os trabalhadores foram escrevendo seu nome, de forma indelével, na luta pelo retorno do regime democrático em nosso País.

Deve-se assinalar, contudo, que apesar de seu sentido enfraquecimento, a ditadura militar ainda tentou conter a emergência do movimento dos trabalhadores da forma que pôde. Por exemplo, em breve o governo do general João Figueiredo (1979-1985) promoveria a intervenção em sindicatos (como o dos metalúrgicos do ABC paulista e dos bancários de Porto Alegre) e a prisão de militantes e direções sindicais, alguns inclusive processados pela Lei de Segurança Nacional (LSN).

Mas, os militares não tinham muito mais fôlego para impedir que a sociedade brasileira em geral e os trabalhadores em particular, fossem reconquistando seus direitos. O sentido avanço e expansão do movimento sindical desaguaram na busca de uma unificação, que o fortalecesse e lhe desse uma coordenação nacional. Porém, este processo vai explicitar as subjacentes tensões acerca das práticas e orientações seguidas pelos grupos envolvidos.

De forma geral, podemos caracterizar dois blocos[9], ao longo do processo. De um lado, os chamados sindicalistas "autênticos" reunidos em torno dos sindicalistas metalúrgicos do ABC, agregando sindicalistas de diversas categorias e partes do País, os quais, com os grupos integrantes das chamadas *Oposições Sindicais*[10], compunham o autodenominado bloco "combativo"[11]. Tendo sindicalistas como Lula (metalúrgicos de São Bernardo), Olívio Dutra (bancários de Porto Alegre) e Jacó Bitar (petroleiros de Campinas), como nomes de ponta, este setor formaria a base do chamado "novo sindicalismo". De

---

(8) Este apresentaria como novidade, entre outras: origem e centro no setor moderno da economia, autonomia frente aos partidos e ao Estado, organização voltada à base e ímpeto reivindicativo direcionado para o interesse dos trabalhadores. Mais do que representar uma etapa no processo organizativo e de luta dos trabalhadores em nosso País, este sindicalismo seria uma ruptura com as práticas estabelecidas no passado. Não um passado genérico, mas principalmente aquele do período 1945/1964. A análise do debate acerca do que seria o "novo sindicalismo" já foi alvo de vários outros trabalhos, entre outros, ver Antunes (1991), Santana (1999) e Rodrigues (1999).

(9) Rodrigues (1991) assinala a existência de um outro bloco, relacionado aos grupos de extrema esquerda e ao sindicalismo revolucionário, extremamente minoritário e de pequena influência no processo.

(10) Agrupando militantes egressos ou não da experiência da luta armada e/ou militantes ligados à Igreja progressista, este setor defendia o combate à estrutura sindical corporativa a partir de um intenso trabalho de base via comissões de fábrica. Sua maior expressão estava na Oposição Sindical Metalúrgica de São Paulo (OSM-SP) e podia apresentar posições que iam desde a aceitação do trabalho conjunto com o *sindicato oficial*, até aquelas contrárias a este tipo de articulação.

(11) Vale dizer que é só a partir das greves de 1978, e no período que se segue até a constituição da CUT que os sindicalistas *autênticos* e o movimento das *Oposições Sindicais* vão se consolidando enquanto um bloco.

outro, a *Unidade Sindical* que agrupava lideranças tradicionais no interior do movimento sindical, e os militantes de setores da esquerda dita "tradicional", tais como o Partido Comunista Brasileiro (PCB), o Partido Comunista do Brasil (PC do B) e o Movimento Revolucionário 8 de Outubro (MR8). Estes dois blocos seriam as bases de sustentação dos organismos intersindicais de cúpula que seriam criados no processo. Um setor criaria a Central Única dos Trabalhadores (CUT) e outro setor criaria primeiro a Coordenação Nacional das Classes Trabalhadoras (CONCLAT) que depois daria luz à Central Geral dos Trabalhadores (CGT).

Fatores de ordem sindical e política desempenharam seu papel na recomposição das forças que disputavam a liderança do movimento que emergia. Assim, a CUT considerava a estratégia da CGT como *negocista, conciliadora* e *reformista*. A CGT, por sua vez, avaliava a estratégia do outro setor como sendo *esquerdista* e *desestabilizadora*. Em termos gerais, será dividido entre tais vertentes que o movimento sindical brasileiro entrará na década de 1980, um período extremamente rico de sua história político-organizacional.

AS CENTRAIS SINDICAIS NOS ANOS 1980: REORGANIZAÇÃO E MOBILIZAÇÃO

Na entrada da década, o País ia deixando para trás longos anos de ditadura militar (1964-1985). O sindicalismo nacional, facilitado por um período de transição política para a democracia — que ajudara a conquistar e que lhe garantia campo de atuação — e por uma conjuntura econômica de elevada inflação — que lhe fornecia combustível mobilizatório — acumulou vitórias organizativas importantes, reocupando o espaço político do qual havia sido privado pelos governos militares.

Em seu conjunto, o sindicalismo brasileiro viverá, ao longo dos anos que se iniciam, o que pode ser considerado um de seus momentos de ouro[12]. Qualquer balanço de sua trajetória naqueles anos deve apontar para duas de suas características: a rápida consolidação no plano organizacional, conseguida por este movimento que ressurgia, e a pujança mobilizatória aferida pelo mesmo[13]. Vejamos algumas indicações a respeito de ambos os aspectos.

O movimento que emergiu no final dos anos de 1970 inicia de forma acelerada a busca por organismos intersindicais que articulassem suas lutas em termos nacionais. As forças atuantes no movimento dos trabalhadores se reor-

(12) Neste sentido, ele andará no contrafluxo de seus pares nos países do capitalismo central, que experimentavam uma dura crise (Larangeira, 1998, Rodrigues, 1999 e Ramalho, 2000).

(13) Uma das características desse período foi, sem sobra de dúvida, a participação dos setores de classe média no sindicalismo. Como indica Boito Jr.(1991: 64) "A difusão do assalariamento, que atingiu grande parte dos trabalhadores rurais e antigas profissões liberais de classe média, bem como a degradação socioeconômica da frações majoritárias da classe média lançaram inúmeras frações dessa classe social ao movimento sindical".

ganizaram e tentaram fundar uma central sindical. A efetivação de encontros e reuniões preparou o terreno para este processo. Porém, deve-se dizer que, embora intentassem criar uma entidade unitária, o que acabou prevalecendo foi a já mencionada divisão entre os dois grandes blocos que disputavam a hegemonia no interior do sindicalismo nacional (o "combativo" e a *Unidade Sindical*).

A grande e fundamental disputa dos dois setores ocorre na I Conferência Nacional da Classe Trabalhadora (I CONCLAT), realizada em Praia Grande, em 1981, unindo trabalhadores urbanos e rurais. Ali, os dois setores apresentaram e debateram suas propostas de orientação para o movimento sindical do País (Menezes e Sarti, 1981). Desta CONCLAT foi eleita uma comissão coordenadora da Central Única dos Trabalhadores (a Comissão Pró-CUT) que agregava membros de ambos os setores e tinha como tarefa não só encaminhar a luta geral da classe trabalhadora brasileira, mas também, preparar a organização da II CONCLAT, na qual, conforme definição congressual prévia, se deveria fundar a CUT, até então pensada por todos os setores como uma central unitária.

Porém, a *Unidade Sindical*, alegando ser 1982 um ano eleitoral e que um congresso naquele período poderia dividir os trabalhadores, se empenhou pelo adiamento do mesmo. Após muitas idas e vindas de reuniões, polêmicas e votações, este setor logrou seu intento e o encontro foi transferido para o ano seguinte.

Com a chegada de 1983, o clima de tensão e divisão entre os grupos já parecia sem retorno. Marcada para aquele ano, a CONCLAT enfrentaria novos problemas para se realizar. Para além de outras divergências, a grande questão se estabelecia a partir do fato de que os "combativos", que já desde 1982 se articulavam com setores do movimento social e popular na Articulação Nacional dos Movimentos Populares e Sindical (ANAMPOS), insistiam na ampliação dos espaços de participação às *Oposições Sindicais*; a *Unidade Sindical*, ancorada na estrutura sindical vigente, não aceitava tal ampliação insistindo em que só dirigentes sindicais poderiam participar. O que estava em jogo, na entrada ou não das *Oposições Sindicais*, era a possível ampliação do poderio dos "combativos" e o decorrente enfraquecimento do outro setor. Diante do quadro, mais uma vez, a *Unidade Sindical* tentou adiar o encontro (Santana, 2001).

Dispostos a sustentar o que fora definido anteriormente, os setores ligados à ANAMPOS resolvem manter a data de 26, 27 e 28 de agosto de 1983 para a realização do encontro. Sem a participação dos setores vinculados à *Unidade Sindical*, este encontro foi realizado em São Bernardo do Campo (SP). Nele, com a presença de 5.059 delegados e 912 entidades, foi fundada a Central Única dos Trabalhadores (CUT) (Rodrigues, 1990 e Antunes, 1991).

Diante da efetivação da ruptura, convocada pela ANAMPOS, a *Unidade Sindical* resolveu organizar um outro congresso para os dias 4, 5 e 6 de novembro de 1983. Seguindo a proposta do PCB, este encontro que, realizado em Praia Grande (SP), reuniu 4.234 delegados e 1.243 entidades, opta por não criar uma central sindical, o que, ao seu ver, ratificaria a divisão orgânica do movimento sindical brasileiro. Criou-se, então, a Coordenação Nacional da Classe Trabalhadora (CONCLAT).

Foi apenas em março de 1986, já diante do enorme crescimento conseguido pelo sindicalismo ligado à CUT, e com a certeza de que qualquer possibilidade unitária já havia sido soterrada há tempos, que a CONCLAT, em seu congresso, resolveu tornar-se efetivamente uma central sindical. Cria-se a Central Geral dos Trabalhadores (CGT), que tendo em vista a tensão entre suas forças componentes, dará origem ainda à Confederação Geral dos Trabalhadores (CGT), em 1988, e, posteriormente, à Força Sindical, em 1991.

No centro dessas cisões na CGT se encontra a forte disputa interna entre os grupos que a compunham. A tensão se dava entre os setores mais tradicionais do sindicalismo, aliados aos partidos de esquerda atuantes na central, e um novo bloco que foi se formando autointitulado de "sindicalismo de resultados". Este último, defensor da economia de mercado, de corte anticomunista e pragmático, divergia tanto do sindicalismo de contestação da CUT, como de seus parceiros de esquerda dentro da CGT. Ele tinha como principais lideranças Luís Antônio de Medeiros (metalúrgicos de São Paulo) e Antônio Rogério Magri (eletricitários de São Paulo). Deste setor sairá uma forte alternativa no sentido de tentar barrar o sensível avanço da CUT.

Por seu turno, a CUT, apesar das duras disputas entre os seus diferentes grupos internos, conseguiu manter sua coesão, inclusive incorporando ao longo do tempo aqueles setores da esquerda tradicional que iam divergindo e saindo da CGT. Contudo, deve-se assinalar que a central passou por um processo de institucionalização, principalmente a partir do seu terceiro congresso nacional, ocorrido em Belo Horizonte em 1988 (III CONCUT), que modificou suas características originais. Ainda que mantendo seu discurso crítico contra a estrutura sindical corporativa, o que ocorreu ao longo de tempo foi que a CUT caminhou para uma posição cada vez maior de adequação àquela estrutura. Em termos de sua orientação na defesa dos trabalhadores, o que se viu foi a migração de uma política de maior *confrontação*, que lhe caracterizara desde a sua fundação, para uma outra de *cooperação conflitiva* (Rodrigues, 1995), assumindo o que passou a se chamar de sindicalismo "propositivo"(14).

Assim, apesar da pujança, o movimento sindical brasileiro terá de lidar, no momento mesmo de sua ascensão, com organismos nacionais divididos e em acirrado conflito. Só pontualmente, as centrais trabalharam conjuntamente neste período. O mais comum era a disputa e a crítica mútua entre as mesmas.

Deve-se dizer, entretanto, que isso não reduziu o ímpeto mobilizatório dos trabalhadores em seu conjunto. Em grande medida, ainda que não exclu-

(14) Rodrigues (1995 e 1997) traz uma detalhada análise da trajetória da CUT. Ver também Rodrigues (1990), Antunes (1991), Gianotti e Neto (1991), Santana (1995) e Oliveira (1998).

sivamente, coube à CUT (e aos sindicatos a ela filiados), que acabou por se tornar o projeto sindical hegemônico no período, ser canal e estímulo para as inúmeras mobilizações e greves que marcaram aqueles anos, inclusive algumas greves gerais de caráter nacional. Nos marcos de suas reivindicações podemos incluir desde a quase onipresente questão salarial, passando pela resistência às práticas de relações de trabalho autoritárias, indo até a luta contra os sucessivos pacotes econômicos governamentais, os quais, em busca de correções nos rumos da economia, então marcada pelas altas taxas de inflação, acertavam duros golpes nas condições de vida dos trabalhadores.

Aliás, este processo de mobilização, sentido desde a virada da década, amplia-se ainda mais em plena transição democrática, ao longo do governo de José Sarney (1985-1989), o qual enfrentou um elevado número de movimentos reivindicativos por parte dos trabalhadores, que foram desde a luta pela inserção de direitos sociais e trabalhistas na Constituição de 1988, passando pelas greves locais e nacionais por categorias, até as greves gerais contra diversos planos econômicos de seu governo (Plano Cruzado e Plano Bresser, por exemplo). Neste particular, deve-se indicar a greve nacional organizada conjuntamente por CUT e CGT, que, realizada no dia 12 de dezembro de 1986, paralisou, com formas e localização diferenciadas, cerca de 15 milhões de trabalhadores em 22 dos 23 Estados do País, tornando-se a mais expressiva até então.

Assim, como já observado por *Boito* (1991: 47),

> Ao longo da década de 80, o modo de funcionamento e o papel do organismo sindical oficial mudaram bastante. Houve um progressivo afrouxamento do controle governamental sobre a vida interna dos sindicatos. Diversas correntes sindicais mais agressivas no plano da luta reivindicativa e de orientação não governista ascenderam no interior da estrutura sindical oficial. O resultado foi que parte significativa e crescente dos sindicatos oficiais passou a ser utilizada para organizar e dirigir a luta sindical dos trabalhadores.

OS TRABALHADORES E A NOVA REPÚBLICA

No campo político, o avanço do processo de distensão proposto pela ditadura em fim de linha vai ter como marcos importantes, a partir de 1979, a anistia aos exilados e presos políticos e a reorganização dos partidos. Nesse último caso, acabava-se com o bipartidarismo imposto logo nos primórdios da ditadura (que criara a Aliança Renovadora Nacional — ARENA e o Movimento Democrático Brasileiro — MDB), abrindo possibilidades para um novo arranjo das forças políticas já em movimento. Entre os mais representativos na cena política, teríamos: 1) os grupos sindicais ligados ao novo sindicalismo articulam-se com outros setores sociais para a criação do Partido dos Trabalhadores (PT); 2) o Partido do Movimento Democrático Brasileiro (PMDB) continua a agregar os setores oriundos do MDB, inclusive os partidos comunistas, que só seriam legalizados em 1985; 3) os setores trabalhistas progressistas, com o impedimento de retomada da legenda do Partido Trabalhista Brasileiro (PTB), criarão o Partido Democrático Trabalhista (PDT) e 4) os setores anteriormente organizados na ARENA passarão ao Partido Democrático Social (PDS).

No jogo da sucessão, os militares, ainda que saindo de cena, tentam limitar os passos que poderiam tirar o processo de seu controle. Com o claro enfraquecimento da ditadura e a intensa movimentação social, ganha força a ideia das eleições diretas para presidente. Esse movimento, o das "Diretas Já", principalmente entre 1983 e 1984, ao levar milhões de pessoas às ruas em comícios por todo o País, com forte apoio dos sindicatos, se tornará um dos mais pujantes de nossa história. Contudo, a emenda constitucional para esse fim, proposta pelo deputado Dante de Oliveira (PMDB), foi derrotada no parlamento. Assim, a transição se faria pela via da eleição indireta, no colégio eleitoral.

Em 1984, duas candidaturas foram apresentadas: Paulo Maluf, pelo PDS e Tancredo Neves pela Aliança Democrática (AD), que tinha José Sarney, antiga liderança da ARENA e do PDS, como seu vice. Elas polarizarão o colégio eleitoral. O PT defendeu o voto nulo de seus parlamentares. A vitória de Tancredo Neves abriria o período da Nova República. Ainda que pela via do voto indireto, muitos dos anseios de liberdade, democracia, participação e mudança social estariam ali representados. Contudo, Tancredo morreria antes da posse e José Sarney assumiria o lugar do primeiro presidente civil no pós-ditadura. O governo Sarney será marcado, entre outras coisas, por: 1) uma inflação de índices estratosféricos; 2) muitos planos econômicos que se sucederão na tentativa de controlá-la (Plano(s) Cruzado, Bresser e Verão), e que acabaram por fracassar e por aumentar o "arrocho salarial" sobre os trabalhadores e 3) intensa mobilização dos trabalhadores em busca da recuperação salarial frente às perdas da inflação e dos planos econômicos, que se expressará nas milhares de greves (por categorias ou gerais) que serão deflagradas no período. Entrará na conta desse governo também o triste resultado de uma das greves, a dos metalúrgicos de Volta Redonda, em 1988, que terminará com três operários mortos pelas tropas do exército.

Os sucessivos apelos do governo para um "pacto social", não surtiram efeito. Ainda que pudessem apoiar aqui e ali algumas medidas do governo, dado o cenário de perdas salariais constantes e desemprego, os trabalhadores resistiram a tal acordo. No caso do primeiro plano, o Cruzado, na época do ministro Dílson Funaro, que congelou os preços das mercadorias no pico em que estavam e os salários em uma média dos seis meses anteriores, a população foi chamada para ser "fiscal do Sarney" nos supermercados.

De todo modo, deve-se dizer também que esse governo será lembrado como aquele em que, cerca de três meses após a posse, foi convocada a Assembleia Nacional Constituinte, no sentido de dar um novo ordenamento jurídico-político ao País. Ainda que tenha sido convocada por Sarney, segundo ele assumiu posteriormente, era um risco, mas era também um passo indispensável, a constituinte já constava entre os compromissos da Aliança Democrática (AD).

OS TRABALHADORES E A CONSTITUIÇÃO

A eleição para os deputados constituintes se deu sob o forte impacto do plano Cruzado. O governo seria depois acusado de "estelionato eleitoral" pela oposição, já que nem bem se contavam os votos e o plano, que havia sido prorrogado antes da eleição, foi suspenso. Isso fez com que os setores identificados com o governo recebessem uma enxurrada de votos. Assim, os setores progressistas tiveram uma margem reduzida para atuação, ainda mais com a formação do chamado "centrão", composto pelos setores mais regressivos da vida política nacional e que visava a impedir os avanços dos setores progressistas.

De todo modo, articulando a atuação por dentro dos trabalhos constituintes e por fora dele, associando-se e fazendo reverberar as demandas mais candentes da sociedade, os setores progressistas puderam tentar reescrever a Constituição por um viés mais social.

Um dos instrumentos utilizados nesse processo foram os projetos de emendas populares. Entre os 122 projetos de emendas populares, a comissão de sistematização de emendas recebeu um favorável à reforma agrária com a impressionante cifra de um milhão de assinaturas e um projeto de emenda constitucional em favor da estabilidade do emprego que atingiu as quinhentas mil assinaturas, ambos com apoio de inúmeras organizações da sociedade civil, entre elas os sindicatos e centrais que sempre se esmeraram no trabalho de coleta de assinaturas por todo o País.

Além disso, os trabalhadores efetivaram um sem número de atividades e mobilizações em busca de seus direitos. Por exemplo, em 3 de dezembro de 1987, organizou-se um conclave em Brasília, a "*Plenária Nacional de Entidades Sindicais, Populares e Democráticas em Defesa dos Direitos do Povo*, para protestar contra o então chamado "golpe do Centrão", isto é, a ação da frente suprapartidária de direita que fizera aprovar uma alteração, prejudicial ao movimento popular, no regimento interno do Congresso Constituinte" (Boito, 1999:135).

No dia 22 de setembro de 1988, no plenário da câmara dos deputados, é votado aquele que seria o texto definitivo da nova Carta. Ele portando 245 artigos em seu corpo permanente e 70 no das disposições transitórias. O texto foi aprovado por 474 votos a favor, 15 contra e 6 abstenções. Os votos contrários vieram da bancada do PT que seguiu a orientação de seu Diretório Nacional, que criticava o teor da nova Carta. Contudo, a bancada assinaria o texto posteriormente.

Sem sombra de dúvida, os trabalhadores e suas organizações se mobilizaram no sentido de ver seus interesses dispostos na Constituição. Contudo, como já indicado, eles em certos momentos operaram juntos, em outros se dividiram tendo em vista suas variadas posições.

De todo modo, em grande medida, a partir de suas articulações, foram sacramentados direitos, tais como: 1) o salário mínimo unificado; 2) a jornada de 44 horas; 3) a licença-paternidade; 4) ampliação da licença-maternidade; 5) redução para seis horas do turno de trabalho para aqueles que trabalham em turnos de revezamento ininterruptos; 6) aumento do valor da hora extra; 7) garantia de demarcação das terras indígenas; 8) aprovação do conceito de reforma agrária, condenado o latifúndio improdutivo e 9) participação nos conselhos tripartites para discussão e efetivação de políticas públicas (entre elas as para o trabalho)[15].

Os setores conservadores e patronais não viram com bons olhos a extensão de tantos direitos na Constituição, e buscaram impedir não só sua regulamentação como sua execução. Para eles, era limitador constitucionalizar direitos trabalhistas, limitando o processo de negociação. Diziam que, inflada daqueles direitos, a Constituição oneraria a folha de pagamento das empresas e geraria demissões e desemprego, levando os trabalhadores para a informalidade. Já os progressistas afirmavam que a constitucionalização dos direitos trabalhistas seria fundamental, trazendo importantes ganhos sociais para os trabalhadores. Além disso, garantiriam que os mesmos seriam respeitados. Sarney, cujo lema de governo era "tudo pelo social", por sua vez, diria posteriormente que ao incorporar tantas demandas corporativas, a Constituição tornara o País ingovernável, em uma versão que ganhou força na imprensa.

No que tange as questões afetas à vida organizativa e mobilizatória dos trabalhadores, algumas alterações sensíveis foram empreendidas pela nova Carta, ainda que outros aspectos historicamente demandados tenham ficado intocados. Isso fez com que a Constituição de 1988 ficasse a meio de caminho frente ao que se esperava de uma profunda reforma sindical. Ela mudou, mas conservou. Desse modo, com a marca da ambiguidade de crítica e resignação ao corporativismo, muitos outros problemas surgiram do novo desenho de estrutura assumido na letra da lei.

No que diz respeito às mudanças, temos, entre outras: 1) liberdade de associação sindical, sem a necessidade de autorização pelo Estado e reconhe-

---

(15) A Constituição de 1988 descentralizou a produção de políticas públicas instituindo vários tipos de conselhos, entre eles os de trabalho, nos diversos níveis. Além disso, ela instituiu o Fundo de Amparo ao Trabalhador (FAT), ele seria um fundo de seguro-desemprego. A proposta sofre uma alteração em 1990, modificando a utilização do Fundo, que passaria também a garantir financiamento ao desenvolvimento econômico via BNDES. A administração do FAT fica ao encargo do Conselho Deliberativo do Fundo de Amparo ao Trabalhador (CODEFAT), que, baseando-se na Convenção 88 da OIT e bem ao espírito da Carta de 1988, garante a participação da sociedade organizada na gestão do Sistema Público de Emprego (SPE). Mais informação acerca do FAT pode ser obtida em Santos (2006).

cimento pelo Ministério do Trabalho; 2) direito de sindicalização do funcionalismo público; 3) direito de greve (que foi estendido também ao funcionalismo, ainda que necessitasse de regulamentação que ainda não veio); 4) extensão aos trabalhadores rurais de direitos sindicais anteriormente concedidos apenas para trabalhadores urbanos; 5) fim da intervenção nos sindicatos e 6) direito de representação no interior de empresas com mais de 200 trabalhadores...

Já no que tange à continuidade, poderíamos indicar entre os exemplos: 1) unicidade, proibindo mais de um sindicato por categoria; 2) sindicato por categoria profissional e não por ramo de atividade econômica; 3) manutenção do Imposto Sindical, além da abertura de espaços para outros tipos de contribuição como, por exemplo, para as confederações e 4) além disso, não se resolveu uma questão histórica quanto às centrais sindicais. Apesar de seu reconhecimento político-institucional, elas não lograram conseguir sua personalidade sindical, que as habilitaria ao exercício das atribuições e das prerrogativas sindicais.

A criação da contribuição confederativa franqueou o acesso a mais uma fonte de custeio para os sindicatos, sem vínculos de contrapartida[16] àquela que seria sua base de representação. Com a redução do controle e das exigências para a criação de entidades sindicais e o acesso a novas fontes de recursos, viu-se uma verdadeira avalanche de sindicatos sendo criados, levando a muitos exageros e aberrações em termos qualitativos e quantitativos[17], abrindo espaços para um processo de pulverização sindical e potencializando ainda mais a existência dos tristemente famosos "sindicatos fantasmas". O aumento numérico das entidades não significou e nem resultou do que seria o avanço de sua organização e nem de seu poderio. Em grande medida, serviu à fragmentação e enfraquecimento dos organismos sindicais. De certa forma, a pulverização facilitou também, entre outras coisas, a descentralização e dispersão da negociação coletiva.

O GOVERNO LULA E A REFORMA SINDICAL

Como responder a esse cenário montado por problemas já históricos e outros trazidos e adicionados pela Constituição de 1988? Aparentemente, isso estava em jogo desde o começo das discussões recentes sobre a reforma sindical tentada na entrada dos anos 2000, notadamente entre os seus promotores.

---

(16) A contribuição confederativa tem por objetivo custear o sistema confederativo. Tal contribuição é fixada pela assembleia geral da categoria. Diferentemente do Imposto Sindical, ela tem como base os associados da entidade e não tem tantas limitações em sua operacionalidade e instrumentalização, dado que se baseia em definições e decisões internas da categoria.

(17) Segundo dados do MTE (2005: S/P), à época da proposta de reforma sindical o País contava com cerca de 18 mil sindicatos.

No governo Lula, a reforma da legislação sindical entrava na pauta do dia. Na visão de seus propositores, a reforma seria um passo na direção de uma mudança mais ampla, não se reduziria a uma

> mera alteração legislativa, mas de um amplo reordenamento jurídico-institucional de caráter sistêmico que, do ponto de vista normativo, deverá envolver o Direito Sindical, a Legislação do Trabalho, o Direito Processual do Trabalho, os órgãos de Administração Pública do Trabalho e a Justiça do Trabalho. (MTE, 2005: S/P)

O conjunto de reformas nessa área, visadas pelo governo, segundo expresso em seus documentos (MTE, 2003 e MTE, 2005), vinha no sentido de tornar as leis e instituições do trabalho mais compatíveis com o que seria a nova conjuntura social, política e econômica vividas pelo País. Como pano de fundo, indicado nos documentos, temos as consequências de sucessivas políticas econômicas danosas e a reestruturação produtiva, as quais teriam impactado duramente o mundo do trabalho.

A "Exposição de Motivos" do projeto assinala que

> A Reforma da Legislação Sindical é um dos mais caros compromissos de mudança desta gestão, em função do atraso estrutural das normas vigentes. Permitir uma organização sindical realmente livre e autônoma em relação ao Estado, além de fomentar a negociação coletiva como instrumento fundamental para solução de conflitos, são objetivos essenciais para o fortalecimento da democracia e estímulo à representatividade autêntica (MTE, 2005: S/P).

O esforço, necessário, pode ser considerado como um ato corajoso, dado o grau de divergência existente sobre a matéria, na sociedade e *inter* e *intra* bancadas no Fórum Nacional do Trabalho. Ao observarmos o projeto que inspirará as possíveis mudanças, vemos que a reforma, orientada por uma clara perspectiva de negociação e solução de conflitos, teve como alguns de seus eixos pretendidos (MTE, 2005: S/P):

> a) o fortalecimento da representação sindical, de trabalhadores e de empregadores, em todos os níveis e âmbitos de representação; b) o estabelecimento de critérios de representatividade, organização sindical e democracia interna; c) a definição de garantias eficazes de proteção à liberdade sindical e de prevenção de condutas antissindicais; d) a promoção da negociação coletiva como procedimento fundamental do diálogo entre trabalhadores e empregadores; e) a extinção de qualquer recurso de natureza parafiscal para custeio de entidades sindicais e a criação da contribuição de negociação coletiva; f) o estímulo à adoção de meios de composição voluntária de conflitos do trabalho, sem prejuízo do acesso ao Poder Judiciário; g) o reconhecimento da boa-fé como fundamento do diálogo social e da negociação coletiva; h) a democratização da gestão das políticas públicas na área de relações de trabalho por meio do estí-

mulo ao diálogo social; i) a disciplina do exercício do direito de greve no contexto de uma ampla legislação sindical indutora da negociação coletiva; j) a disposição de mecanismos processuais voltados à eficácia dos direitos materiais, da ação coletiva e da vocação jurisdicional da Justiça do Trabalho; e, k) a definição de regras claras de transição para que as entidades sindicais preexistentes possam se adaptar às novas regras.

No geral, teríamos o aumento da representatividade e do poder de negociação das entidades sindicais, sua implantação efetiva nos locais de trabalho, a prevenção de práticas antissindicais, o fim do Imposto Sindical — com a criação da contribuição negocial oriunda de índices aferidos da negociação coletiva — e a "legalização" das centrais sindicais. Além disso, seria redesenhada a ação da Justiça do Trabalho(18) e se buscaria retirar a ideia de "abusividade", quase prévia, nos julgamentos das greves e mobilizações de trabalhadores, sem deixar com isso de estabelecer regulações ao seu desenvolvimento.

Pode-se dizer que o resultado é um híbrido, já que, na composição de posições, ficou-se entre a "unicidade" e a "pluralidade" sindical(19). Isso porque, ao mesmo tempo em que se abre a possibilidade de existir mais de um sindicato de categoria por base territorial, garantiu-se a permanência dos já existentes, com "exclusividade", caso também preencham os requisitos de representatividade dispostos no projeto(20). Talvez ele sirva bem como uma fase de transição entre modelos. Era óbvio que não se mexeria, ainda mais em um cenário democrático, em algo de tal durabilidade, extensão e eficácia, nos mais diversos níveis e para os mais variados atores, sem impasses, problemas, limites e dificuldades.

---

(18) Neste particular, a "alteração sugerida diz respeito ao exercício do poder normativo da Justiça do Trabalho, que ao longo do tempo se revelou um mecanismo de desestímulo à negociação coletiva. Para resolver conflitos coletivos de interesses, trabalhadores e empregadores poderão recorrer, de comum acordo, à arbitragem privada ou a um procedimento de jurisdição voluntária no Tribunal do Trabalho. Também se deseja rever a ação judicial em matéria de greve, ajustando-a ao regime de liberdade sindical. A possibilidade jurídica de emissão de ordem para o retorno dos trabalhadores ao serviço ficará restrita às graves situações em que estejam em jogo os interesses maiores da comunidade ou quando houver risco de prejuízos irreversíveis a pessoas ou ao patrimônio do empregador ou de terceiros" (MTE, 2005: S/P).

(19) Segundo a parte que trata da Exclusividade de Representação (MTE, 2005: 39): "Art. 38. Para os fins desta Lei, considera-se exclusividade de representação a concessão de personalidade sindical a um único sindicato no respectivo âmbito de representação. Art. 39. O sindicato que obteve registro antes da vigência desta Lei poderá obter a exclusividade de representação mediante deliberação de assembleia de filiados e não filiados e a inclusão em seu estatuto de normas destinadas a garantir princípios democráticos que assegurem ampla participação dos representados. Parágrafo único. As condições para a obtenção da exclusividade de representação deverão ser comprovadas no prazo de 12 (doze) meses, contados da data da aprovação, pelo Ministro do Trabalho e Emprego, dos requisitos estatutários propostos pelo Conselho Nacional de Relações de Trabalho, período durante o qual o sindicato conservará a exclusividade no respectivo âmbito de representação. Art. 40. Havendo modificação no âmbito de representação, será permitida a existência de mais de um sindicato com personalidade sindical".

(20) Segundo o projeto (MTE, 2005: 35), "O sindicato obtém representatividade mediante vinculação a central sindical, ou a confederação, ou a federação ou mediante a filiação de número igual ou superior a 20% (vinte por cento) dos trabalhadores do âmbito de representação".

A reforma, se efetivada na lei e na prática, traria um novo campo de ação e disputas para os setores atuantes no sindicalismo brasileiro. Contudo, ela traria algumas dificuldades em termos de sua consecução. Entre elas teríamos o seguinte. A aferição dos "índices de representatividade" das entidades sindicais, que lhes garantirá ou não a personalidade sindical e o direito de representar os trabalhadores de sua base, pode se tornar um imenso e disputado emaranhado de números e estatísticas. A ideia de "exclusividade", pensada como mecanismo de transição, garantiria, a todas as entidades já existentes, um prazo de carência para terem seus índices de representatividade aferidos. Dadas as condições no cotidiano da máquina sindical brasileira, isso pode ser um instrumento de manutenção das velhas lideranças sob nova roupagem.

E não é apenas isso. Desde os seus encaminhamentos iniciais, mas principalmente em termos de seus resultados, a proposta de reforma tem suscitado críticas tanto da parte de analistas quanto de sindicalistas[21]. Entre as muitas críticas geradas no processo de discussão e construção do projeto de reforma, pode-se enfeixar questões que vão desde as entidades de cúpula, passam pela organização no local de trabalho, a ingerência do Estado e o direito de greve.

No que diz respeito às entidades de cúpula, o projeto poderia resultar em uma centralização de poder na cúpula. Isso se daria na medida em que ele tanto reconhece positivamente as centrais, quanto fornece às mesmas poderes que podem sobrepor-se aos organismos de base da pirâmide sindical. Dessa forma, para alguns, estaria se reiterando o "cupulismo" de outrora. Já no que tange à proposta acerca do direito à representação sindical nos locais de trabalho com mais de 50 funcionários, ela seria extremamente limitada, já que o direito ficaria restrito às empresas com mais de 100 trabalhadores, o que se referiria a menos de dez por cento das existentes no país. Quanto à ingerência do Estado, o projeto de reforma daria poderes de reconhecimento da representatividade das entidades ao Ministério do Trabalho, bem como afirmaria que a definição dos ramos de atividade seria procedida por ato do MTE. Já o Conselho Nacional de Relações de Trabalho, instância tripartite a ser criada, padeceria de qualquer autonomia, ficando vinculado ao governo. Por último, o direito de greve. Nesse particular, o documento da reforma ampliaria as chamadas atividades essenciais. Além disso, preveria a obrigatoriedade das "cotas de produção", mantendo a possibilidade de punição e multa pela Justiça do Trabalho.

No geral, para alguns críticos, restaria a certeza de que, a partir do espírito proposto, se estaria efetivando a ideia de que o "negociado" prevaleceria sobre o "legislado". Isso poderia servir a um relativamente diminuto grupo de sindicatos, mais organizados, estruturados e fortes, mas portaria elementos trágicos para uma maioria esmagadora deles, nem tão estruturados e fortes assim.

(21) Ver, entre outros, Borges (2004), Galvão (2005) e Druck (2006). Para uma defesa do projeto, ver Bargas e Oliveira (2005).

De todo modo, não se pode ainda predizer como, quando e se a reforma sairá. A sua entrada no parlamento foi feita em um momento bastante difícil para o governo e, dadas as resistências dos mais variados setores, correu-se o risco de vê-la embarreirada. Saído da crise, o governo vai buscando formas de alterar a legislação sindical, se não pela via de um conjunto amarrado de dispositivos legais, ao menos pela via mais pontual.

O próprio Fórum Nacional do Trabalho, por exemplo, peça importante e local de debate de todo o processo, tem se dedicado a questões importantes, mas muito mais focalizadas e pontuais, que não necessariamente se enquadram entre o que seriam pontos afeitos a uma reforma sindical(22), alguns já tocando o que seriam temas de uma Reforma Trabalhista. Um dos tópicos mais próximos daquele escopo seria o acordo sobre o reconhecimento das Centrais Sindicais(23).

No dia 10 de maio de 2007, em reunião que contou com a participação das 7 maiores centrais sindicais do Brasil (Central Única dos Trabalhadores (CUT), Força Sindical (FS), Nova Central Sindical de Trabalhadores (NCST), Central Geral dos Trabalhadores (CGT), Central Geral dos Trabalhadores do Brasil (CGTB), Central Autônoma dos Trabalhadores (CAT) e Social Democracia Sindical (SDS))(24), acordou-se uma proposta de reconhecimento das mesmas, inclusive com previsão legal para sua sustentação em termos financeiros. Nesse sentido, a solução consolidada converge com o acordado no âmbito do Fórum Nacional do Trabalho, além de instituir legalmente uma proposta de sustentação financeira legítima para essas entidades.

Ao reconhecimento, associa-se uma série de disposições que normatizam a existência das centrais no País, definindo suas atribuições e prerrogativas, com medidas do tipo aferição de representatividade, estabelecimento de patamar mínimo de filiação e dotação financeira. A passagem do reconhecimento político-institucional, de que as centrais já dispunham, para o reconhecimento jurídico, obviamente, vai implicar em direitos e deveres. Para alguns, isso pode limitar a organização e as ações das centrais; para outros, ele é um passo fundamental para a mudança da estrutura sindical. De todo modo, devemos lembrar que os trabalhadores sempre articularam movimentos por dentro e por fora das limitações legais, quando se viram prejudicados por elas.

Na mesma reunião firmou-se também que o governo se comprometia em reeditar uma Medida Provisória, instituindo o Conselho Nacional de Relações do Trabalho — CNRT. Esse conselho substituirá o FNT, absorvendo seus atributos em termos dos debates e negociações acerca das reformas sindical e trabalhista.

---

(22) Em 2007 o FNT assumiu como focos centrais o debate sobre três temas: regulamentação do trabalho no comércio aos domingos, regulamentação da terceirização de mão de obra e o reconhecimento das centrais sindicais.

(23) As informações dessa última parte foram obtidas de um técnico do Ministério do Trabalho e Emprego, em comunicação pessoal.

(24) Note-se que a Coordenação Nacional de Lutas (CONLUTAS), situada no espectro político-sindical mais à esquerda, não participou da reunião e criticou suas resoluções.

CONSIDERAÇÕES FINAIS

Tentamos ao longo desse artigo traçar, a partir de alguns elementos-chave, o percurso caminhado pelos trabalhadores brasileiros entre os fins dos anos 1970 e o transcorrer dos anos 1980. Em um período conhecido, entre outras coisas, como período de aprofundamento da abertura política e de encerramento do regime militar. Os trabalhos constituintes que culminaram na promulgação da Carta Constitucional de 1988, tiveram papel de destaque na conjuntura. Os trabalhadores e suas organizações não ficaram à margem dos debates, mobilizações e eventos em prol de uma Constituição antenada com o contexto pelo qual o País. Nesse sentido, se empenharam deveras, ainda que nem sempre desposando as mesmas posições.

Os avanços trazidos pela Constituição de 1988 são inegáveis. Contudo, deve-se perceber também que, devido ao momento em que foi produzido e a correlação de forças no mesmo, o texto constitucional acabou por, na prática, produzir certas experiências nem tão benéficas aos trabalhadores e suas organizações. É por isso que ficou-se muito distante da resolução duradoura para os dilemas da construção de um sindicalismo de bases mais democráticas.

Observando-se os acontecimentos de então e visando a retirar deles algum balanço e perspectivas mais amplos, poderíamos dizer, entre outras coisas, que: 1) Dentro de um modelo legislado de relações trabalhistas, como o nosso, ficou comprovada a importância da legislação e da luta para que ela espelhasse os anseios das parcelas menos favorecidas da população. Claro que, sozinha, ela nada pode, mas sob a pressão das ruas, serviu, em muitos casos, para impedir que a vida dos trabalhadores não fosse ainda mais desfavorecida; 2) A preocupação com a constitucionalização dos direitos mostrou-se importante. Contudo, ela não esgota tudo. Ficou demonstrado também que é muito importante a preocupação com as "legislações *infra*", que regulamentam esses direitos. Caso contrário o primeiro movimento fica incompleto, diminuindo as proteções e garantias do modelo legislado; 3) Constata-se a necessidade de consolidar a proteção do "dentro" e do "fora" do mundo do trabalho. Isso é válido cada vez mais nos dias que correm em que os limites entre um e outro são muito tênues; 4) Importância da participação nos fóruns tripartites, ainda que cuidando bastante dos possíveis efeitos de "diluição" e afastamento das bases reais produzidos por esse tipo de participação; 5) Necessidade de buscar, uma vez mais, a superação dos limites históricos experimentados pelo movimento dos trabalhadores, tais como a organização por local de trabalho e 6) Necessidade de assessoramento técnico e político, cada vez mais necessário, a partir de centros de pesquisa, universidades etc.

BIBLIOGRAFIA

ALMEIDA, M.H.T.de. Difícil caminho: sindicatos e política na construção da democracia. In: O'Donnell, Guillermo, REIS, Fábio Wanderley. (Org.). *A democracia no Brasil:* dilemas e perspectivas. São Paulo: Vértice, 1988.

ANTEPROJETO DE LEI. Ministério do Trabalho e do Emprego, Brasília, Mimeo.

ANTUNES, R. *A rebeldia do trabalho*. Campinas: Unicamp/Ensaio, 1988.

______. *O novo sindicalismo*. São Paulo: Brasil Urgente, 1991.

BARGAS, Osvaldo e OLIVEIRA, Marco A. É hora da reforma sindical. *Teoria e debate*, N.61. São Paulo, Fundação Perseu Abramo, 2005.

BOITO JR., Armando. (Org) *O sindicalismo brasileiro nos anos 80*. São Paulo: Paz e Terra. (1991).

______. *O sindicalismo de estado no Brasil*. São Paulo: Hucitec/Unicamp, 1991b.

______. *Política neoliberal e sindicalismo no Brasil*. São Paulo: Xamã, 1999.

BORGES, Altamiro. (Org.) *A reforma sindical e trabalhista no governo Lula*. São Paulo: Anita Garibaldi, 2004.

BOSCHI, Renato R. *A arte da associação:* política de base e democracia no Brasil. São Paulo/Rio de Janeiro, Vértice/IUPERJ, 1987.

CADERNOS DO PRESENTE, N. 2, São Paulo, Ed. Aparte, julho de 1978.

CARDOSO, Adalberto. *Sindicatos, trabalhadores e a coqueluche neoliberal. A era Vargas acabou?* Rio de Janeiro: Ed. Fundação Getulio Vargas, 1999.

______. A filiação sindical no Brasil. *Dados*, V. 44, N. 1, Rio de Janeiro, IUPERJ, 2001.

CASTRO, Nadya Araujo. Reestruturação produtiva, novas institucionalidades e negociação da flexibilidade. *São Paulo em Perspectiva*, V. 11, N. 1, São Paulo, Fundação SEADE, 1997.

DRUCK, Graça. Os sindicatos, os movimentos sociais e o governo Lula: cooptação e resistência. *Observatório Social de America Latina*, ano VI, N. 19, Buenos Aires, CLACSO, 2006.

GALVÃO, Andréia Reforma sindical: as polêmicas por detrás de um falso consenso. *Pucviva*. N. 23. São Paulo: PUC, 2005.

GIANNOTTI, V. e Neto, S. L. *CUT — ontem e hoje*. Petrópolis: Vozes, 1991.

GOHN, M. da Glória *A força da periferia:* a luta das mulheres por creches em São Paulo. Petrópolis: Vozes, 1985.

HUMPHREY, J. *Fazendo o milagre*. Petrópolis: Vozes/Cebrap., 1982.

KORNIS, M. e SANTANA, M.A. "Greve". In: *Dicionário histórico-biográfico brasileiro*. 2 ed. V. 3, Rio de Janeiro: Fundação Getúlio Vargas, 2001.

KRISCHKE, P.J. *Brasil: do "milagre" à "abertura"*. São Paulo: Cortez, 1982.

LEITE, Márcia. Trabalho e sociedade em transformação. *Sociologias*, N. 4, Porto Alegre, PPGS/UFRGS, 2000.

MARTINS, H. de Souza e RODRIGUES, Iram J. O sindicalismo brasileiro na segunda metade dos anos 90. *Tempo Social*, V. 11, N. 2, São Paulo, USP, 2000.

MTE 2003. Fórum Nacional do Trabalho. *Reforma sindical e trabalhista e afirmação do diálogo social*. Ministério do Trabalho e do Emprego, Brasília, Mimeo.

MTE 2005. *Reforma sindical-proposta de emenda à constituição* — PEC 369/05

MEDEIROS, L. Sérvolo. *História dos movimentos sociais no campo.* Rio de Janeiro: Fase, 1989.

MENEGUELLO, R. *PT* — a formação de um partido. Rio de Janeiro: Paz e Terra, 1989.

MENEZES, Clarice e Sarti, I. *Conclat:* a melhor expressão do movimento sindical brasileiro. Campinas: Cartgraf, Coleção Ildes 3., 1981.

MUNAKATA, K., O lugar do movimento operário. In: *Anais do encontro regional da anpuh/SP*,4, Araraquara: ANPUH/UNESP, 1980.

NAPPT — Núcleo Ampliado de Professores do PT— SP (org.) *Lula:* Entrevistas e discursos. Guarulhos: O Repórter, 1981.

NORONHA, E. A explosão das greves na década de 80. In: A. Boito Jr. (org.) — *O sindicalismo brasileiro nos anos 80.* Rio de Janeiro: Paz e Terra, 1991.

NOVAES, R. Continuidades e rupturas no sindicalismo rural. In: A. Boito Jr. (org.) *O sindicalismo brasileiro nos anos 80.* Rio de Janeiro: Paz e Terra, 1991.

OLIVEIRA, I. Ribeiro de *Trabalho e política*, Petrópolis: Vozes, 1988.

OLIVEIRA, M. Antônio de. Notas sobre a crise do novo sindicalismo brasileiro. *São Paulo em Perspectiva*, V. 12, N. 1, São Paulo: Fundação SEADE, 1998.

RAINHO, F. *Os peões do grande ABC.* Petrópolis: Vozes, 1980.

RAMALHO, J.R. Trabalho e sindicato: posições em debate na sociologia hoje. *Dados*, V. 43, N. 4, Rio de Janeiro: IUPERJ, 2000.

RAMALHO, J. R. Trabalho, direitos sociais e sindicato na Constituição de 1988 — duas décadas de acirrada disputa política. In: Ruben George Oliven; Marcelo Ridenti; Gildo Marçal Brandão. (Orgs.). *A Constituição de 1988 na vida brasileira.* 1 ed. São Paulo: Hucitec, 2008.

RAMALHO, J.R. e Santana, M.A. Tradição sindical e as mudanças econômicas dos anos de 1990: o caso dos metalúrgicos do Rio de Janeiro. In: Ramalho, J.R. e Santana, M.A. (orgs.).*Trabalho e tradição sindical o Rio de Janeiro:* a trajetória dos metalúrgicos. Rio de Janeiro: D,P&A, 2001.

RODRIGUES, Iram J. O sindicalismo brasileiro: da confrontação à cooperação conflitiva. *São Paulo em Perspectiva*, V. 9, N. 3, São Paulo: Fundação SEADE, 1995.

______. *Sindicalismo e política:* a trajetória da CUT. São Paulo, Scritta/Fapesp, 1997.

______. (Org.) *O novo sindicalismo vinte anos depois.* Rodrigues, I.J. (org.), Petrópolis/ São Paulo: Editora Vozes/Educ/ Unitrabalho, 1999.

RODRIGUES, L. Martins. *CUT:* os militantes e a ideologia. Rio de Janeiro: Paz e Terra, 1990.

______. As tendências políticas na formação das centrais sindicais. In: A. Boito Jr. (org.) — *O sindicalismo brasileiro nos anos 80.* Rio de Janeiro: Paz e Terra, 1991.

______. *Destino do sindicalismo.* São Paulo: Edusp/FAPESP, 1999.

RODRIGUES, L. Martins e CARDOSO, A. Moreira. *Força sindical:* uma análise sócio--política. Rio de Janeiro: Paz e Terra, 1993.

SADER, Eder. *Quando novos personagens entraram em cena*. Rio de Janeiro: Paz e Terra, 1988.

SANTANA. M.A. Cultura sindical e identidade nos anos 80/90. *Revista de Ciências Humanas*, V. 13, N. 17/18, Florianópolis: UFSC, 1995.

______. Entre a ruptura e a continuidade: visões da história do movimento sindical brasileiro. *Revista Brasileira de Ciências Sociais*, N. 41, São Paulo: ANPOCS, 1999.

______. Trabalho, Trabalhadores e sindicatos em meio ao vendaval contemporâneo. *Dados*, V. 43, N. 2, Rio de Janeiro: IUPERJ, 2000.

______. As centrais sindicais brasileiras e a reestruturação produtiva: análises e propostas. *Sociologias*, N. 4, Porto Alegre: PPGS/UFRGS, 2000b.

______. *Homens partidos:* comunistas e sindicatos no Brasil. São Paulo/Rio de Janeiro: Bitempo/Unirio, 2001.

SANTOS, Vivian M. dos. Por dentro do FAT. *Revista do BNDES*, vol 13, n. 26, 2006.

SOUZA, D.; SANTANA, M.A. e DELUIZ, N. *Trabalho e educação:* centrais sindicais e reestruturação produtiva no Brasil. Rio de Janeiro: Quartet. 1999.

VIANNA, L. Werneck. *A classe operária e a abertura*. São Paulo: Cerifa, 1983.

______. *Travessia* — da abertura à constituinte 86. Rio de Janeiro: Taurus, 1986.

WEFFORT, Francisco. *Participação e conflito industrial:* Contagem e Osasco, 1968, São Paulo: Cebrap, 1972.

ZANETTI, L. *O novo sindicalismo brasileiro:* características, impasses e desafios. Rio de Janeiro: Fase, 1995.

O SISTEMA DE RELAÇÕES DE TRABALHO BRASILEIRO E A CONSTITUIÇÃO DE 1988

José Dari Krein(*)

INTRODUÇÃO

A Constituição Federal de 1988 constitui-se em um importante marco para o avanço da regulação do trabalho, mas também se faz necessário destacar três aspectos que evidenciam os seus limites. O primeiro, os avanços sociais da Constituição tiveram dificuldade de serem implementados em razão de o país não ter conseguido encaminhar a crise econômica da década de 80, marcada pelo baixo crescimento e pela inflação. O segundo, apesar do avanço da regulação do trabalho e da proteção social, reafirma aspectos que ajudam a viabilizar a flexibilização do trabalho em aspecto centrais da relação de emprego. O último aspecto está relacionado com a não regulamentação de diversos preceitos constantes na Constituição Federal, pois logo após a sua promulgação torna-se hegemônica, ainda que de forma tardia em relação aos países latinos americanos e centrais, a concepção neoliberal, que apresenta a tese da flexibilização como alternativa para os problemas do mercado de trabalho.

O propósito do nosso artigo, na avaliação dos 20 anos da Constituição Federal, é analisar as características oriundas da Constituição Federal de 1988, destacando os aspectos que ajudam a explicar as razões de o país ter um mercado de trabalho ainda bastante flexível.

1. O SISTEMA DE RELAÇÕES DE TRABALHO E AS CARACTERÍSTICAS ESTRUTURAIS DO MERCADO DE TRABALHO

O sistema de relações de trabalho começa a ser desenhado pelas forças que assumem o poder em 1930, em um contexto de crise econômica, de crise política do Estado oligárquico, de crise da ordem liberal (inclusive internacional) e com um mercado de trabalho pouco estruturado; portanto, com uma classe trabalhadora dispersa, extremamente heterogênea e com pouco poder de ação

(*) Professor do Instituto de Economia e Pesquisador do CESIT — UNICAMP.

coletiva para contribuir na decisão dos destinos da nação. Mas ele faz parte de uma concepção de estruturação da sociedade, do Estado e do desenvolvimento socioeconômico nacional. É um projeto de transformação da sociedade a partir do Estado, em que os sindicatos profissionais e econômicos teriam um papel de instituição de direito público, a quem caberia promover a harmonização de interesses entre empregados e empregadores, em nome do progresso e do bem-estar social.

Nesse projeto estava incluída a regulação do mercado de trabalho, que, por um lado, estabelece um conjunto de leis para colocar limites na forma de uso da força de trabalho pelo capital, tais como:[(1)] jornada de trabalho de 48 horas, proibição do trabalho de menores de 14 anos, regulamentação do trabalho feminino, remuneração obrigatória da hora extra, descanso e férias remuneradas, condições de salubridade e proteção contra acidentes de trabalho, elevada indenização por dispensa imotivada — o que regulava a estabilidade no emprego para indivíduos com mais de dez anos de trabalho — e salário mínimo, entre outros (COSTA, 2005).

Por outro lado, constituiu um sistema de organização sindical, de negociação coletiva e de solução de conflitos, por meio da criação de instituições que encaminham os conflitos de interesse e de direito presentes na relação entre capital e trabalho, em nome do progresso e do bem-estar social. Nesse sistema, também estão o Ministério do Trabalho, Indústria e Comércio (MTIC), as Juntas de Conciliação e Julgamento (destinadas a dirimir os conflitos individuais do trabalho), as Comissões Mistas, para os conflitos coletivos; as Inspetorias Regionais que, tais como as Juntas e as Comissões, eram vinculadas ao MTIC, os IAPS (Institutos de Aposentadoria e Pensões) e, depois, mais tarde, a Justiça do Trabalho, criada em 1939 e instalada em 1941.

A partir dos anos 30, consolida-se um conjunto amplo de direitos sociais que passa a regular importantes aspectos da relação de emprego, pois tem como base proteger os assalariados e encaminhar, de forma particular, o processo de industrialização e o desenvolvimento capitalista no país. As leis trabalhistas vão sendo alteradas a partir de então, mas a sua estrutura básica se mantém no decorrer do tempo, apesar do contexto específico em que são incorporadas na agenda nacional. Em alguns momentos, essa estrutura é fragilizada, rebaixada e/ou flexibilizada, como aconteceu no período da ditadura militar e a partir dos anos 90. Em outros, como no início da década de 60 e nos anos 80, houve uma certa ampliação da regulação, que se consolida na CF/88.

A constituição desse conjunto de direitos trabalhistas e previdenciários vinculados ao trabalho amplia a regulação pública do trabalho, fortalecendo

(1) Cf. BIAVASCHI (2005), que faz um levantamento completo de todas as leis referentes ao trabalho no Brasil. No anexo do trabalho, há um quadro da legislação existente desde o Império e outro com as leis posteriores a 1930, possibilitando saber o que foi constituído nos anos 30 e 40.

uma perspectiva de "desmercantilização" da força de trabalho, pois os direitos "penetra[m] as relações privadas, impedindo o império da lei do mais forte" (CARDOSO, 2003, p.145). O conjunto de direitos instituídos — centralmente a partir do Estado, mas sob a pressão e interação dos agentes sociais — busca conferir um caráter minimamente civilizatório ao colocar limites à exploração da força de trabalho, pois reconhece o trabalhador como pessoa e não só como produtor de bens.

A CLT, dado o passado escravocrata e a prevalência da regulação liberal do trabalho antes de 1930, causa profundos impactos em uma sociedade que estava assistindo ao desenvolvimento de um capitalismo em que os empregadores tinham absoluta liberdade para determinar as condições de uso, contratação e remuneração do trabalho. A partir de então, há um respaldo legal que define as condições mínimas para a exploração do trabalho. Por isso, a questão da aplicação dos direitos passa a ser um elemento de embate entre trabalhadores e empregadores e parte da estrutura pública da área do trabalho. Os empresários oferecem fortes resistências na inscrição ou na positivação dos direitos de proteção social ao trabalho e, depois de eles institucionalizados, fazem movimentos no sentido de postergar a sua efetivação.(2) A implantação de um projeto de desenvolvimento econômico baseado na industrialização, a criação de espaços institucionais com a participação de empregadores (fóruns de discussão e implementação de políticas públicas) e os mecanismos de controle da organização sindical servem como contrapartida para aplacar a oposição empresarial.

Os trabalhadores, por sua vez, desenvolvem inúmeras formas de resistência para fazerem valer os direitos trabalhistas, que se constituem em parâmetro ou referência na contraposição ao autoritarismo e às péssimas condições de trabalho vigentes na grande maioria das empresas (FORTES ET AL, 2001).(3) Resistência essa que combina mobilizações, pressões, manifestações, denúncias e recursos à Justiça do Trabalho. Os direitos inscritos na lei servem de

> [..] parâmetro e de respaldo legal orientador e legitimador da ação coletiva no interior das fábricas, muitas vezes, sem o conhecimento prévio, ou à revelia do sindicato. Mesmo a greve, na conjuntura política menos repressiva do correr dos anos de 1950 e primeiros anos da década de 1960, encarnava um sentido de justiça e legitimidade em face das humilhantes leis patronais disciplinares e à ultraexploração do trabalho (COSTA, 2005, p. 9).(4)

---

(2) COSTA (2005) faz uma boa síntese das resistências empresariais aos direitos trabalhistas.

(3) Cf. FORTES *et al.* (2001). O livro "A Luta pelos direitos" discute o movimento operário entre 30 e 64, evidenciando que, na dinâmica real do sindicalismo, encontram-se inúmeras experiências bem ricas de lutas e organizações. O título da obra expressa com clareza a análise de um sindicalismo que se fortaleceu na luta pela ampliação dos direitos, o que também significava a vigilância para implementação do que estava assegurado legalmente.

(4) LEITE LOPES (1988) mostra, em seu estudo no setor têxtil, como a legislação do trabalho era uma importante referência de pressão sobre os empregadores.

A regulação social do trabalho, apesar de ter se constituído num avanço,[5] apresenta uma série de dificuldades que possibilita a permanência de uma ampla liberdade para os empregadores determinarem aspectos centrais da relação de emprego, o que evidencia o caráter flexível da legislação do trabalho, pois, diferentemente dos países desenvolvidos, não se conseguiu produzir uma ampla proteção social nem criar uma estrutura social mais homogênea na sociedade brasileira. As características estruturais do mercado de trabalho (heterogeneidade, informalidade, rotatividade, excedente estrutural de força de trabalho e baixos salários), também têm relação com a atuação das entidades públicas, o caráter da regulação e a efetividade da legislação social. Assim, apesar de o Brasil ter uma ampla legislação trabalhista, seis questões evidenciam o caráter flexível do seu mercado de trabalho: 1) as características estruturais do mercado de trabalho; 2) a efetividade dos direitos, ou seja, a possibilidade de ajuste por parte do empregador por meio do descumprimento da legislação, constituindo uma forma de flexibilidade; 3) o sistema de controle e burocratização da organização sindical e da negociação coletiva, com inexistência do direito de representação no local de trabalho; 4) a seletividade dos abrangidos pela proteção social, pois a legislação social não se aplicava à grande maioria dos ocupados (campo e serviços domésticos); 5) as opções políticas, em determinados momentos históricos, inviabilizando o avanço da regulação social; e 6) as restrições colocadas pela legislação, não inibindo a liberdade dos empregadores para determinar a alocação, a contratação e a remuneração do trabalho, em momentos cruciais da nossa história.

Em primeiro lugar, como discutido acima, o processo de conformação do mercado de trabalho brasileiro, com excedente estrutural de força de trabalho proporcionado pelo intenso movimento migratório, possibilita o surgimento de inúmeras formas de contratação fora do sistema legal, fragiliza a ação coletiva e permite ampliar o poder de o empregador estabelecer de forma unilateral as condições de uso, contratação e remuneração da força de trabalho (OLIVEIRA,C.A. 1998).

Em segundo lugar, a flexibilidade ocorre pela possibilidade do descumprimento dos direitos trabalhistas, pois há uma diferença entre o inscrito na lei e o que é praticado ou efetivado. Cardoso e Lage (2005, p. 02) mostram que

> [...] um dos aspectos negligenciados pela literatura a respeito dos efeitos da regulação trabalhista sobre a eficiência dos mercados de trabalho é o grau de efetividade da lei, isto é, sua vigência real no cotidiano das relações de trabalho... Por outras palavras, o sistema de regulação do trabalho de

---

(5) O avanço não se refere somente ao passado escravocrata e liberal, mas também ao tamanho e peso do assalariamento industrial e urbano, que era pouco expressivo, disperso e heterogêneo. Araújo (2002) mostra que o sistema corporativo no Brasil, diferentemente de muitas experiências internacionais, tem um caráter inclusivo, ou seja, ele veio acompanhado de um conjunto de direitos até então inexistentes na nossa sociedade.

determinado país pode ser muito detalhado e rígido em termos formais, mas muito flexível na prática, simplesmente porque os empregadores podem escolher não cumprir o que a lei prescreve. Argumentamos que o Brasil é um desses casos.

No caso do Brasil, o risco trazido pelo descumprimento "compensa". Por um lado, a possibilidade ou a probabilidade de ser pego é relativamente pequena, dada a precária estrutura de fiscalização construída no pós-guerra, a burocratização da instituição sindical e a atuação da Justiça do Trabalho — voltada, na prática, ao atendimento dos desempregados. Apenas os casos denunciados tendem a ter uma perspectiva de solução.(6) Por outro lado, os custos, se apanhado, são baixos. No caso de a reclamatória percorrer os caminhos da Justiça do Trabalho, há a determinação de reparação do débito e de pagamento dos custos do processo por parte do empregador, sendo muito difícil e raro o desembolso de multas ou indenizações pelo descumprimento de direitos. Em vez da multa, o valor pago em indenizações trabalhistas pode ser abatido do lucro operacional utilizado como base de cálculo para alguns tributos. As multas na fiscalização são historicamente muito reduzidas.(7) Além disso, diferentemente das outras áreas do direito, é muito difícil alguém ser criminalizado pelo descumprimento da legislação trabalhista.(8)

Em terceiro lugar, os direitos são destinados às classes emergentes com o processo de industrialização e urbanização (trabalhadores da indústria e do comércio), deixando sem cobertura da legislação social a grande maioria dos trabalhadores, então constituída pelos rurais e domésticos. A seletividade da cobertura serve, posteriormente, como um mecanismo político de incorporação de parcela dos empregados, dos autônomos e profissionais liberais. Os rurais começam a ser abrangidos nos anos 60 e igualam o patamar de direitos somente na Constituição de 1988. Os domésticos até hoje têm um estatuto inferior de proteção em relação aos demais empregados.(9)

O problema da efetividade da legislação faz com que parte significativa da legislação social fique letra morta diante da prática, por parte dos

---

(6) O tema da fiscalização será retomado abaixo.

(7) O valor das multas, que é fixado unitariamente por trabalhador em situação irregular, dobra quando há reincidência. Para as micro e pequenas empresas há a previsão da fiscalização pedagógica.

(8) Se alguém pega um pãozinho sem pagar é classificado de ladrão. Se sonegar direitos, inclusive salários, do trabalhador dificilmente será considerado criminoso. Nem por falsidade ideológica o empregador pode ser processado. Uma das poucas exceções de que se tem notícia é a responsabilização pela apropriação indébita de contribuições sociais ou pelo trabalho escravo.

(9) A Lei n. 11.324/2006 estabeleceu que é expressamente "vedada a dispensa arbitrária ou sem justa causa da empregada doméstica gestante desde a confirmação da gravidez até 5 (cinco) meses após o parto". Mas outros direitos ainda não foram estendidos aos trabalhadores domésticos, tais como o FGTS (opcional), o seguro-desemprego etc. No entanto, ela acaba com a discussão que havia na jurisprudência se a estabilidade provisória da gestante, de que trata o artigo 10 do Ato das Disposições Constitucionais Transitórias, é aplicável às domésticas.

empregadores, de ajuste no volume e valor da força de trabalho por meio da sonegação ou do rebaixamento dos direitos. A não efetividade explica-se, sinteticamente, pelos seguintes fatores: 1) a estrutura econômica, com a presença de muitos negócios pouco estruturados e com baixa produtividade, que sobrevivem na franja do sistema capitalista, ainda está em expansão no país; 2) trata-se de uma sociedade que ainda não tem grande tradição de democracia; 3) há o predomínio de uma cultura empresarial autoritária, em que o local de trabalho não é considerado um lugar público; 4) é grande a fragilidade das organizações de trabalhadores para fazerem valer os seus direitos; 5) a negociação coletiva, como expressão de uma flexibilidade que vá além do que existe na lei, é quase inexpressiva; 6) as instituições públicas responsáveis em assegurar a vigilância dos direitos não têm estrutura suficiente; e 7) a impunidade do delito trabalhista torna pequeno o risco (cálculo) no caso de sonegação.

Nessa mesma direção, outro aspecto extremamente importante é a inexistência de mecanismos de inibição da dispensa imotivada, especialmente com a introdução do FGTS. A possibilidade de o empregador romper o vínculo do trabalho sem precisar justificar, como prevê a Convenção 158 da OIT,(10) torna a situação contratual do empregado extremamente insegura, o que afeta a sua capacidade de pressão e de organização coletiva, pois, dada a cultura autoritária reinante no meio empresarial, a contestação ou a reivindicação coletiva é considerada uma afronta e, portanto, motivo de demissão. Como lembra Costa (2005:06), "o conservadorismo empresarial, que fazia perpetuar práticas autoritárias de relações sociais e de trabalho, contribuiu para deixar no papel, para muitas categorias e por muitos anos, as conquistas da CLT". Ou seja, nesse aspecto central, há uma omissão do Estado em assegurar condições para uma relação de emprego menos despótica. É verdade, também, que a estruturação da classe trabalhadora e o desenvolvimento da ação coletiva, nos momentos de democracia, passam a, progressivamente, contestar esse poder discricionário, mas não foram poucas as despedidas de lideranças e militantes que ousaram levantar a cabeça para reclamar, exigir o cumprimento dos direitos e reivindicar melhores condições de trabalho e salário.

Na compreensão dos problemas do mercado e das relações de trabalho acima citados, faz-se necessário agregar uma discussão sobre as questões do direito coletivo e das instituições que atuam na área do trabalho, que também sofrem forte regulamentação estatal, tornando-se parte do Estado em estruturação na sociedade brasileira. Particularmente, a organização sindical e a negociação coletiva, embora reconhecidas e adquirindo condições de atuação na sociedade, têm dificuldade para organizar autonomamente os trabalhadores, pois a sua regulamentação prevê mecanismos de controle na perspectiva de disciplinar a classe em função do projeto de desenvolvimento

(10) O Brasil chegou a ratificar a referida convenção, em 1996, e logo depois a denunciou.

com harmonia social, ou seja, evitando-se que o conflito fosse explicitado. Nesse sentido, também são instituídos mecanismos para o enfrentamento dos conflitos no âmbito do Estado, especialmente por meio do Ministério do Trabalho (fiscalização e mediação) e da Justiça do Trabalho, que tem um papel de dirimir os conflitos de natureza individual e coletiva (envolvendo também os conflitos de interesse). Além disso, o direito irrestrito de greve, até a Constituição de 1988, nunca foi plenamente reconhecido.

A regulamentação dessas instituições gera uma ambiguidade. Por um lado, dentro do contexto econômico, político e de mercado de trabalho, é concebida uma organização sindical com uma regulamentação detalhada e tutelada pelo Estado, inclusive enquadrando as categorias profissionais e econômicas, proibindo a concorrência (princípio da unicidade) e a organização e ação intercategorias, criando um sistema hierarquizado e confederativo,[11] estabelecendo um estatuto padrão, exigindo o reconhecimento estatal para a entidade exercer as prerrogativas sindicais e, ainda, dando poderes para o Executivo intervir administrativa e politicamente nas entidades que se desviassem das funções a elas atribuídas. Mas, por outro lado, a ambiguidade está no fato de que a regulamentação dá reconhecimento e condições para as entidades sindicais se estruturarem, fazendo com que, nos momentos de democracia, elas possam, em muitas categorias, desenvolver as lutas a partir do sindicato oficial. É por meio da estruturação da representação sindical que os trabalhadores começam a participar de momentos importantes da vida nacional.[12]

Tanto assim que, apesar das críticas ao modelo sindical oficial, a opção de praticamente todas as correntes sindicais é a de utilizar o espaço da estrutura legal para realizar as lutas dos trabalhadores. A própria CUT se constrói por dentro da estrutura oficial, apesar de suas críticas ao modelo corporativo. Nesse aspecto, ela é herdeira da prática sindical das correntes de esquerda presentes no sindicalismo na década de 1950 e início dos anos 60. Essas correntes, tanto nos anos 1950/1960 como entre 1980 e 1990, atuam a partir da estrutura oficial, mas desenvolvem movimentos e organização intersindicais (estrutura horizontal), assim como algumas experiências de organização de base.

A estrutura sindical se mostra extremamente flexível, com capacidade de adaptação a diferentes contextos históricos (CARDOSO, 2003), passando a servir tanto para o movimento sindical tornar-se, por exemplo, um agente político

---

(11) Essas características permitem identificar o nosso modelo como corporativo, com viés antiliberal. Corporativo nos termos de Schimitter (1974), como um sistema de representação de interesses em que há um número limitado de entidades, organizadas em categorias similares, com caráter compulsório, não concorrentes entre si, hierarquizadas, com monopólio de representação e reconhecidas, no nosso caso, pelo Estado.

(12) Uma questão ainda precisa ser respondida com clareza pelos estudiosos do sindicalismo: como se passa de um sistema corporativo de controle da organização sindical para um momento histórico, pré-64, em que há o temor dos conservadores da implantação no país de uma república sindicalista?

importante no pré-64, quanto para a ditadura reprimir, calar e controlar os sindicatos. Para isso, usa a mesma regulamentação, somente exacerbando os mecanismos de controle e intervenção.

Apesar dessa ambiguidade, há três aspectos que irão agir contra uma regulação social e pública maior do trabalho, do ponto de vista da organização sindical. Em primeiro lugar, o processo de fortalecimento da organização sindical é abortado em dois momentos. Nos anos 50 e início da década de 1960, com a progressiva democratização do país, o crescimento econômico e o processo de estruturação do mercado de trabalho, em um contexto de forte disputa de projetos sobre o encaminhamento do desenvolvimento social e econômico, há um avanço na organização social e sindical, favorecendo tanto a participação dos trabalhadores na vida política da nação como a pressão para a ampliação da regulação do trabalho e democratização da relação. Processo esse que é abortado pela ditadura militar, não só alijando as organizações sociais e sindicais da participação na vida nacional como esvaziando o sindicalismo de qualquer representação dos interesses coletivos de sua categoria. Portanto, apesar da rica experiência e de importantes avanços nos anos anteriores a 1964, o sindicalismo não consegue se consolidar como uma força política capaz de alterar a realidade da regulação social do trabalho.

A legislação, mesmo com o princípio da unicidade, permitiu a pulverização sindical, pois a base ficou sendo o município e a categoria profissional. Além disso, o direito legal de representação era concedido pelo Ministério do Trabalho, por meio de uma Carta Sindical, transformando o reconhecimento de uma entidade oficial em ato político, sujeito ao jogo de forças e à busca de sustentação do ministro de plantão. O resultado foi não só a pulverização, mas também a disseminação de entidades cartoriais, que existem legalmente, mas não têm representatividade. Essa questão, combinada com as formas de financiamento estatal(13) e um estatuto de eleições pouco transparente, leva à acomodação e à burocratização de muitas lideranças sindicais, que conseguem, assim, sobreviver na máquina sem a necessidade de ter filiação e representatividade. Além disso, um problema sério do sindicalismo é a sua pequena organização

---

(13) Atualmente existem quatro fontes de recursos disponíveis para as entidades sindicais: imposto sindical (contribuição sindical compulsória), taxa assistencial, contribuição confederativa e mensalidade. O *imposto sindical* é o desconto de um dia de salário de todos os trabalhadores, cujo montante é distribuído entre sindicatos (60%), federações (15%) e confederações (5%) de cada categoria profissional, bem como é recolhido um percentual para o Ministério do Trabalho (20%). Ele corresponde a 3,3% de um salário mensal de cada trabalhador. A taxa assistencial tem a finalidade de custear as negociações coletivas ou a prestação de serviços assistenciais. A sua fonte é sempre uma norma coletiva (acordo, convenção coletiva ou sentença normativa), definida em assembleia e descontada de toda a categoria, com exceção dos trabalhadores que se manifestarem em uma "carta de oposição". A contribuição confederativa foi criada na CF/88 com a finalidade de manter a estrutura sindical. O seu valor e a sua distribuição são definidos pela assembleia de base. Atualmente, é taxa comum em categorias em que o trabalho é mais instável, tal como na agricultura e na construção civil. Além disso, temos a mensalidade, que é cobrada dos sindicalizados.

no local de trabalho. Apesar da extensa legislação sindical, esse direito não está assegurado, fazendo com que a representação esteja reduzida a poucas empresas, geralmente estatais ou multinacionais. Sem o reconhecimento legal, mesmo nas experiências internacionais, é muito difícil efetivar a organização no local de trabalho. Mas, no país, há dois problemas adicionais. O primeiro é a estrutura de um mercado do trabalho heterogêneo e com alta rotatividade que dificulta a construção de organizações sindicais no local de trabalho. O segundo tem relação com a questão do poder. Por um lado, prevalece uma cultura empresarial autoritária, que considera a empresa como um espaço privado e não admite um órgão de discussão ou contestação de suas decisões. Por outro, prevalece, no movimento sindical, uma cultura presidencialista, em que a formação de lideranças de base pode significar a projeção de futuros dirigentes que poderão disputar espaço na direção da entidade. A questão é que a frágil organização sindical no local de trabalho, aliada à pulverização sindical, traz grandes dificuldades para a democratização da relação de trabalho e até para a garantia da efetividade da legislação ou das normas coletivas em vigor.

A forma como é regulamentada a negociação coletiva(14) apresenta uma dubiedade, pois, por um lado, institui-se o direito de os trabalhadores e suas organizações efetuarem negociações e assinarem convênios coletivos. Por outro lado, há uma série de restrições e controles para a negociação se efetivar de fato, destacando-se, entre eles: a definição dos procedimentos de negociação, a abrangência da negociação, a forma de solução dos conflitos (canalizando para a Justiça do Trabalho) e a subordinação excessiva da negociação à política econômica do governo.

Além da organização sindical e da negociação coletiva, há uma terceira dimensão a ser considerada na regulação do trabalho que tem relação com todos os demais aspectos aqui analisados: a resolução dos conflitos e as instituições públicas responsáveis pela aplicação da legislação social. Os conflitos trabalhistas (de interesse) podem ser solucionados, segundo o arcabouço institucional vigente, pela via negocial, por meio da arbitragem, ou, então, malograda a autocomposição, pela via do poder normativo. Além disso, há a possibilidade de mediação sob a responsabilidade da Delegacia Regional do Trabalho (órgão do Ministério do Trabalho) e, ainda, a mediação e arbitragem privada de comum acordo entre as partes.

A função da Justiça do Trabalho é dirimir as controvérsias decorrentes da relação capital e trabalho, tanto em âmbito individual quanto em âmbito coletivo,

---

(14) *"Os relatos sobre a vida nas fábricas indicam a inexistência de negociações coletivas periódicas e regulares até a década de 40. Foi somente após a obrigatoriedade das convenções coletivas em 1932 (*decreto 21.761), a promulgação da CLT e, além disso, a consolidação de alguma tradição urbana industrial da mão de obra, rompendo com práticas patrimonialistas de migrantes rurais recém-chegados, que começou a existir um sistema de negociação. Mas ele só se completou na década de 80; nas décadas anteriores sempre lhe faltava algo para ser efetivamente assim denominado" (NORONHA, 1998, p. 123).

dando eficácia às regras de proteção social. Aos Tribunais do Trabalho, uma vez malograda a autocomposição ou não escolhida a via arbitral, nos termos da Constituição Federal, cabe julgar os dissídios coletivos do trabalho e, nas sentenças normativas, estabelecer regras e condições de trabalho para as categorias, respeitadas as disposições legais bem como as anteriormente convencionadas[(15)].

E, do ponto de vista da legislação social, a Justiça do Trabalho cumpre um importante papel na reparação de direitos sonegados aos trabalhadores pelos empregadores. Os seus julgamentos ajudam a balizar comportamentos dos agentes sociais e a interpretação da legislação pode produzir novas regulamentações do trabalho. Mas ela, em geral, só é acessível aos trabalhadores desempregados, pois, enquanto se mantém a relação contratual, levar uma pendência para a Justiça é como pedir, na grande maioria das empresas, para ser demitido.

Por último, destaca-se a estrutura de fiscalização do Estado como forma de inibir a fraude e o descumprimento da legislação. Apesar de o sistema de fiscalização começar a ser estruturado nos 30, ele sempre ficou bastante aquém do necessário ao tamanho da economia brasileira, trabalhando, basicamente, em casos de denúncias e aplicando multas como forma de enquadrar o setor empresarial na legislação social. Do ponto de vista normativo, adotou os parâmetros da OIT,[(16)] mas, do ponto de vista efetivo, demorou muito tempo para estruturar-se, pois o número de fiscais é muito pequeno, e as condições materiais para a realização do trabalho sempre foram precárias. Hoje é um sistema estruturado no âmbito de todas as unidades da federação, mas continua padecendo dos mesmos problemas históricos.[(17)]

Enfim, o conjunto da regulamentação do trabalho proporciona avanços em um contexto de desenvolvimento econômico e de progressiva estruturação do mercado de trabalho, mas também apresenta grandes limites para ser efetivado, configurando uma situação em que o Estado não coloca na regulação pública e social do trabalho a mesma energia com que viabiliza o desenvolvimento econômico (BALTAR, 2003a). Muitos aspectos da legislação social continuam não tendo plena aplicação até os dias atuais. Assim, apesar da extensa legislação, as empresas têm liberdade para determinar o *uso do trabalho*, o que pode ser observado em relação à variação da remuneração, à flexibilidade na alocação (funções e organização do trabalho), às formas de contratação e demissão e à definição do tempo de trabalho. Em outras palavras, apesar de tudo, a extensa legislação e a ausência do Estado em outros aspectos, assim como o fraco poder sindical em momentos cruciais da nossa vida, permitem uma flexibilidade histórica que está expressa também na

---

(15) Cf. artigo 114, § 2º da Constituição Federal.

(16) Convenção 81, de 1947.

(17) Cf. estudo específico sobre a inspeção do trabalho no Brasil, em Cardoso e Lage (2005).

precariedade do trabalho, especialmente em relação às facilidades do empregador em romper unilateralmente o vínculo de emprego, aos baixos salários, ao desrespeito da legislação social em vigor, à alta rotatividade, ao trabalho informal e precário, à dispersão salarial e à desigualdade social. Combina-se a frágil regulação social com um mercado de trabalho com excedente de mão de obra, em que a primeira é, ao mesmo tempo, causa e consequência do segundo.

2. AVANÇOS E LIMITES DA REGULAÇÃO PÚBLICA NA DÉCADA DE 80

O cenário da década de 80, apesar de significar uma ruptura na trajetória de estruturação do mercado de trabalho urbano, é favorável à expansão do sindicalismo, da negociação coletiva e da regulação pública do trabalho. O país começa a reviver a redemocratização, com a emergência de inúmeros movimentos sociais e políticos buscando participar da definição dos destinos da nação. O combate à ditadura coloca na agenda nacional não só a democracia, mas a questão do desenvolvimento com resgate da dívida social e reversão da desigualdade na distribuição da renda, aflorando-se uma série de reivindicações e manifestações que foram sufocadas ou reprimidas pelos governos militares. Há, portanto, um terreno fértil para o desenvolvimento das mobilizações, das lutas, das organizações sindicais e das negociações coletivas, pois se busca ampliar a participação e a explicitação de demandas sociais advindas do processo de acelerada industrialização e urbanização. Assim, os anos 80 representam grandes mudanças políticas e institucionais, que culminaram na formulação da Constituição Federal de 1988.

A década de 1980 é marcada pelo início de uma crise que se arrasta por 25 anos, com a perda do dinamismo econômico e a incapacidade de alavancar um novo salto de desenvolvimento no país. É uma crise que vem depois de um intenso e prolongado crescimento, ampliando a diversificação e a integração da economia nacional e transformando substantivamente a sociedade brasileira, que passa de agrícola e rural, marcada pela extensa pobreza, para urbana e industrial, com grandes disparidades na distribuição da renda acumulada e nas condições de vida da população. "Esse desenvolvimento econômico e social desigual foi interrompido pela crise externa que marcou o desempenho da economia brasileira por toda a década de 80" (BALTAR, 2003:65). A crise apresenta como consequência um baixo e instável crescimento do produto, uma elevada inflação e uma fragilização das finanças públicas, o que compromete a capacidade de intervenção do Estado para alavancar um novo ciclo de desenvolvimento e atender às demandas sociais emergentes no processo de redemocratização. Além disso, o ajuste exportador promovido nos anos 80, em um contexto de interrupção do crédito internacional, até consegue preservar o patrimônio privado, mas desorganiza as finanças do país com o enorme endividamento público. A credibilidade do setor público, combinada com a inflação, abala a capacidade de o Estado articular ações em favor do desenvolvimento nacional.

A estagnação da economia faz, no entanto, com que o mercado de trabalho perca dinamismo, mas sem uma desestruturação, como ocorreu nos anos 90. A crise econômica manifesta-se na interrupção do processo de elevação do assalariamento e no aumento do trabalho sem registro, por conta própria, em pequenos negócios e do emprego doméstico; assim como na perda do poder de compra dos rendimentos do trabalho e na elevação da concentração de renda. É importante lembrar que, na década de 80, o país não possui um sistema eficaz de proteção social, o que obriga a pessoa a ter qualquer tipo de atividade para sobreviver. O seguro-desemprego, apesar de ter sido instituído em 1986, começa a se efetivar somente no final dos anos 80 e início da década de 90, depois que a Constituinte assegurou recursos para a sua implementação.

Nesse cenário de transição política e instabilidade econômica, sem desestruturação do mercado de trabalho e com inflação crescente, os sindicatos conseguem recuperar o papel de representação dos interesses de sua coletividade e, por meio de um expressivo movimento grevista,[18] abrem espaço para a estruturação de suas organizações, a restauração da negociação coletiva e o exercício de pressão sobre o poder público na perspectiva de atender demandas sociais e trabalhistas. Ao mesmo tempo, são um agente importante, em conjunto com outras forças políticas, na luta pelo restabelecimento da democracia. Nesse contexto, conseguem ter presença ativa na vida política e trabalhista do país durante a década, ajudando no processo de ampliação da proteção social e da regulação do trabalho. Nos anos 80, entretanto, apesar da força política e sindical adquirida pelo sindicalismo, evidenciam-se as debilidades e os limites daquela ação coletiva.

A rápida reestruturação do sindicalismo, inclusive com a consolidação de centrais sindicais,[19] está relacionada aos seguintes fatores, entre outros: 1) o movimento mais geral de organização da sociedade, que se estrutura no contexto da redemocratização, após um longo período de bloqueio das possibilidades de organização e de luta; 2) o grande dinamismo econômico em vigor no auge da ditadura, momento em que os trabalhadores são impedidos de lutar pela melhoria das condições de trabalho e pela distribuição dos ganhos de produtividade e da riqueza gerada; 3) a modificação do perfil da classe trabalhadora, a partir do próprio dinamismo econômico, advinda do processo de industrialização, que promove alterações profundas no mercado de trabalho;[20] 4) a não destruição, pela ditadura, do aparelho sindical, desenvolvendo uma política de esvaziamento da representação dos interesses

---

(18) Cf. uma análise das greves no período em Noronha, 1994.

(19) As centrais, apesar de terem prerrogativas sindicais limitadas — pois continua a prevalecer no sindicato de base todo o poder de representação, negociação coletiva e arrecadação financeira —, vão constituir-se em grande novidade a partir dos anos 80.

(20) O movimento sindical consegue se reerguer, tornando-se um importante agente no cenário brasileiro, com base nos segmentos da classe trabalhadora advinda do processo de industrialização, tais como os metalúrgicos, químicos, bancários, construção civil, trabalhadores das estatais e servidores públicos, especialmente professores e funcionários da saúde.

dos trabalhadores e transformando-o em entidades assistenciais e clientelistas; 5) por último, a própria emergência de uma nova força política que será capaz de galvanizar as aspirações populares, reunindo em um mesmo campo organizações de esquerda, sindicalistas e militantes da esquerda católica. A afirmação dessa nova força política se dá por meio de uma estratégia ousada de enfrentamento da ditadura com mobilizações e greves, privilegiando-se a confrontação com os empregadores e as forças políticas atuantes no comando da transição. A estratégia de confrontação propicia uma afirmação política na sociedade, a partir do fracasso dos diversos planos econômicos e da frustração dos/as brasileiros/as com o encaminhamento da redemocratização, pois não consegue apresentar melhoras nas condições de vida, como era a expectativa geral, dado o travamento da economia.

O revigoramento do sindicalismo no período é constatado por meio de indicadores como a elevação da taxa de sindicalização;[(21)] o crescimento extraordinário do número de greves,[(22)] inclusive com 3 greves gerais bem sucedidas; a revitalização da organização sindical; a criação de centrais sindicais; e a ampliação da influência sindical na sociedade, como uma das instituições de maior credibilidade. Dada a sua importância, faz-se necessário considerar que a greve foi o principal instrumento de redefinição das relações de trabalho no Brasil e de reconquista de um espaço político para os sindicatos (Noronha, 1994). É a partir do movimento grevista que o sindicalismo consegue obter conquistas específicas e gerais (tais como influenciar, em alguns momentos, a definição de políticas salariais), participar do jogo político da transição e mobilizar as massas. Assim, a greve é fundamental para a revitalização do movimento sindical e para o restabelecimento da negociação coletiva, assim como para a afirmação e projeção das lideranças no cenário político.

Além disso, como resultado da ação coletiva, amplia-se a possibilidade da ação sindical, com a eliminação dos mecanismos de intervenção nas entidades de classe, a conquista do direito de greve, de organização dos servidores públicos, da liberdade estatutária e do direito de organização de centrais sindicais (apesar de adquirirem prerrogativas sindicais).

Além disso, a efetividade da norma legal é fortalecida, servindo de base (pressão) para o posicionamento das instituições públicas que atuam na área do trabalho, tais como a Justiça do Trabalho e o sistema de fiscalização das Delegacias Regionais do Trabalho.

Apesar do revigoramento do sindicalismo, alguns problemas estruturais, do ponto de vista organizativo, permanecem, tais como: a dificuldade de

(21) A taxa de sindicalização passa de 13% dos assalariados formais, nos anos 70, para próximo de 30%, em 1989 (POCHMANN, 1995).

(22) Em 1978 ocorreram 118 greves, abrangendo 142 mil trabalhadores e perfazendo 1.821.239 jornadas perdidas. Já em 1989, houve 3943 greves, com 18.378.623 de trabalhadores envolvidos e **246.422.449** jornadas perdidas. É um crescimento que não foi uniforme, pois acompanhou a conjuntura econômica e política, mas foi exponencial (NORONHA, 1994).

estruturação do sindicato no interior dos locais de trabalho (sindicato de "porta de fábrica"); o processo de acomodamento das lideranças no sindicato oficial; a pulverização da organização sindical; o predomínio de formas plebiscitárias na relação entre direção e base — apesar da democratização das entidades, os processos eleitorais tendem a ser, na maioria das entidades, antidemocráticos; e a dependência das taxas compulsórias. A questão da pulverização, que pode ser observada no gráfico abaixo, faz com que haja um sindicalismo fragmentado e com um grande número de entidades pouco representativas, características que se transferem para a negociação coletiva, evidenciando o caráter descentralizado dos convênios coletivos. Ou seja, o sindicalismo não conseguiu, no momento que apresentou força, constituir uma nova forma de organização, nem superar a frágil organização no local de trabalho e a pulverização das entidades de classe.

Além disso, do ponto de vista político, apesar de ser um importante agente social e participar ativamente dos principais momentos políticos do país, com a estratégia de confrontação — que foi eficiente na sua legitimação como agente social — o movimento sindical não conseguiu contribuir para a criação das condições de reencaminhamento da sociedade e, particularmente, do modelo de desenvolvimento social e econômico. Assim, mesmo com a ampliação da regulação e o fortalecimento das entidades públicas, os problemas estruturais do mercado de trabalho continuaram prevalecendo. Também é evidente, dado o contexto absolutamente desfavorável aos trabalhadores, especialmente em relação à distribuição da renda, que a não existência de um sindicalismo atuante no período teria agravado os problemas sociais.

Outra questão nova que começa a aparecer é a ampliação dos espaços de intervenção do sindicalismo para além da negociação coletiva da relação de emprego. Especialmente após a promulgação da Constituição Federal de 1988, as entidades sindicais passam a participar de inúmeros fóruns institucionais de definição de políticas públicas. Segundo levantamento de Pochmann, Mendonça e Barreto (1998), chegaram a 40 os espaços institucionais com representação do movimento sindical, tais como o conselho curador do FGTS, o Codefat, o BNDES, os conselhos populares etc. — possibilidades asseguradas, na sua maioria, pela Constituição Federal de 1988. A própria crise econômica da década de 90 e o processo de reformas estruturais impulsionam o movimento sindical a articular e participar de fóruns mais amplos de negociação, destacando-se a experiência das Câmaras Setoriais (setor automotivo, farmacêutico etc.) no começo da década. Esses espaços ajudam a dar função e legitimidade às Centrais Sindicais.

O avanço da regulação pública do trabalho, do ponto de vista do Estado, está na ampliação dos direitos sociais e do sistema de proteção social; no papel da Justiça do Trabalho de garantir direitos e de legitimar e criar normas; e na estruturação do sistema de inspeção do trabalho, especialmente pela redefinição do poder do Ministério Público do Trabalho. Uma das principais novidades no sistema de vigilância e proteção dos direitos trabalhistas foi a redefinição do papel do Ministério Público do Trabalho (MPT), edificada na Constituição de 1988 e consagrada com o Estatuto e a Lei Orgânica Nacional do Ministério Público, ao torná-lo uma instituição essencial à função jurisdicional do Estado, com caráter permanente, autônomo e independente. Tem a finalidade de defender a ordem jurídica, o regime democrático e os interesses sociais e individuais indisponíveis. Não estando subordinado a qualquer outro poder ou instituição da República, é considerado um "extra poder", que tem a função de fiscalizar o cumprimento da lei e também dos demais poderes. As mudanças também ampliaram a sua competência, passando a ser, ao mesmo tempo, um órgão interveniente(23) e agente, imbuído do papel de defensor da sociedade na proteção dos interesses difusos, coletivos e individuais homogêneos. Além disso, pode também atuar como árbitro ou mediador na solução dos conflitos coletivos de trabalho. O MPT é uma instituição pública que teve ampliada a sua competência na Constituição de 1988 e exerce um importante papel na vigilância do cumprimento da legislação social, sendo uma força, na maioria dos casos, de resistência ao processo de flexibilização do direito do trabalho.

É um movimento que acompanha e cristaliza a mesma tendência observada nas negociações coletivas.

3. A REGULAÇÃO PELA NEGOCIAÇÃO COLETIVA

A negociação coletiva adquire alguma expressão somente na década de 80,(24) quando há uma classe trabalhadora mais estruturada — fruto do processo de industrialização —, e o sindicato ressurge no contexto da luta pela redemocratização. Nesse período, o sindicato revela capacidade de romper com uma série de restrições ao desenvolvimento das negociações coletivas, tais como a efetivação do direito de greve, a burocratização dos procedimentos da negociação, a superação da negociação restrita ao período da data-base e a realização de algumas experiências de campanhas unificadas, desenvolvendo uma centralização das negociações em segmentos mais estruturados, tais como bancários, telefônicos, petroleiros, transporte ferroviário, entre outros, no âmbito nacional e em diversas categorias (metalúrgicos, químicos, professores, alimentação etc.) no âmbito estadual.

A questão controvertida na análise do período é: as negociações coletivas têm importância na regulação do trabalho ou simplesmente reproduzem a

---

(23) De emitir pareceres e controlar a legalidade dos feitos judiciais submetidos aos Tribunais Regionais e Superior do Trabalho.

(24) A Constituição de 1988 ampliou o espaço de solução de conflitos pela via negocial (art. 7º, inciso XXVI, § 1º), como a forma mais coerente com a estruturação de um Estado Democrático de Direito. Também facultou às partes a possibilidade, se frustrada a negociação coletiva autônoma, de elegerem árbitros privados.

legislação vigente? A hipótese é de que elas apresentam grande evolução na década de 80, tanto em relação aos conteúdos acordados como no processo e na abrangência das negociações.

A importância das negociações pode ser verificada pelo crescimento do número de contratos e de cláusulas constantes em cada convenção coletiva. O número de contratos coletivos, segundo Pochmann (2001), passa de 1000, na década de 70, para em torno de 40 mil, no final de década de 80. Ao mesmo tempo, o número de cláusulas médias por convenção coletiva eleva-se de 15 para em torno de 60, no levantamento em algumas categorias do Estado de São Paulo.[25] É ponto pacífico que a prática da negociação se dissemina no país, com mais destaque nos setores com dinamismo econômico e sindical.

O crescimento do número de cláusulas nos instrumentos normativos e a ampliação dos temas negociados também revelam uma crescente importância das negociações coletivas na regulação do trabalho. Segundo um estudo de Horn (2003, p.14),[26]

> [...] uma evidência mais robusta para a hipótese de fortalecimento do papel regulatório das negociações coletivas consistiria em um montante crescente de cláusulas que estipulasse normas que não fossem encontradas na legislação estatal. Em 1978, não mais do que duas cláusulas, em média, fixaram regras não encontradas na legislação. Isto é evidência do papel menor que as negociações coletivas desempenhavam na regulação da relação de emprego. Após crescer a uma taxa de 2,2 cláusulas por ano, entre 1978 e 1994, o número médio das cláusulas adicionais chegou a 36,8 cláusulas. Apenas em 1995, este indicador decresceu pela primeira vez desde 1978.

Essa multiplicação no número de cláusulas acarreta ainda um aumento na proporção de cláusulas adicionais[27] no total das cláusulas substantivas[28] dos acordos coletivos da amostra, praticamente dobrando de 37,1%, em 1978, para 66,8%, em 1995, sendo que 89,8% das cláusulas adicionais beneficiam os empregados.

---

(25) Marceneiros, bancários, construção civil, têxteis, condutores e papeleiros do Estado de São Paulo (Dieese, 2001).

(26) As unidades de barganha pesquisadas: Alimentação (Porto Alegre), Panificação (Porto Alegre), Metalúrgicos (Canoas), Metalúrgicos (Novo Hamburgo), Metalúrgicos (São Leopoldo), Metalúrgicos (Porto Alegre), Metalúrgicos (Sapiranga), Químicos (Porto Alegre), Fertilizantes (Porto Alegre), Farmacêuticos (Porto Alegre), Gráficos (São Leopoldo), Artefatos de Couro (Novo Hamburgo), Calçados (Novo Hamburgo), Calçados (São Leopoldo), Calçados (Campo Bom), Calçados (Sapiranga), e Têxteis (Porto Alegre). No período 1978-95, estas unidades geraram 287 acordos coletivos no nível de setor de atividade.

(27) Cláusulas adicionais são as acrescidas ao contrato em cada ano.

(28) Regras substantivas são as que estabelecem direitos e obrigações mútuas das partes na relação de emprego.

O estudo mostra ainda que o ápice das cláusulas favoráveis aos trabalhadores ocorre em 1988.[29] A partir de 1989, há, paulatinamente, um crescimento de cláusulas que beneficiam os empregadores,[30] especialmente em relação aos seguintes temas: remuneração, jornada de trabalho, garantia no emprego e procedimentos para rescisão do contrato e condições de trabalho. Consideram-se cláusulas favoráveis ao empregador as que implicam uma ampliação do seu poder discricionário sobre a relação de emprego.

Também não é desprezível o número de cláusulas que simplesmente reproduzem a lei, como mostram inúmeros estudos. No período analisado, esse fenômeno resulta, em muitos casos, de uma estratégia sindical para garantir a efetividade da norma legal por meio da publicização, servindo, também, para viabilizar a cobrança de multas no caso de descumprimento da lei, por meio de sua "transformação em cláusula". Há, no entanto, um substancial crescimento no número de cláusulas que, de fato, agregam alguma regulação em relação à legislação vigente.

Em relação ao conteúdo, o ponto central do conflito é a questão salarial, que, devido ao ambiente inflacionário, constitui-se no carro-chefe das negociações coletivas, fazendo com que os trabalhadores fiquem, constantemente, correndo atrás da recomposição de seu poder de compra em uma sociedade marcada por uma péssima distribuição de renda.

A luta contra a corrosão dos salários se dá tanto na tentativa de os trabalhadores interferirem na política salarial quanto na negociação direta com os empregadores. Em alguns setores, a partir da dinâmica de categorias mais organizadas, a pressão sobre o setor privado tem incidência na política pública de estipulação de um reajuste mínimo ao conjunto dos assalariados por um determinado período.

O movimento sindical, mesmo priorizando a luta salarial, não consegue reverter a tendência histórica de concentração da renda, mas, considerando o contexto econômico da década de 80, sem a sua presença a deterioração salarial teria sido muito mais expressiva (BALTAR, 1991).

Assim, com destaque para as três principais greves gerais ocorridas na década de 80 (1983, 1986 e 1989) e outras inúmeras manifestações, a luta sindical foi, em muitos momentos, diretamente contra a política salarial do Governo Federal,[31] colocando em questão os diversos planos de estabilização da moeda e consequentemente a política econômica.

---

(29) Uma proporção crescente de cláusulas adicionais beneficiando os empregados foi uma característica saliente desta expansão do escopo nas unidades de barganha da amostra, elevando-se de 18,7% do total das cláusulas (substantivas e não substantivas), em 1978, a um pico de 52,2%, em 1988, antes de decrescer para 47,5%, em 1995.

(30) "O número médio das cláusulas adicionais que beneficiam os empregadores cresceu de zero, em 1978, para 5,3 cláusulas em 1995, quando corresponderam a 14,5% do total de cláusulas adicionais" (Horn, 2003: 18).

(31) Nesse período foram adotadas as seguintes medidas salariais: Lei n. 6.708, de 30/10/79; Lei n. 6.886, de 10/12/1980; Decreto-Lei n. 2.012, de 25/01/1983; Decreto-Lei n. 2.024, de 25/05/1983;

Além disso, uma série de outros temas fica no centro das negociações coletivas, tais como: 1) *condições de trabalho*, implicando uma melhoria no ambiente de trabalho, na saúde e na segurança do trabalho; 2) *regulamentação da jornada de trabalho*, destacando-se a valoração da hora extraordinária e a redução da jornada;[32] 3) *emprego*, com garantia de estabilidade provisória a trabalhadores em situações especiais (alistamento militar, gestante, acidentado e pré-aposentadoria), indenização adicional aos demitidos e normas especiais para cumprimento do aviso prévio (períodos recessivos); 4) *relações sindicais*, prevendo o acesso do sindicato aos locais de trabalho, por meio de quadro de avisos, de visitas, de campanha de sindicalização e de reuniões periódicas entre sindicato e empresas. Também começa a aparecer, de forma tímida, a possibilidade de organização dos trabalhadores no local de trabalho (delegados sindicais e comissão de fábrica); e 5) *benefícios*, sendo mais frequentes o subsídio ao transporte e à alimentação, o auxílio-funeral e o seguro de vida. A expansão dos dois primeiros é favorecida por incentivos fiscais. Também começa a proliferar, em algumas categorias, o convênio médico e odontológico.

Além dos temas evidenciados acima, estiveram no centro das preocupações do sindicalismo as demandas pelo respeito à legislação do trabalho e aos acordos coletivos e um conjunto de questões sociais, não exclusivamente sindicais, mas comandadas por elas, que vão desde os aumentos salariais até a noção, quase consensual no debate público, da necessidade de diminuição das desigualdades sociais por meio da ampliação de direitos sociais e da estruturação de políticas públicas (NORONHA, 1998).

Assim,

> [..] aspectos do trabalho até então de domínio exclusivo da gestão capitalista, como controle disciplinar, ritmos de produção, regras de promoção, estabilidade, distribuição de horas extras, condições de higiene e segurança no trabalho etc., passaram a ser confrontados, pelo menos nos setores mais fortemente organizados, mediante a militância dos

---

Decreto-Lei n. 2.045, de 13/07/1983; Decreto-Lei n. 2.064, de 19/10/1983; Decreto-Lei n. 2.065, de 26/10/1983; Lei n. 7.238, 20/10/1984; Lei n. 7.450, de 23/12/1985; Decreto-Lei n. 2.283, de 27/02/1986; Decreto-Lei n. 2.335, de 12/06/1987; Decreto-Lei n. 2.425, de 07/04/1988; Lei n. 7.730, 30/01/1989; Lei n. 7.737, de 28/02/1989; Lei n. 7.777, de 19/06/1989; Lei n. 7.788, de 03/07/1989; Lei n. 8.030, de 12/04/1990; Medida Provisória n. 193, de 25/06/1990; Medida Provisória n. 199, de 26/07/1990; Lei n. 8.073, de 30/07/1990; Medida Provisória n. 211, de 24/08/1990; Medida Provisória n. 219, de 04/09/1990; Medida Provisória n. 234, de 26/09/1990; Medida Provisória n. 256, de 26/10/1990; Medida Provisória n. 273, de 28/11/1990; Medida Provisória n. 292, de 03/01/1991; Lei n. 8.178, de 01/03/1991; Lei n. 8.222, 05/09/1991; Lei n. 8.238, de 01/10/1991; Lei n. 8.276, de 19/12/1991; Lei n. 8.419, de 07/05/1992; Lei n. 8.542, de 23/12/1992; Lei n. 8.700, de 27/08/1993; Lei n. 8.716, de 11/10/1993; e Decreto n. 1.066, de 27/02/1994. Sobre o conteúdo das medidas, ver os estudos de Maria Hermínia Tavares de Almeida (1997) e de Márcio Pochmann (1995). Apud Oliveira, 2002.

(32) Muitas categorias, antes mesmo da Constituição Federal de 1988, já tinham assegurado, via negociação coletiva, uma jornada menor de trabalho do que a prevalecente até então.

trabalhadores e a reivindicação crescente de espaços de intervenção diretamente barganhados. Consequência dessa militância é que os acordos coletivos ganham vida e novo sentido a partir da incorporação de reivindicações relacionadas aos interesses de maior penetração dos sindicatos nos locais de trabalho e a ampliação de seu poder de representação interna (COSTA, 2005, p.11).

Em relação ao processo e à abrangência das negociações, verifica-se um movimento contraditório entre o final dos anos 70 e início da década de 90. Por um lado, há uma enorme pulverização de organizações sindicais e, consequentemente, de negociações, pois grande parte delas ocorre por categoria profissional. Por outro lado, acontecem diversas experiências de articulação de campanhas conjuntas, tanto no mesmo segmento econômico (no âmbito estadual, por exemplo) como intercategorias. Como exemplo, pode-se citar a centralização das negociações no setor bancário (nacional), metalúrgicos e químicos do Estado de São Paulo.

Com a consolidação das centrais sindicais, há o desenvolvimento de campanhas e lutas comuns em diversas categorias. A partir do final da década de 80, por exemplo, a CUT desenvolve campanhas salariais unificadas que, em geral, estabelecem parâmetros e reivindicações comuns. Apesar de ter prevalecido a pulverização dos contratos e de a negociação ficar centrada no âmbito de cada categoria, há o desenvolvimento de muitas ações articuladas, com campanhas unificadas e até centralizadas que, no entanto, não resultam, na maioria dos casos, em contratos mais gerais.

No balanço da década de 80, é possível identificar nos setores mais estruturados e nas grandes empresas um avanço considerável das condições e do ambiente de trabalho, uma certa ampliação do sistema de proteção a trabalhadores em situação especial e melhoria dos benefícios sociais. Nota-se também um avanço rumo à democratização das relações de trabalho, em que o sindicato procura criar as condições para o exercício de sua função de representação dos interesses coletivos.

Mesmo com os avanços apontados acima, muitos aspectos que caracterizam a flexibilidade do sistema de relações de trabalho brasileiro ainda permanecem em vigor, entre os quais é possível identificar: 1) a facilidade da empresa em despedir; 2) a liberdade de estender a jornada por meio das horas extraordinárias; 3) a não regulamentação da alocação do trabalho; 4) a possibilidade da redução salarial com a consequente redução da jornada de trabalho, por meio de negociação coletiva; e 5) a não negociação do ritmo e intensidade de trabalho. Mas há um detalhe: essa possibilidade já existia antes de 88, desde que a empresa estivesse em dificuldades. Além disso, do ponto de vista das relações sindicais, pouco se avançou na regulamentação da organização dos trabalhadores no local de trabalho e na introdução de mecanismos contra a dispensa imotivada.

O avanço da regulação pública do trabalho, via negociação coletiva, não é linear nos diversos setores econômicos. Pela sua própria natureza, a negociação está mais presente em segmentos mais estruturados tanto do ponto de vista da economia como da dinâmica sindical. Na década de 80, em várias questões, as conquistas dos setores mais dinâmicos serviram de referência para os outros, facilitando a sua propagação e inclusive, às vezes, tornando-se legislação. O avanço da legislação trabalhista nos direitos individuais e coletivos, também, em muitos aspectos, universalizou regulamentações já existentes em algumas categorias, como, por exemplo, a redução da jornada de trabalho para 44 horas semanais.

Apesar das limitações, o avanço das negociações e da legislação vai fazendo com que as condições de utilização do trabalho deixem, em algum grau e especialmente nos setores mais dinâmicos, de ser definidas e impostas unilateralmente pelo patronato, estabelecendo limites ao poder da empresa e, com isso, inicia-se um processo, ainda incipiente, de democratização das relações de trabalho em comparação ao que existia até então nos locais de trabalho. Muitas direções de empresas começaram a considerar o sindicato e as regras estabelecidas na negociação coletiva.[33]

CONSIDERAÇÕES FINAIS

Como tendência geral, observa-se uma contrarreforma em relação à realizada no período da ditadura militar, pois caminha na perspectiva de remover o entulho autoritário e a intervenção sobre as entidades sindicais; de ampliar os direitos sindicais, apesar da manutenção de elementos herdados do sistema corporativo; de expandir os direitos trabalhistas, constitucionalizando diversos deles; e de estruturação de uma maior proteção social.

Ao mesmo tempo, há uma ampliação de direitos sindicais, como a liberdade para organizar as eleições e estabelecer a estrutura organizativa da direção sindical, a criação de centrais sindicais, a sindicalização dos servidores públicos, o direito de greve,[34] inclusive do setor público, e a representação sindical nas empresas com mais de 200 empregados — que, porém, nunca foi regulamentada. Também há uma ampliação da negociação coletiva, tornando obrigatória a anuência do respectivo sindicato obreiro para a alteração de qualquer norma coletiva. Ao mesmo tempo, são mantidos o poder normativo da Justiça do Trabalho, a data base e os procedimentos da negociação.

Na Constituição de 1988, como parte do título dedicado aos direitos e garantias fundamentais,[35] são inscritos direitos sociais e trabalhistas que

(33) Cf. SILVA, 1992.
(34) Em 1989, a Lei n. 7.783/1989 coloca restrições para o livre exercício do direito de greve.
(35) Especialmente no capítulo VII da CF/1988.

estavam dispersos em legislações específicas ou presentes nos contratos coletivos de setores mais organizados.[36] Há também a ampliação da proteção social, com a configuração de um sistema de seguridade social universal, especialmente por meio da consolidação do SUS (Sistema Único de Saúde), do sistema de previdência social (estruturado em três regimes: geral, público e complementar, que garantiu um salário mínimo para todos os pensionistas e aposentados e incorporou os rurais no sistema) e da assistência social (com benefícios de prestação continuada aos excluídos do mercado de trabalho e da previdência).[37] Além disso, ocorre a regulamentação do seguro desemprego,[38] que começa a ser efetivado no país. A Constituição não só regulamenta a proteção social como estabelece fontes de financiamento para a sua viabilização.

A constitucionalização dos direitos e da proteção social traz duas consequências. Em primeiro lugar, há uma ampliação da regulação social do trabalho, como expressão do movimento social e político da década, num contexto de transição democrática e de um legado de forte dívida social. Em segundo lugar, a garantia dos direitos na Constituição dificulta a sua alteração e desregulamentação, apesar de boa parte dos 24 incisos do capítulo VII ainda não ter sido regulamentada pelo Congresso Nacional.[39]

Mas também, a Constituição possibilitou uma flexibilização da jornada e da remuneração, via negociação coletiva. Ou seja, a Lei Maior faculta às partes reduzirem salário e jornada por meio de uma contratação coletiva (CESIT/SEBRAE, 2005). Então, apesar da ampliação dos direitos sociais, aspectos centrais da relação de emprego continuam apresentando flexibilidade. Por exemplo: 1) o empregador continua tendo grande facilidade de romper unilateralmente o contrato de emprego, comprometendo-se somente a pagar as verbas rescisórias e o adicional incidente sobre os depósitos do FGTS, que subiu para 40% sobre o total depositado; 2) a jornada e a remuneração podem ser reduzidas por meio de negociação coletiva; 3) a jornada de 6 horas nos turnos de revezamento é sujeita à alteração via negociação; e 4) a alocação do trabalho é definida unilateralmente pela empresa.

Em síntese, a década de 80 revela que há uma perspectiva similar e complementar entre a negociação coletiva, a regulamentação estatal e o

---

(36) Entre os quais se destacam: licença-maternidade e paternidade, férias e 1/3 de férias, 13º salário, FGTS etc.

(37) Uma análise da proteção social presente na Constituição de 1988 pode ser vista em Fagnani, 2005.

(38) Cf. MORETTO, 2001.

(39) Sem regulamentação, vários direitos não se efetivaram na prática, por exemplo: relação de emprego protegida contra despedida arbitrária, aviso prévio proporcional ao tempo de serviço e proteção em face da automação. Do ponto de vista dos direitos coletivos, também há vários aspectos não efetivados; por exemplo, o direito de eleição de um representante sindical nas empresas com mais de duzentos trabalhadores e o direito de greve para servidores públicos.

posicionamento da Justiça do Trabalho, indicando uma tendência de ampliação da regulação social do trabalho. Nesse sentido, o Brasil apresenta no período uma tendência distinta em relação ao movimento internacional, que está vivendo uma pressão pela flexibilização. Apesar disso, a não resolução do problema do desenvolvimento econômico e a mudança de perspectiva política, a partir da eleição de 1989, inviabiliza a efetivação de parte significativa dos direitos sociais. E, ao invés de o país caminhar para uma estruturação social mais homogênea, ver-se-á a prevalência de uma tendência liberalizante que buscará promover uma contrarreforma dos avanços alcançados na década de 80.

REFERÊNCIAS BIBLIOGRÁFICAS

ARAÚJO, A. M. C. (Org.). *Do corporativismo ao neoliberalismo:* estado e trabalhadores no Brasil e na Inglaterra. São Paulo: Boitempo Editorial, 2002.

BALTAR, P. E. A. *O mercado de trabalho no Brasil dos anos 90.* Tese (Livre-Docência) — Instituto de Economia, Universidade Estadual de Campinas, Campinas, 2003.

______. Salários e Negociação salarial nas categorias dos metalúrgicos e têxtil do município de São Paulo 1982-1988. *Cadernos do CESIT.* Campinas, n. 14, 1991.

______. Estagnação da economia, abertura e crise do emprego. *Economia e Sociedade.* Campinas, n. 6, p. 75-111, jun. 1996.

______. Estrutura econômica e emprego urbano na década de 90. In: PRONI & HENRIQUE. *Trabalho, mercado e sociedade.* São Paulo: Editora Unesp, Campinas: IE/UNICAMP, 2003a.

BIAVASCHI, M. B. *O direito do trabalho no Brasil* — 1930/1942: a construção do sujeito de direitos trabalhistas. Tese (Doutorado em Economia) — Instituto de Economia — Universidade Estadual de Campinas, Campinas, 2005.

BURAWOY, M. A. Transformação dos regimes fabris no capitalismo avançado. *Revista Brasileira de Ciências Sociais,* Rio de Janeiro, a. 5, n. 13, 1990.

CARDOSO, A. M. *A década neoliberal e a crise dos sindicatos no Brasil.* São Paulo: Boitempo, 2003.

______. *Sindicatos, trabalhadores e a Coqueluche neoliberal.* A era Vargas acabou? Rio de Janeiro: Editora Fundação Getúlio Vargas, 1999.

CARVALHO NETO, A. M. *As negociações coletivas como expressão das relações de trabalho*: estudo do caso brasileiro de 1992 a 1998. Tese (Doutorado em Economia) — CEPEAD/ Faculdade de Ciências Econômicas — Universidade Federal de Minas Gerais, 1999.

CESIT/SEBRAE. *O debate sobre a reforma trabalhista e as MPE no Brasil.* Campinas, UNICAMP/IE/CESIT, 2005. (Texto para Discussão n. 18).

HORN, C. H. Negociações coletivas e legislação estatal: uma análise da regulação da relação de emprego na indústria de transformação do Rio Grande do Sul, 1978-95. In: VII ABET: REFORMAS TRABALHISTAS E PREVIDENCIÁRIAS, CRESCIMENTO

ECONÔMICO E DISTRIBUIÇÃO DE RENDA, 13 a 16 de outubro de 2003, São Paulo. *Anais do VIII ABET: Reformas trabalhista e previdenciária, crescimento econômico e distribuição de renda*. São Paulo: FEA/USP, 2003

COSTA, M. S. O sistema de relações de trabalho no Brasil: alguns traços históricos e sua precarização atual. *Dados. Revista Brasileira de Ciências Sociais*. São Paulo: Anpocs, v. 20, n. 59, 2005.

DIEESE. As negociações coletivas de Trabalho. In: *A situação do trabalho no Brasil*. São Paulo: Dieese, 2001, p. 193-210.

FORTES, A. *et al* (Org.) *Na luta por direitos*. Campinas: Editora Unicamp, 2001.

LEITE LOPES, J. S. *A tecelagem dos conflitos de classe na cidade das chaminés:* São Paulo. Brasília: Editora da Universidade de Brasília, 1988.

MORETTO, A. *Mercado de trabalho e políticas de emprego no Brasil*. Dissertação (Mestrado em Economia) — Instituto de Economia — Universidade Estadual de Campinas, Campinas, 2001.

NORONHA, E. *O modelo legislado de relações de trabalho e seus espaços normativos*. Tese (Doutorado em Ciências Sociais) — Faculdade de Filosofia, Letras e Ciências Humanas — Universidade de São Paulo, São Paulo, 1998.

______. Greves e estratégias sindicais no Brasil. In. OLIVEIRA, C. A. *et al*. (Org.). *O mundo do trabalho:* crise e mudanças no final do século. São Paulo: Scritta, 1994.

OLIVEIRA, C. A. A formação do Mercado de Trabalho no Brasil. In: OLIVEIRA, M. A. (Org.) *Economia & Trabalho:* textos básicos. Campinas: Unicamp/IE, 1998.

POCHMANN, M.; MENDONÇA, S. BARRETO, F. Perspectivas da negociação. *São Paulo em Perspectiva*, São Paulo, v. 12, n. 1, 1998.

POCHMANN, M. *A década dos mitos*. São Paulo: Ed. Contexto, 2001.

______. *Políticas do trabalho e de garantia de renda no capitalismo em mudança:* um estudo sobre as experiências da França, da Inglaterra, da Itália e do Brasil desde o segundo pós-guerra aos dias atuais. São Paulo: Editora LTr, 1995.

SILVA, R. A. As negociações coletivas no Brasil e o sistema de relações de trabalho. In: *Outras falas em negociação coletiva*. Belo Horizonte: Escola Sindical 7 de Outubro, 1992.

MERCADO DE TRABALHO SOB A ÉGIDE DA CONSTITUIÇÃO FEDERAL DE 1988. AVANÇOS NO CUMPRIMENTO DOS DIREITOS FUNDAMENTAIS NO TRABALHO(*)

Maria Cristina Cacciamali (**)

A promulgação da Constituição Federal de 1988 no Brasil estruturou uma ordem institucional que estimulou a abrangência e a ampliação dos programas sociais e dos serviços públicos, bem como levou à introdução de novas tecnologias e de novas formas de gestão nessa área. Essa configuração, urdida pelos movimentos sociais, desde final do período militar, rebateu, posteriormente, sobre a elaboração das novas Constituições estaduais e municipais. Um modelo de política social, inovador para o contexto brasileiro, circunscreve-se a, a partir de então, e que, também, influenciou outros países da América do Sul.

O novo modelo orientou-se pela vontade política da inclusão social e foi posto em operação por meio do desenvolvimento de programas e ações sob o princípio da universalização de políticas, como os serviços de saúde e da educação, previdência rural e transferência de renda continuada ao idoso pobre e portadores de deficiência pobres, bem como a manutenção na escola de crianças portadoras de deficiência.(1) A nova institucionalidade conforma um estilo

---

(*) Texto apresentado no *Seminário Vinte Anos de Constituição Cidadã no Brasil:* avanços, limites e perspectivas para o mundo do trabalho no século XXI, promovido pela ABET com apoio do Instituto de Pesquisas Econômicas e Aplicadas na Universidade Federal do Rio de Janeiro, Rio de Janeiro entre 25-26 de setembro de 2008.

(**) Doutora e Livre-Docente em Economia pela Universidade de São Paulo (Brasil) com Pós-Doutorado pelo Massachusetts Institute of Technology. Atualmente é Professora Titular da Faculdade de Economia, Administração e Contabilidade e Presidente do Programa de Pós-Graduação em Ciências da Integração da América Latina da Universidade de São Paulo onde leciona e pesquisa na área de estudos do trabalho e políticas públicas. Pesquisadora do Conselho Nacional de Ciência e Tecnologia (desde 1995), presidente da Associação Brasileira de Estudos do Trabalho (2001-2003) e assessora especializada da Organização Internacional do Trabalho para o seguimento dos direitos fundamentais no trabalho (2002-2008). Coordenadora científica do NESPI — Núcleo de Estudos e Pesquisas de Política Internacional. Estudos internacionais e políticas comparadas — USP/CNPq. *E-mail:* <cciamali@uol.com.br>; página *web:* <http://www.econ.fea.usp.br/cacciamali>

(1) O Benefício de Prestação Continuada - BPC, é um direito constitucionalmente assegurado e regulamentado pela Lei Orgânica de Assistência Social — LOAS, Lei n. 8.742, de 7 de dezembro de

de política pública que conta até o presente com um conjunto de características: o padrão de financiamento é estável, por exemplo, a educação dispõe de 18% do orçamento nacional; as diretrizes, programas e ações pertinentes são definidos por meio da participação da sociedade civil, em conselhos ou comissões; e a execução das ações ocorre, na maioria das vezes, de forma descentralizada, em nível municipal, dispondo da parceria de grupos da sociedade civil organizada — Ongs.

No âmago das mudanças institucionais que sobrevieram no mercado de trabalho, em razão da Constituição Federal de 1988, destacamos o aumento de direitos sociais neste campo, logo dos custos do trabalho, por meio do aumento de impostos sociais (redução da jornada de trabalho, aumento do custo da hora extra, aumento nos dias de férias, direito à greve, aumento do custo de demissão e auxílio-paternidade) e, sobretudo, o Fundo de Amparo ao Trabalhador — FAT, criado para financiar, de maneira estável, tanto programas de mercado de trabalho, oferecidos pelo Ministério do Trabalho e Emprego, quanto para prover fundos para investimentos geradores de emprego, a cargo do Banco Nacional de Desenvolvimento Econômico e Social (BNDES). O Fundo também é administrado por meio de um mecanismo inovador, uma comissão paritária e tripartite — composta por representantes das Centrais de Trabalhadores, federações dos setores econômicos e órgãos do governo. Ademais, o sistema de gestão é descentralizado, exercido por Comissões de Emprego em nível estadual e municipal, compostas, também, de maneira tripartite e paritária.

Destacamos, todavia, que a partir de 1995, a despeito da *Constituição Cidadã*, como é denominada a Constituição Federal de 1988, o Parlamento brasileiro introduziu cláusulas e práticas para rebaixar direitos e custos sociais.(2) Entre 1995 e 2003, de maneira tópica, mas, ao longo do tempo, consistente, o parlamento aprovou alterações em itens fundantes do contrato de trabalho: a jornada de trabalho e o reconhecimento da hora-extra, salário e respectivo reajuste, tipos de contrato e condições da dispensa. O sentido de todas as

---

1993. É um benefício da assistência social que garante o repasse de um salário-mínimo mensal aos idosos com idade de 65 anos ou mais cuja renda *per capita* da família seja inferior a ¼ do salário mínimo vigente; e a pessoas com deficiência, em qualquer idade, incapacitadas para a vida independente e para o trabalho, cuja renda *per capita* familiar seja também inferior a ¼ do salário-mínimo vigente. Além da garantia de renda mensal, o BPC criou o PROGRAMA BPC NA ESCOLA que visa a contribuir para a promoção, o acesso e a permanência na escola das crianças e adolescentes, prioritariamente de 0 a 18 anos de idade com deficiência e beneficiárias do BPC.

(2) As mudanças alteram os componentes do contrato de trabalho individual e podem ser agrupadas em 4 categorias: *novas modalidades ao contrato de trabalho por tempo indeterminado; alterações na jornada de trabalho; alterações nos aumentos salariais; novas formas de solução extrajudicial dos conflitos*. Ao todo, foram aprovadas mais de 13 medidas que alteram o Código do Trabalho. Veja-se, entre outros, CACCIAMALI, Maria Cristina. Política social e reforma laboral no Brasil. Os desafios da reforma sindical. In: *Encontro de Economia Política*, Campinas, 2005. Uma versão mais completa foi efetuada, denominada de: Política social e reforma laboral no Brasil. Os desafios dos sindicatos sob o governo Lula, publicado na *Revista de Relaciones Laborales, n. 7*, Universidad de La República del Uruguay (UDELar), 2005.

mudanças foi o da redução de custos e/ou de estreitamento da abrangência e da inserção junto à Seguridade Pública Social, ou seja, sempre diminuindo direitos sociais anteriormente adquiridos.

A partir dos anos de 1990, o governo federal, em conjunto com os governos subnacionais, atuou mais intensamente sobre o cumprimento dos direitos fundamentais no trabalho, também denominados de *direitos humanos no trabalho*. A administração federal estabeleceu programas de erradicação do trabalho infantil (desde 1992), de combate ao trabalho forçado (desde 1995), de igualdade de oportunidades de gênero e raça (desde 1996) e abriu espaço para a ampliação ao livre direito de associação e o reconhecimento das negociações coletivas.

A partir da década de 1990, outro destaque é a formulação de programas de combate à pobreza, principalmente, em nível nacional, que foram desenhados em consonância com as diretrizes de política social recomendada pelos organismos multilaterais. Os programas dessa natureza, como o Programa Bolsa Escola (1994) e o seu sucessor Programa Bolsa Família (desde 2003), foram projetados com o objetivo de focalizar, nas regiões mais pobres, famílias com crianças cursando o ensino fundamental e, a partir de 2007, também adolescentes até 17 anos. O Programa Bolsa Família consiste de transferências mensais de renda pelo governo federal às famílias pobres, sujeitas a um conjunto de condicionalidades, como a manutenção de frequência à escola de crianças e adolescentes, o cumprimento de atendimento primário à saúde e a participação da família no acompanhamento escolar e em programas de capacitação social e/ou profissional que sejam oferecidos para a comunidade. Depois de distintos momentos de expansão, em 2009, o Programa visa a alcançar cerca de 12 milhões de famílias.

Sob a institucionalidade decorrente da Constituição Federal de 1988, os gastos com as políticas de mercado de trabalho, financiadas com os recursos do FAT, a partir de meados da década de 1990, mais que duplicaram, tanto em valores reais quanto em relação ao respectivo percentual no PIB. Em 2006, foram despendidos, aproximadamente, US$ 9,8 bilhões ou 0,4% do PIB. (Tabela 1).[(3)] Desse total, pouco mais da metade, de US$ 5,2 bilhões (52,9%), refere-se aos gastos com o Programa de Seguro Desemprego que atendeu, naquele ano, em média, 479 mil trabalhadores, por mês. Entre os programas de política ativa de mercado de trabalho que compõem o Sistema Público de Emprego, Trabalho e Renda (SPETR), os Programas de Geração de Emprego e Renda (PROGER), desde 1995, consumiram a maior parte dos recursos. Naquele ano, a alocação de recursos do CODEFAT contemplou o PROGER com a parcela de 73,8% do total relativo à totalidade das políticas públicas de mercado de trabalho.

---

(3) A Lei n. 8.019, no art. 9º, normatiza que as disponibilidades financeiras do FAT sejam aplicadas, exclusivamente, em títulos do Tesouro Nacional, através do Banco Central do Brasil, constituindo-se o resultado das aplicações financeiras em receita do FAT. Em agosto de 2008, a previsão de recursos do FAT era da ordem de US$72,000 milhões, pouco mais do que 11% do PIB brasileiro.

A importância atribuída à política de crédito, especialmente, para microempresas e pequenas empresas, no âmbito das políticas de mercado de trabalho, confirma-se ao longo do período de 1995 a 2000. Relembramos que o CODEFAT,ao contrário de outros programas sociais, executa uma política social do Estado, haja vista que os componentes são indicados pelas organizações representativas dos atores sociais e pela administração federal em gestão, embora as suas tomadas de decisão estejam condicionadas pela orientação e interesses políticos dessa última.

Entre o último lustro da década passada e o primeiro lustro de 2000, os recursos, destinados a essa modalidade de política pública, não apenas apresentaram tendência crescente, conforme mostram as informações da Tabela 1, como consumiram 98% dos recursos destinados ao total dos programas de políticas ativas de mercado de trabalho. Os demais programas, conforme exposto abaixo, perderam espaço no orçamento do Sistema Público de Emprego, Trabalho e Renda.

Tabela 1

Brasil: Gastos do Fat com Políticas Públicas de Mercado de Trabalho: 1995 — 2006

Políticas / Programas	1995	1998	2000	2001	2002	2003	2004	2005	2006
(1) Intermediação de emprego	108,1	60,1	69,2	82,3	64,6	52,3	39,3	40,9	42,6
% sub	*21,74*	*3,69*	*3,83*	*4,92*	*3,74*	*2,59*	*1,46*	*1,00*	*0,92*
% total	**2,50**	**1,00**	**1,30**	**1,47**	**1,11**	**0,91**	**0,62**	**0,49**	**0,43**
(2) Qualificação Profissional	22,4	428	370,1	385,2	107,9	25	36	41	39,5
%sub	*4,51*	*86,08*	*74,44*	*77,47*	*21,70*	*5,03*	*7,24*	*8,25*	*7,94*
%total	**0,52**	**9,88**	**8,54**	**8,89**	**2,49**	**0,58**	**0,83**	**0,95**	**0,91**
(3) Programas de geração de emprego e renda (3.1 + 3.2 + 3.3 + 3.4)	366,7	1.141,70	1.366,50	1.205,10	1.556,70	1.945,40	2.612,20	4.003,60	4.563,50
(3.1) PROGER Urbano	83,9	175	286,5	364,1	499,5	1.065,60	2.125,20	3.118,90	3.462,50
(3.2) PROGER Rural	218,2	266,1	91,6	61,4	258,2	131,1	108,6	32,6	32,7
(3.3) PRONAF	26,7	632,9	833,3	776,8	799	629,2	378,5	816,6	1.068,30
(3.4) Outros programas	37,9	67,7	9,7	2,8	-	119,4	-	35,5	-
% sub	*73,75*	*70,05*	*75,67*	*72,05*	*90,02*	*96,18*	*97,20*	*98,00*	*98,23*
%total	**8,47**	**18,90**	**25,60**	**21,52**	**26,72**	**33,93**	**41,00**	**48,45**	**46,27**
Subtotal	497,2	1629,8	1805,8	1672,6	1729,2	2022,7	2687,5	4085,5	4645,6
(4) Seguro- Desemprego	3.834,60	4.409,90	3.532,10	3.926,40	4.097,30	3.711,20	3.684,30	4.177,20	5.218,20
%total	**88,52**	**73,02**	**66,17**	**70,13**	**70,32**	**64,72**	**57,82**	**50,55**	**52,90**
Total	4.331,80	6.039,70	5.337,90	5.599,00	5.826,50	5.733,90	6.371,80	8.262,70	9.863,80
(6) % do PIB	**0,215**	**0,268**	**0,249**	**0,262**	**0,272**	**0,286**	**0,304**	**0,378**	**0,416**

Fonte: Coordenação Geral de Emprego e Renda do Ministério do Trabalho e Emprego.

* Valores convertidos pela taxa de câmbio de 2,30 e deflacionados em reais pelo IGP-DI de 2006.

O objetivo deste trabalho é o de apresentar os paradoxos entre a aprovação de uma ordem constitucional protetora do trabalho, concepção derivada da construção de um sistema de bem-estar social, e um período de implantação de práticas liberais. Desde o final dos anos de 1970, ampliaram-se mercados e estabeleceram-se instituições de cunho liberal nos países centrais e, principalmente, em grande parte das economias periféricas. Na primeira seção apresentamos as características da transição liberal da economia mundial depois dos anos de 1970, e na segunda seção tratamos do comportamento e ajustamento do mercado de trabalho brasileiro à ordem econômica liberal implementada no País na década de 1990. Na terceira seção, devido à maior importância atribuída ao cumprimento dos direitos humanos no trabalho (DHT), tanto no cenário mundial quanto no brasileiro, selecionamos um dos itens dessa pauta: a necessidade de erradicar o trabalho infantil. Escolhemos esse tópico da agenda DHT, não porque os demais sejam menos relevantes ou mereçam menos atenção, mas por considerarmos o limite de páginas imposto ao texto que não permite a abordagem integral do tema. A escolha do tema da *erradicação do trabalho infantil* frente aos demais se guiou, contudo, por alguns critérios: o interesse que desperta no debate público; o valor que possui no orçamento de pesquisas e de implementação de políticas públicas no cenário internacional; o sucesso alcançado pelas políticas praticadas; e, sobretudo, pela importância da erradicação do trabalho infantil e da ampliação da escolaridade para crianças e adolescentes no rompimento do círculo intergeracional da pobreza. Por fim, tecemos as considerações finais focalizando principalmente propostas de políticas públicas.

1. A ECONOMIA MUNDIAL NO PERÍODO LIBERAL RECENTE

A década de 1980 caracterizou-se pelas interrelações entre a ampliação da liberalização econômica e comercial, a expansão, integração e diversificação do setor financeiro e a maior integração dos mercados nacionais de bens e serviços ao mercado mundial — processos que outorgaram singularidade ao período denominado de *Globalização* — e que se radicaram nas relações econômicas nos anos de 1990.

O aumento do preço do petróleo em 1973 e 1979, conjuntamente, com a busca da recuperação das taxas de retornos,[4] incentivou um processo de reestruturação e relocalização da produção mundial que se expandiu pelas décadas seguintes e alterou a divisão internacional do trabalho. Nesse período, em contínua realimentação, implantam-se tecnologias de produção e de gestão de menor custo e poupadoras de energia, baseadas na microeletrônica, comunicação, informação e biogenética.

---

(4) As taxas de lucro segundo a OCDE declinaram durante os anos de 1970 e, ainda, receberam impacto negativo durante a crise econômica sincrônica que atingiu os países centrais entre 1979 e 1982.

Desde então, a região do Sudeste Asiático especializou-se na produção de bens de consumo de massa, eletrônicos e equipamentos leves, enquanto os países centrais concentraram a sua produção em produtos e serviços de alta tecnologia; eletrônicos, equipamentos e produtos sofisticados; engenharia de precisão; indústria naval; além de toda sorte de serviços. A Ásia configurou-se como o produtor mundial de manufaturas, enquanto os países centrais ganharam robustez para firmarem-se na denominada *economia do conhecimento e da informação.*

Parte substancial do emprego industrial deslocou-se dos países centrais para o Sudeste Asiático (tigres asiáticos e China, entre os principais) e, em menor grau, para países da América Latina (México, países da América Central). Os países africanos e sul-americanos, em geral, mantiveram a sua relevância na produção dos setores primários, minérios e petróleo. O Brasil, entre os países da América do Sul, manteve, a despeito dos distintos momentos de ajustamento econômico, ao longo das décadas de 1980 e, especialmente, de 1990, uma estrutura produtiva complexa nos três grandes setores econômicos, embora ocorressem expressivos avanços na agroindústria e nos setores de energia.

A década de 1990 constituiu-se em um período de alta instabilidade econômica e de aprofundamento de mudanças estruturais — tecnológicas, espaciais, políticas e institucionais, além de atravessar cinco crises financeiras mundiais. O traço característico da década foram as baixas e instáveis taxas de crescimento, exceto no caso dos Estados Unidos e poucos países asiáticos. A contrapartida do comportamento anterior refletiu-se na criação insuficiente de empregos, elevação das taxas de desemprego, de subemprego e no aumento da degradação das relações de trabalho em todas as regiões do Globo, especialmente, nos países centrais e nos países da América do Sul. Segundo *Rodrik*, em livro de 1997, o modelo liberal não foi capaz de produzir *nem nos Estados Unidos nem na Europa crescimento sustentado de "bons empregos".*[5]

Entre 1980 e 1990, conforme apontado por esta autora em estudos anteriores, o processo de ajustamento do mercado de trabalho diferiu entre regiões e sub-regiões do globo. Embora as configurações resultantes sejam distintas, todas, seguiram, consistentemente, o sentido da redução dos custos do trabalho e do estreitamento dos direitos sociais. Nos Estados Unidos, por exemplo, que, durante os anos de 1990 geraram elevado número de empregos, a grande maioria era reconhecida como de *baixa qualidade.*[6] E, entre as principais

---

(5) RODRIK, Dany. *Has globalization gone too far?*, Washington: Institute for International Economics, 1997. p. 11.

(6) Vejam-se entre outros CACCIAMALI, Maria Cistina. Princípios e direitos fundamentais no trabalho na América Latina. *São Paulo Em Perspectiva,* Fundação Seade, vol. 16, n. 2. 2002; CACCIAMALI, Maria Cristina & JOSÉ-SILVA, Maria de Fátima. Empleo y seguridad social: otra década perdida en el mercado de trabajo de América Latina. *Revista Venezolana de Economía y Ciencias Sociales,* v.11, n. 3. 2005.

modificações, no âmbito das relações de trabalho, muitas vezes denominadas de *processos de flexibilização,* destacamos: rompimento do vínculo entre o aumento dos salários e o aumento da produtividade; maior intensidade do trabalho; maior subcontratação; menor estabilidade na maioria dos empregos e menor abrangência da proteção social pública. [7]

Nos Estados Unidos, segundo *Rodrik*, o desempenho do mercado de trabalho mostrou, entre os principais resultados: diminuição do emprego industrial, principalmente, entre os não e semiqualificados; a absorção expressiva de mão de obra no setor de serviços, em empregos reconhecidos como de baixa qualidade; maior instabilidade da demanda de trabalho, ocasionando volatilidade nos rendimentos e de horas trabalhadas, a ampliação do hiato salarial entre os trabalhadores qualificados e os demais, e o aumento do grau de concentração de renda. Autores europeus, por outro lado, destacaram o ajustamento do mercado por meio do aumento das taxas de desemprego, do crescimento de empregos flexíveis, e do aumento do grau de insegurança laboral.[8] Na América Latina, a Cepal e diversos especialistas apontavam o ajustamento do mercado de trabalho por meio da queda do emprego industrial, exceto no México, da ampliação do desemprego, do aumento do emprego no setor informal, no serviço doméstico e em empregos sem contrato de trabalho registrado.[9] Esses comportamentos refletem de certo modo a institucionalização maior e menor dos mercados de trabalho estadunidense e europeu, respectivamente, e a desorganização dos mercados de trabalho latino-americanos.

A geração desses resultados teve a ver também com os processos de reestruturação produtiva que, nos países centrais e na América Latina, implicaram mudanças tecnológicas intensivas em capital. Os novos processos de produção implantados nessas regiões requerem mão de obra com maior número de anos de escolaridade, o que explica parte do hiato salarial positivo para a mão de obra qualificada, especialmente, nos Estados Unidos.[10] Essas mudan-

---

(7) CACCIAMALI, Maria Cristina. Processo de informalidade, flexibilização das relações de trabalho e proteção social na América Latina. *Cadernos PUC - Economia*, São Paulo, n. 11, 2001; CACCIAMALI, Maria Cristina; BRITO, André. A flexibilização restrita e descentralizada das relações de trabalho no Brasil. *Revista da ABET*, São Paulo, v. 2, n. 1, 2002.

(8) GORZ, André. Sortir de la société salariale. *Transversale*, 25, 1994. CORIAT, Benjamin & ROSANVALLON, Pierre. Le chômage partagé. *Nouvel Observateur*, Collection Dossiers: vaincre le douze peurs de l'an 2000, n.14. Paris: 1993. BARBIER, Jean-Claude, BRYGOO, Angélina & VIGUIER Frédéric. *Defining and assessing precarious employment in Europe. A review of main studies and surveys. A tentative approach of precarious employment in France.* European Commission, Centre d'Études de l'Emploi, 2002. GRAZIANO, Paolo. From a guaranteed labour market to a flexible worker model? Centre d'Études Européenne, *Cahiers Européennes, 4*, 2004.

(9) GARCIA, Norberto E. *Ajuste, reformas y mercado laboral.* Santiago: PREALC, 1993; Organización Internacional del Trabajo. Volatilidad del contexto externo: ajustes y efectos sobre el mercado laboral en América Latina y El Caribe. Lima: OIT, 1998; CACCIAMALI, Maria Cristina. Mudanças na natureza da política pública e do mercado de trabalho na América latina. In: KON, Anita; BANKO, Catalina & CACCIAMALI, Maria Cristina. (Org.). Costos sociales de las reformas laborales en América Latina. *1 ed. Caracas: Universidade Central da Venezuela, 2000.* CACCIAMALI, Maria Cristina & JOSÉ-SILVA, Maria de Fátima, 2005, *op. cit.*

(10) RODRIK, Dani, 1997, *op. cit.*

ças alteram a estrutura ocupacional, o conteúdo das ocupações e o perfil dos ocupados — mais jovens, mais escolarizados e com demandas privadas e públicas distintas dos trabalhadores das décadas anteriores. Ou seja, são mudanças que levam ao esvaziamento ou, na melhor das hipóteses, à alteração da base social dos sindicatos; consequentemente, diminuem ou requerem outras ações e formas de administração.(11)

Outro elemento que desgasta o poder dos sindicatos no ocidente, no período de liberalização, é a elevação da elasticidade-salário da demanda de mão de obra em consequência da ampliação dos mercados. A maior integração dos mercados de produtos e serviços nacionais à economia mundial ampliou o tamanho dos mercados e, portanto, afetou o comportamento da demanda e da oferta de todos os mercados com intensidade distinta, mas, sempre, no mesmo sentido: elevando a elasticidade-salário demanda de mão de obra. Entre as causas que provocam a elevação de tal elasticidade, destacamos a elevação da elasticidade-preço da demanda dos bens e a ampliação da oferta de todos os fatores de produção, inclusive do fator trabalho.(12)

As principais consequências da elevação da elasticidade-salário da demanda por força de trabalho reportam-se aos gravames para alcançar sucesso nas negociações por aumentos de salários e ao aumento da parcela paga pela mão de obra dos impostos da seguridade social, na repartição entre trabalho e capital. Essas consequências, conjuntamente com as altas taxas de desemprego, ratificam o menor poder de barganha dos sindicatos nas negociações coletivas e reduzem a captação de afiliados, além de acirrar as tensões sociais.

As economias asiáticas, por outro lado, se constituem em um fenômeno à parte. Seguindo o exemplo do Japão, depois da Segunda Guerra Mundial, os países asiáticos seguiram um padrão de acumulação liderado por exportações

---

(11) Por exemplo, mesmo no caso brasileiro, em que ocorreu a ampliação no número de afiliados e de sindicatos, essa expansão adveio em detrimento de categorias tradicionais, *inter alia,* como operários e bancários, haja vista o aumento da inserção sindical dos funcionários públicos, comerciários e professores, por exemplo.

(12) Os comportamentos apresentados, seguindo as Leis Hicks-Marshall da demanda derivada, aumentam a elasticidade-salário da demanda por força de trabalho. Como pode ser observado, o aumento da elasticidade-preço da demanda de bens e a expansão da oferta dos fatores de produção implicam reatividade mais extensa das firmas às variações de preços relativos, levando ao ajustamento, também, mais extenso da demanda de mão de obra. Ou seja, a elevação da elasticidade da demanda preço do bem implica queda/aumento acentuado da demanda desse bem, caso haja aumento/diminuição do respectivo preço; e a elevação da oferta de fatores de produção permite rápida substituição entre fatores, de acordo com as variações dos respectivos preços relativos. Ambos os comportamentos incidem sobre a extensão do ajustamento da demanda de mão de obra, elevando a respectiva elasticidade-salário. Por outro lado, a diminuição dos custos do trabalho no total dos custos, minora a elasticidade-salário da demanda de mão de obra, constituindo-se em uma característica positiva para que as reivindicações por aumentos de salário sejam bem sucedidas. Entretanto, o aumento da concorrência intercapitalista face à diminuição de lucro das atividades produtivas mitigou os efeitos desse fator nesse período.

e, desde os anos de 1970, mantiveram taxas médias elevadas de crescimento econômico. As exportações dos tigres asiáticos, por exemplo, seguindo o caso do Japão, sempre usufruíram de cotas preferenciais nos Estados Unidos, puderam superar com maior rapidez a crise de endividamento externo dos anos de 1980 e sustentaram a expansão econômica. Ao final do século XX, a região alterara a sua inserção na economia mundial e na divisão internacional do trabalho. Transformara-se no lócus da produção manufatureira e de determinados serviços em nível mundial. Por exemplo, Índia, Coreia do Sul e China apresentaram taxas médias de crescimento anual, desde os anos de 1970, da ordem de 8, 13 e 10% aa, respectivamente. As taxas de desemprego aberto urbano, segundo estatísticas oficiais, oscilaram em torno de 4%, e revelam o elevado dinamismo da atividade econômica urbana, aliado a um controle de migrações internas da população. Nesse período, liderando as exportações, a indústria foi o motor de crescimento da China e Coreia do Sul, e os serviços e a indústria conduziram a acumulação e crescimento na Índia.

Índia e China, os maiores países da região, reduziram níveis históricos de pobreza extrema, incorporaram forte contingente da população em atividades econômicas urbanas e, ainda, dispõem de elevado excedente de mão de obra, sob controle, no meio rural. As duas economias, assim como outras da região, criaram empregos em todos os setores da atividade econômica, em todos os níveis de qualificação e nas mais distintas condições de trabalho. Isto porque o mercado de trabalho não dispõe de regulamentação centralizada e nem de um sistema público de seguridade social abrangente. Por um lado, trabalhadores inseridos em grandes empresas, transnacionais estabelecidas localmente ou domésticas, podem estar afiliados a um sindicato de empresa e derivar dessa relação proteção contra riscos do trabalho e velhice; a maioria, entretanto, ocupa empregos de baixa qualidade, inclusive classificados como trabalho forçado de acordo com os padrões laborais mínimos ocidentais.

Nesse contexto, depois do segundo lustro dos anos de 1990, temas que marcaram as agendas das relações internacionais no final do século XIX e nas primeiras décadas do século XX retornam ao debate público. Especialmente, o Sistema ONU estabeleceu pautas relacionadas ao cumprimento dos direitos fundamentais no trabalho, *inter alia* definiram-se agendas e políticas públicas para combater a presença de trabalho forçado, tráfico humano disfarçado de migrações internacionais, trabalho infantil, formas distintas de discriminação, relações de trabalho degradadas e redução de salários como instrumentos de criação de vantagens competitivas no mercado mundial. Essa pauta ganha espaço na arena internacional não apenas pela deterioração que ocorrera nas relações de trabalho em geral como, sobretudo, pelo crescimento de atividades exportadoras que empregavam força de trabalho sem qualquer observância aos padrões laborais mínimos.

O debate sobre o cumprimento de normas laborais internacionais que, na atualidade, recebe a denominação de *dumping social*, volta ao cenário político, principalmente, pelas pressões dos atores sociais dos países centrais.

Trabalhadores, mas, sobretudo, empresários e governos trazem o tema para a Organização Internacional do Trabalho (OIT) e a Organização Mundial do Comércio (OMC). A primeira organização compõe o Sistema ONU, enquanto a última é uma organização internacional com personalidade jurídica, derivada do *General Agreement on Tariffs*, composta por membros, ao invés de Estados-nações.

A agenda original da OMC, de 1995, contém três temas especiais: padrões mínimos laborais, padrões ambientais e comércio e desenvolvimento (serviços, propriedade intelectual entre outros). A introdução da questão laboral, entre os temas especiais, na constituição da OMC, reflete as tensões, naquele período, entre países centrais e periféricos quanto à aplicação de padrões mínimos laborais. Entre os participantes de países, os governos dos Estados Unidos e França, de um lado, e os novos produtores mundiais de serviços e/ou bens de consumo, por exemplo, Índia e China, argumentavam pró e contra, respectivamente, a propriedade de exigir maior cumprimento e de impor sanções comerciais em caso da sua não observância.

Relações de trabalho degradadas, emprego de trabalho infantil e juvenil, práticas de trabalho forçado reduzem custos e provocam concorrência desleal no comércio de bens e serviços no mercado internacional, deslocam a produção e atraem investimentos para os países periféricos, argumentam trabalhadores e empresários voltados para os mercados domésticos dos países centrais, enquanto os governos dos países periféricos clamam que esses argumentos são subjacentes a propostas protecionistas e que a abundância de mão de obra se constitui em uma vantagem comparativa inequívoca aos seus países.

Em 1998, a OIT executou o rol que lhe é pertinente no âmbito dos organismos internacionais — a definição de normas do uso do trabalho — e aprovou em sua Conferência anual a *Declaração dos direitos fundamentais no trabalho*. A *Declaração* constitui-se de quatro princípios aplicáveis a qualquer nação independente de sua ratificação ao documento ou às convenções pertinentes e pode ser interpretada como o resultado da primeira etapa de negociações para estabelecer um novo ordenamento internacional no mercado de trabalho.

Os princípios versam sobre a erradicação do trabalho infantil, eliminação do trabalho forçado ou compulsório, proscrição da discriminação de qualquer natureza no emprego ou ocupação, direito à livre associação de trabalhadores e empregadores e reconhecimento das negociações coletivas.(13) Em junho de 2008, a Conferência Internacional adotou o documento *ILO Declaration on social justice for a fair globalization* que, com base na concepção de *Trabalho decente*, desenvolvido por essa agência, e na aceleração da implementação das

---

(13) Esses princípios firmam-se sobre as seguintes Convenções: Liberdade de associação e proteção ao direito de organização, 1948, n. 87; Direito de organização e de negociação coletiva, 1949, n. 98; Trabalho forçado, 1930, n. 29; Abolição do trabalho forçado, 1957, n. 105; Igualdade de remuneração, 1951, n. 100; Discriminação (emprego e ocupação), 1958, n. 111; Idade mínima (para o trabalho), 1973, n. 138; Piores formas de trabalho infantil, 1999, n. 182.

agendas nacionais sobre o tema, estabelece princípios, diretrizes e recomendações para promover resultados sociais mais justos no âmbito do processo de globalização. O documento, com relação à *Declaração de 1998,* amplia sobremaneira os direitos sociais que devem nortear as relações de trabalho. Em particular destacam-se os destaques atribuídos nesse documento à seguridade, proteção e inclusão social.(14)

Acreditamos, que *a Declaração de 2008* foi adotada em um momento oportuno, seja pelo espaço de tempo decorrido com relação à *Declaração de 1998,* ou pela ocorrência da crise financeira mundial que se contrapõe à onda liberalizante dos últimos 20 anos.

2. O AJUSTAMENTO DA ECONOMIA BRASILEIRA FRENTE AO PARADOXO ENTRE A CONSTITUIÇÃO FEDERAL DE 1988 E O PERÍODO LIBERALIZANTE DOS ANOS DE 1990

Nos anos de 1970, os choques do petróleo, aliados, entre outros fatores, ao aumento do endividamento externo e às elevadas taxas de inflação, conduziram a economia brasileira a uma prolongada crise que perdurou até meados da década sucessiva.(15) Segundo a Fundação IBGE, o PIB brasileiro entre 1964 e 1980 cresceu em média 7,8% aa, enquanto entre 1981 e 1993 o índice foi de 1,6%, ou seja, a renda *per capta* estancou.(16) A inflação brasileira, nesse segundo período, alcançou níveis historicamente altos, variando entre 87,88% e 2.579% aa e, apesar da execução, por consecutivos Ministros da Fazenda, de cinco planos heterodoxos de estabilização, nenhum governo foi capaz de controlá-la.

O baixo dinamismo da economia brasileira durante a década de 1980, como não poderia deixar de ser, incidiu sobre o mercado de trabalho. A taxa de desemprego aberto, segundo a Fundação IBGE, para o total das 6 regiões metropolitanas pesquisadas, mudou de patamar com relação às décadas passadas. Durante o segundo lustro dos anos de 1980, a taxa situou-se entre 3,4 e 5,3% da PEA, ao fim da década de 1990, a taxa atingiu níveis entre 7,1 e 7,3%, e na década de 2000 apresentou valores em torno de 9%, embora em 2003 tivesse alcançado 13%. Os efeitos do desemprego recaíram sobretudo sobre os jovens, mulheres e negros. Até o ano de 2002, a taxa de participação na produção diminuiu e, como resultado do desalento na busca de emprego, estabeleceu-se em torno de 60% da População Economicamente Ativa (PEA).

(14) INTERNATIONAL LABOR ORGANIZATION, *ILO. Declaration on social justice for a fair globalization.* Suíça: Genebra, 2008.

(15) CACCIAMALI, Maria Cristina. Desaceleração econômica e planos de estabilização. Impactos sobre o mercado de trabalho. *São Paulo em Perspectiva,* vol. 5, n. 1, 1991.

(16) Daí a denominação de *década perdida* com relação à situação econômica. O mesmo, contudo, não pode ser atribuído à situação política que apresentou avanços consideráveis na democratização do País.

A taxa de ocupação também caiu ao longo desse período e atingiu níveis entre 54 e 55% em razão da escassez de oportunidades de trabalho.(17)

A partir da década de 1980, a contratação informal, ou seja, a contratação de empregados sem registro em carteira de trabalho, aumentou e, desde então, essa prática foi incorporada ao mercado de trabalho brasileiro. No Brasil não agrícola, em 1979, o mercado de trabalho formal, representado pelos empregados com carteira de trabalho assinada, significava 55,8% com relação a todos os tipos de inserção no mercado de trabalho, essa participação caiu para 47,36% em 1989 e, em 2001, para 35%. Quanto à cobertura da seguridade pública social, desde 1979, o número de ocupados não agrícolas que contribuía para o Sistema decresceu 15 pontos percentuais. Naquele ano, 70% dos ocupados no meio urbano contribuíam para a seguridade pública social, dez anos depois esse percentual decresceu para 63,5%, e em 2001 atingiu o nível de 55,27%.(18)

A concentração de renda, por sua vez, depois do aumento considerável do índice de Gini, entre os anos de 1960 e 1970, de 0,49,7 para 0,565, aumentou ainda mais até 1990; especificamente, o referido índice passou para 0,592 e para 0,660 em 1980 e 1990, respectivamente.(19) Devemos ressaltar que, no Brasil, os resultados empíricos dos estudos a respeito dos efeitos da liberalização comercial depois de 1989 sobre a diminuição dos diferenciais de salários entre trabalhadores qualificados e não qualificados são controversos. A maioria das estimativas, contudo, independentemente de terem sido realizadas sob diferentes métodos, fontes de dados ou recortes regionais, indica que os diferenciais de salários entre os trabalhadores mais qualificados e menos qualificados, captando-se essa variável por meio do grau de escolaridade ou de grupos ocupacionais, mantiveram-se elevados e constantes.(20)

---

(17) CACCIAMALI, Maria Cristina. Emprego e crise no Brasil. In: ROCCA, Carlos Antonio; PRIMO-BRAGA, Carlos Alberto; CACCIAMALI, Maria Cristina & CASTRO, Manoel Cabral. *Brasil 1980.* Os desafios da crise econômica. São Paulo: IPE, 1988; e CACCIAMALI, Maria Cristina. Desgaste na legislação laboral e ajustamento do mercado de trabalho brasileiro nos anos 90. In: POSTHUMA, Anne Caroline, *Abertura e ajuste do mercado de trabalho no Brasil.* Políticas para conciliar os desafios do emprego e da competitividade. São Paulo: 34, 1999.

(18) As informações valem para o total não agrícola para o mercado de trabalho de cada ano, a análise enfatiza a tendência e não a queda percentual ao longo do tempo. A pesquisa Pnad da Fundação IBGE alterou três vezes a definição das variáveis de *posição na ocupação* ou de *situação de emprego* no período. Tal fato não acontece com relação à *Contribuição para a seguridade social.* Veja-se, CACCIAMALI, Maria Cristina. A desfiliação do estatuto do trabalho na década de 1990 e a inserção dos ocupados que compõem as famílias de menor renda relativa. In: CHAHAD, José Paulo; PICHETTI, Paulo. (Org.). *Mercado de trabalho no Brasil. Padrões de comportamento e transformações institucionais.* 1 ed. São Paulo: LTr, 2003.

(19) CACCIAMALI, Maria Cristina. Distribuição de renda no Brasil: persistência do elevado grau de desigualdade. In: PINHO, Diva Benevides & VASCONCELLOS, Marco Antonio Sandoval de. *Manual de economia.* São Paulo: Saraiva, 2002.

(20) ARBACHE, Jorge Saba. Liberalização comercial e mercado de trabalho no Brasil. In: LISBOA, Marcos de Barros & MENEZES-FILHO, Naércio Aquino [Orgs.], *Microeconomia e sociedade no Brasil.* Rio de Janeiro: Contracapa, 2001; ARBACHE, Jorge Saba & CORSEUIL, Carlos Henrique. Liberalização comercial e estrutura de emprego e salários, *Texto para Discussão n. 801.* Rio de Janeiro: IPEA, 2001 b; e CACCIAMALI, Maria Cristina & MATLABA, Valente. Liberalização comercial e diferenciais de salários entre grupos de ocupações em São Paulo e Recife. *Revista da ABET*, v. 4, n. 2, 2004.

Devemos evidenciar que o início do processo de liberalização comercial e a recessão econômica desencadeada pelo Plano Collor circunscrevem o desempenho do mercado de trabalho para as próximas décadas. Entre 1989 e 1995, para o total dos mercados metropolitanos os comportamentos que marcaram o período referem-se à composição setorial do emprego não agrícola, remuneração, institucionalidade e informalidade.

A mudança setorial da ocupação diz respeito à aceleração da terceirização. Entre 1989 e 1995, o setor industrial mostrou queda da ordem de 22,9% e as atividades terciárias expandiram-se 7,1%. A maior parte das ocupações criadas inseria-se em atividades de baixa produtividade, especialmente, em micro e pequenas empresas. As características desse estrato de empresas, tais como, baixa capitalização, descumprimento das distintas regulamentações (tributária, trabalhista, sanitária etc.), implicaram ajustamento do emprego em um nível superior de informalidade. No período, a participação do emprego com contrato registrado de trabalho no total das ocupações reduziu-se em — 9,96 pontos percentuais, ocorrendo o efeito oposto com as categorias de *empregado sem registro* e *trabalho por conta própria* que aumentaram a sua participação no total das regiões metropolitanas em 5,28 e 4,55 pontos percentuais, respectivamente.

O segundo aspecto diz respeito ao descompasso entre o aumento da produtividade média do trabalho e o crescimento dos salários. A primeira cresceu em torno de 13,46%, entre 1989 e 1995, contudo a remuneração média do trabalho, por exemplo, na Região Metropolitana de São Paulo, manteve-se praticamente constante para as categorias de *empregado com registro* e caiu para os *empregados registrados* e *trabalhadores por conta própria.*(21) A diminuição dos salários acentua-se, não apenas pela instabilidade da demanda e retração da oferta de empregos, como também por alterações institucionais. Neste período verificaram-se mudanças de determinadas normas do trabalho que ratificam e legitimam essas tendências e/ou a própria atuação dos atores sociais por meio das negociações coletivas descentralizadas negociaram a manutenção do emprego em detrimento de reajustes salariais.(22)

---

(21) Os rendimentos médios do trabalho apresentaram comportamentos distintos após o Plano Real, antes e depois da desvalorização cambial (1994 e 1998; e 1998 e 2002). Ao longo do primeiro período, para a Região Metropolitana de São Paulo, os níveis médios de rendimento real aumentaram para todos os tipos de inserções laborais: em torno de 3,02%aa para os assalariados registrados; 5,8%aa para os não registrados, e 3,9%aa para os trabalhadores por conta própria. Neste período, a mudança dos preços relativos afetou o crescimento dos salários da mão de obra registrada, seja pelo ajustamento das empresas reduzindo custos, dispensando mão de obra com os maiores salários, como por substituição por meio de contratos terceirizados ou por trabalhadores mais jovens que recebem menores salários. Entretanto, para o segundo período, a tendência inverte-se, a queda dos rendimentos incide sobre todas as categorias implicando: em torno de - 2,3 e - 2,1% ao ano para os empregados com registro e trabalhadores por conta própria e em torno de - 5,2% aa para os empregados sem registro. As informações para o ano de 2003 ratificam a tendência anterior, refletindo a estagnação econômica desde então, e o aumento do desemprego. Observa-se recuperação da média salarial anual entre 2004 e 2000.

(22) "*Os resultados das negociações coletivas, para o ano de 2001, de acordo com a Confederação Única dos Trabalhadores (CUT), sobre o tema reajuste salarial, indicaram que 38% e 25% das*

Nesse cenário, a Carta Magna, depois do regime militar, atendeu às demandas sindicais reprimidas pelo regime de exceção, como também acolheu demandas derivadas de movimentos sociais que se fortaleceram no âmbito do regime democrático, por exemplo, pela universalização da saúde pública, igualdade de gênero e raça, e moradia. Especificamente, no Capítulo II, os artigos de 6º a 11, sobre os Direitos Sociais tratam, direta ou indiretamente, de direitos relacionados ao trabalho. O art. 7º refere-se aos direitos dos trabalhadores rurais e urbanos, enquanto que os dois artigos seguintes dispõem sobre a associação profissional ou sindical e o direito de greve, respectivamente. O art. 10 assegura a participação de trabalhadores e empregadores nos colegiados dos órgãos públicos em que seus interesses profissionais ou previdenciários sejam objeto de discussão e de deliberação e, por fim, o art. 11 estabelece a comissão sindical por empresa de mais do que 200 empregados. [23]

Todos os direitos dos trabalhadores garantidos pela Constituição confirmam ou aumentam a proteção no exercício do trabalho assalariado. A Carta de 1988, então, ratifica direitos previstos pela Consolidação das Leis Trabalhistas e suas emendas, e amplia a proteção, incluindo itens referentes: ao seguro ao desempregado involuntário; alternativas e aumentos de remuneração (participação nos lucros ou resultados, remuneração de, pelo menos, um terço a mais do que o salário normal para o gozo de férias, menor número de horas trabalhadas); redução da jornada de trabalho para 44 horas semanais; extensão da duração da licença à gestante para cento e vinte dias; à instituição da licença-paternidade e maior equiparação de direitos para os empregados domésticos.

A ampliação da proteção ao trabalhador assalariado em 1988 aumentou os custos da força de trabalho em um período de estagnação econômica, atraso tecnológico, queda de produtividade e de expectativas pessimistas para a economia brasileira. Essa opção política era reversa às prescrições liberais e às mudanças de legislação laboral executadas pelos países centrais, recomendadas pelas agências multilaterais e praticadas na maioria dos países latino-americanos. Nesse quadro, os recorrentes protestos da classe empresarial contra os aumentos

---

categorias profissionais repuseram ou tiveram aumentos superiores à inflação, respectivamente. Nas negociações coletivas desse ano, contudo, mais de um terço das categorias profissionais, 31 e 6%, não conseguiram repor a inflação, ou não tiveram aumento, percebendo apenas abono, respectivamente. Categorias profissionais organizadas como, por exemplo, bancários, petroleiros e eletricitários estabeleceram reajustes salariais inferiores à inflação, compensando as perdas no ano com parcelas decorrentes da distribuição da Participação nos Lucros e Resultados (PLR) (CUT, 2002:200-201). Esclarecemos que as gratificações, abonos e a PLR não são incorporadas aos salários, portanto, não compõem a base de referência para as negociações futuras, além disso, o empregado, sobre eles, não recebe as parcelas referentes aos direitos trabalhistas, como, por exemplo, Fundo de Garantia por Tempo de Serviço (FGTS), 13º salário, férias, entre outros." Apud CACCIAMALI, Maria Cristina. *Mudanças estruturais do mercado de trabalho brasileiro após a liberalização econômica*. Documento preparado para o Seminário — *Apoyo a la intervención del MTESS en los organismos de la política de salarios*. Ministerio de Trabajo, Empleo y Seguridad Social/OIT/Argentina, 2003.

(23) Disponível em: <http://www.planalto.gov.br/ccivil_03/constituicao>, consultada em janeiro de 2009.

de custos do trabalho tornaram-se mais intensos e duradouros que usualmente. Esse argumento — o elevado custo do trabalho — foi, e ainda é, largamente utilizado, pela classe patronal e pelos governos, para justificar, desde os anos de 1980, a desorganização institucional no mercado de trabalho. Entre outras características, o esgarçamento da legislação trabalhista pode ser constatado pelo aumento do mercado de trabalho informal, pela fuga de contribuintes do sistema público da seguridade social e pela ampliação das jornadas de trabalho sem o reconhecimento de horas extras. Comportamentos ainda não revertidos a despeito do aumento do emprego com carteira de trabalho assinada e da maior participação de trabalhadores no Sistema Público de Seguridade Social nos últimos 3 anos. A crise econômica financeira mundial que recai sobre o Brasil a partir do último trimestre de 2008 mostrou sinais de recrudescimento, o que, além de aumentar o desemprego, adiará, alongará o horizonte para se alcançar maior inserção de trabalhadores no mercado de trabalho formal.

O aumento de custos, nos anos subsequentes, foi absorvido pelas empresas que compõem o setor formal pelo aumento de produtividade e pela introdução de relações de trabalho de menor custo. A partir dos anos de 1990, no que se refere às formas de contratação, a classe empresarial ampliou a utilização de diversas modalidades de subcontratação, a denominada *terceirização*, ou seja, a realização de contratos por meio de cooperativa de trabalho fictícia e sob a forma de pessoa jurídica; por tempo determinado; e de estágio, todos de menor custo. Nas empresas menores, a contratação foi realizada, muitas vezes, por meio de acordo verbal ignorando quaisquer formas de contrato informal.

No mesmo sentido da redução de custos, em um ambiente dominado pelo desemprego, o governo conseguiu maioria no parlamento para aprovar regulamentação, norma e/ou lei que podem alterar a aplicação da legislação trabalhista original. Entre essas se destacam, entre as principais, a compensação de hora ao longo de seis meses, denominado de *banco de horas*, o que altera a extensão e a remuneração da jornada de trabalho e das horas extras; remoção da indexação automática dos salários à inflação; bônus anual referente à participação nos lucros e resultados que substituiu, muitas vezes, aumentos de salários, pois os prêmios não são incorporados ao salário, portanto, os aumentos salariais estreitaram-se; introdução de câmaras privadas de conciliação; e ações educativas ao invés de punitivas para o descumprimento da legislação que, com a redução relativa do número de fiscais do trabalho, incentivaram a informalidade. De maneira focalizada, as alterações institucionais laborais, nesse período, incidiram nos aspectos fundamentais das relações de trabalho: formas de contratação, jornada, remuneração e menor atuação do Estado na regulação e na fiscalização. É com esse entendimento que podemos afirmar que durante a década de 1990, institucionalmente, implantou-se maior *flexibilização* nas relações de trabalho no Brasil.

Os sindicatos fortaleceram-se ao longo da década, embora perdessem a sua base social histórica. Contribuíram para tal fim, não apenas a reinstauração do regime democrático, mas, principalmente, as características da estrutura sindical brasileira, particularmente, à filiação automática dos trabalhadores registrados e à obrigatoriedade de sua contribuição anual ao sindicato pertinente. O número de sindicalizados cresceu nos ramos dos serviços, como administração pública em nível federal e em níveis subnacionais, comércio, saúde e educação, o que deu lugar ao fortalecimento da atuação política do movimento sindical na figura das Centrais.

Entre 1995 e 1999, a economia brasileira superou as crises financeiras internacionais: México, Rússia, Ásia. E, em 1999, considerando a fragilidade da economia brasileira, um ataque especulativo sobre a moeda e a ausência de reservas cambiais pôs fim ao período de sobrevalorização cambial, liberando as possibilidades para a expansão do nível de atividade e do crescimento do emprego. O Brasil ingressa no século XXI envolvido por incertezas.

Durante os primeiros anos, depois da desvalorização cambial, as exportações não aumentaram conforme seria esperado. Em 2002, a economia nacional atravessou período de elevada instabilidade, aumento da taxa de inflação, em razão da incerteza reinante, especialmente, no cenário internacional, a respeito da política econômica que seria adotada pela futura administração Lula da Silva. A manutenção da política monetária de estabilidade de preços e o aumento do superávit primário, *inter alia*, criaram segurança internacional sobre os propósitos políticos do governo brasileiro. A partir de então, o *boom* da economia mundial impulsionado pela economia chinesa foi aproveitado pelos exportadores brasileiros e introduziu maior dinamismo à economia doméstica. Entre 2000 e 2003, cresceu à média anual de 2,44, enquanto, entre 2004 e 2008, a taxa situou-se ao redor de 5%.

Nesse último período, o crescimento do emprego ganhou maior sustentabilidade, no total das regiões metropolitanas, o emprego registrado cresceu 2 pontos percentuais, o emprego sem registro diminuiu na mesma magnitude e o trabalho por conta própria manteve-se constante. O crescimento econômico, todavia, ainda não foi suficiente para a diminuição substantiva da taxa de desemprego que ainda se manteve em patamares elevados, de 12 para 9%. A principal causa desse comportamento residiu na escassez da criação de empregos frente ao crescimento de novos ingressantes no mercado de trabalho.

O desempenho auspicioso da economia suscitou resultados positivos para as negociações coletivas e, entre 2005 e 2008, os salários dos empregados com carteira de trabalho assinada iniciaram uma ligeira recuperação real da ordem de 3%. Por outro lado, complementando a estabilidade da economia, o dinamismo ininterrupto do mercado de trabalho e as ações de seus atores, o governo federal implementou um conjunto de políticas públicas que convergiu para a redistribuição da renda.[24] Entre outras, destacamos, a política ativa de

(24) Diferentes níveis de governo, a partir do Plano Real, reorientaram as suas intervenções na área social. A tecnologia e o conteúdo dos programas sociais alteraram-se. Os programas de proteção

salário mínimo, a recuperação parcial das aposentadorias e pensões, a política ativa de geração de emprego e renda, as transferências públicas de renda, sob a forma do Benefício da Prestação Continuada ou do Programa Bolsa Família. Essa conjugação favorável implicou queda de 3 pontos percentuais no coeficiente de Gini, entre os anos de 2001 e 2006.

3. NESTE PERÍODO, O QUE ADICIONAMOS AO CONHECIMENTO SOBRE A MAIOR ADERÊNCIA DO COMPORTAMENTO DO MERCADO DE TRABALHO AOS DIREITOS FUNDAMENTAIS NO TRABALHO?

A partir do final da década de 1980, o individualismo metodológico estabeleceu-se como a corrente teórica dominante na maioria dos centros de pós-graduação brasileiros. Salvo poucos pesquisadores, a análise macroeconômica das relações entre o padrão de crescimento econômico, estrutura e regulamentação do mercado de trabalho, e distribuição funcional e pessoal da renda foi relegado. Os estudos sobre o mercado de trabalho, depois da década de 1980, contemplaram com frequência as imperfeições do mercado de trabalho em nível meso ou micro. Entre outros, merecem destaque, por exemplo, análises de diferenciais de salários, realizadas em base a modelos econométricos, formulados a partir da teoria do capital humano; estudos sobre a influência negativa da regulamentação do mercado de trabalho sobre o nível de emprego; e avaliações de políticas públicas cujos resultados indicavam a sua baixa efetividade e/ou ineficiência.

A despeito do empobrecimento teórico desse período, todavia, as estatísticas sobre mercado de trabalho melhoraram substancialmente, seja pela oferta e fontes de dados, como pela qualidade. A disponibilização ao público em geral dos microdados das pesquisas realizadas pela F.IBGE trouxe ganhos substanciais ao conhecimento de aspectos importantes do mercado de trabalho e das políticas sociais.

A seguir apresentamos resultados de linhas de investigação sobre a distribuição de renda e o comportamento familiar no que tange à utilização do trabalho precoce de suas crianças para compor a renda familiar. O objetivo é perscrutar duas dimensões inter-relacionadas.[25] A primeira refere-se às possi-

---

social ganharam espaço sobre aqueles incluídos no sistema público de seguridade social, e inaugurou-se, sob argumentos de combater a pobreza e a desigualdade na distribuição de renda, um período das intervenções sociais focalizadas, de assistência social e de mercado de trabalho.

(25) Na realidade todos os princípios que norteiam os direitos fundamentais no trabalho estão inter-relacionados entre si e com ao grau de desigualdade da distribuição de renda, contudo por critério de prioridade, como explicitamos na introdução a este artigo, e por limitações de espaço nos atemos aos temas expostos. Ao leitor que tiver interesse em abordar questão da discriminação de gênero e raça e do trabalho forçado no Brasil, indicamos, entre outros, CACCIAMALI, Maria Cristina & JOSÉ-SILVA, Maria de Fátima, 2008, *op. cit.*; CACCIAMALI, Maria Cristina; AZEVEDO, Flávio Gomes. Entre o tráfico humano e a opção da mobilidade social: a situação dos imigrantes bolivianos na cidade de São Paulo. In: COSTA, Célia Maria Leite; CERQUEIRA, Gelba Cavalcanti; PRADO, Antonia Antunes & FIIFUEIRA,

bilidades de pautar um caminho de redistribuição da renda que favorecerá o crescimento econômico e a diminuição da pobreza. O segundo visa a caracterizar comportamentos de determinados grupos sociais com relação ao trabalho infantil de tal forma a estreitar o foco de seleção das famílias beneficiárias de programas públicos de erradicação do trabalho infantil, além dessa modalidade de programa constituir-se em um dos principais propósitos da política internacional de direitos fundamentais e de mercado de trabalho, a troca de estudo por trabalho, *stricto sensu,* é uma das principais causas da reprodução intergeracional de pobreza. Esclarecemos que não há qualquer pretensão de esgotar a totalidade das pesquisas sobre o tema, realizadas no Brasil depois de 1988. As questões abordadas têm relação direta com os objetivos e teor da Constituição Federal de 1988 no que se refere ao cumprimento de direitos fundamentais e sociais e à busca de maior igualdade e progresso social, apoiando novos desenhos de políticas públicas ou a reorientação daquelas existentes.

Com relação ao tema da distribuição da renda, muitos estudos foram realizados no meio técnico-científico desde os anos de 1970. Até meados dos anos de 1980, a literatura especializada contemplara concepções teóricas plurais, enfoques histórico-estruturalistas, keynesiano-kaleckianos, distributivistas ou do capital humano. Depois desse período, o tema foi analisado sob o recorte da distribuição pessoal de renda e sob o marco da teoria do capital humano. Essa rotação conceitual excluiu estudos sobre a distribuição funcional da renda e quaisquer recomendações sobre a criação de instituições, ampliação de bens salariais, elevação da base salarial ou aumentos de salários *pari passu* o aumento da produtividade no sentido de diminuir o grau de desigualdade na distribuição da renda.[26]

Os estudos no Brasil, especialmente, dos anos de 1990, explicaram a alta concentração da renda pela distribuição altamente desigual da escolaridade. Nesses estudos, em geral, embora houvesse diferenças na escolha das medidas, a variável *educação*, apreendida pelos anos de escolaridade, explicava em torno da metade da desigualdade da distribuição de renda ou de salários.

Recentemente, outras abordagens foram introduzidas motivadas por dois fatos. A ampliação de programas de transferência de renda aos mais pobres e a constatação de que a concentração de renda diminuíra entre 2001 e 2006 levaram à realização de estudos sobre a importância das fontes de renda em tal queda. No primeiro lustro dos anos de 2000, segundo essa vertente, a diminuição da desigualdade ocorreu, em todas as grandes regiões do País, sobretudo,

---

Ricardo Rezende. *Trabalho escravo contemporâneo no Brasil:* contribuições críticas para a sua análise e denúncia. Rio de Janeiro: UFRJ, 2008; e CACCIAMALI, Maria Cristina & AZEVEDO, Flávio Gomes Dilemas da erradicação do trabalho forçado no Brasil. In: CHAHAD, José Paulo & CACCIAMALI, Maria Cristina. *Mercado de trabalho no Brasil novas práticas, negociações coletivas e direitos fundamentais no trabalho*, São Paulo : LTr, 2003.

(26) CACCIAMALI, Maria Cristina. A desigualdade de renda no Brasil: da industrialização acelerada ao início do século XXI. In: PINHO, Diva Benevides & VASCONCELLOS, Marco Antonio Sandoval. *Manual de economia.* São Paulo: Saraiva, 2008/2009.

pelo comportamento das rendas do trabalho (56%) e pela ampliação e focalização adequadas do Programa Bolsa Família (25%), enquanto que a menor contribuição relacionou-se às rendas de aposentadoria e pensões (17%).[27] Na verificação da composição da queda do grau de desigualdade entre 2001 e 2006, constatou-se que: as transferências do Programa Bolsa Família foram mais importantes no primeiro período, de 2001 a 2004; as aposentadorias e pensões apresentaram-se com maior peso no segundo período, entre 2004 e 2006; e a renda procedente do mercado de trabalho mostrou de forma consistente, nos dois períodos, como era de se esperar, a maior contribuição.[28]

Romper o círculo intergeracional da pobreza exige além do crescimento econômico — investimentos — políticas públicas de inclusão multifacetadas, continuadas e integradas e, atualmente, em virtude do agravamento da questão ambiental, também, inter-relacionadas com programas de educação nessa área. Em determinadas localidades, a pobreza e a fragilidade dos mercados implicam introduzir práticas mercantis, de um lado, e alterações nos hábitos e mudanças de comportamento da população, de outro. Nesse sentido, os programas de transferência de renda com condicionalidade foram utilizados largamente, não apenas no Brasil, por distintos níveis de governo, no atendimento e inserção da população pobre nos mercados.[29]

Avaliações realizadas, com informações da Pesquisa Nacional por Amostra de Domicílio (Pnad) de 2004, sobre o Programa Bolsa Família — indicaram que, embora o Programa alcance as famílias pobres, necessita ainda de aprimoramentos.[30] Por exemplo, o Programa: expunha naquele ano um grau

---

(27) Estimativas sobre o período entre 2001 e 2004 podem ser encontradas entre outros, em SOARES, Sergei Suarez Dillon. Distribuição de renda no Brasil de 1976 a 2004 com ênfase no período entre 2001 e 2004. *Texto para Discussão* n. 1166. Brasília: IPEA, fevereiro de 2006; e SOARES, Fábio Veras; SOARES, Sergei; MEDEIROS, Marcelo; OSÓRIO, Rafael Guerreiro. Programas de transferência de renda no Brasil: impactos sobre a desigualdade. *Texto para Discussão,* n. 1228. Brasília: IPEA, outubro de 2006.

(28) Estimativas sobre o período compreendido entre 2001 e 2006 podem ser encontradas em: CACCIAMALI, Maria Cristina & CAMILLO. Vladimir Sipriano. Redução da desigualdade da distribuição de renda entre 2001 e 2006 nas macrorregiões brasileiras: tendência ou fenômeno transitório? *Economia e Sociedade*, 2009, no prelo.

(29) Por exemplo, CARDOSO, Eliana & SOUZA, André Portela. The impact of cash transfers on child labor and school attendance in Brazil. *Working Papers 0407*, Department of Economics, Vanderbilt University, 2004; DURYEA, Suzanne & MORRISON, Andrew. The effect of conditional transfers on school performance and child labor: evidence from an ex-post impact evaluation in Costa Rica. *Working Paper 505*. Washington: Inter-American Development Bank, 2004; FREIJE, Samuel & LOPEZ, Calva Luis. *Child labor, school attendance, and poverty in México and Venezuela*. El Colegio de México, Centro de Estúdios Económicos, 2001. (mimeo); HANDA, Sudhanshu & DAVIS, Benjamin. The experience of conditional cash transfers in Latin America and the Caribbean. *Development Policy Review*. Overseas Development Institute, vol. 24, n. 5, 2006.

(30) ANDRADE, Mônica Viegas; CHEIN, Flávia; RIBAS, Rafael Perez. Políticas de transferência de renda e condição nutricional de crianças: uma avaliação do Bolsa Família. *Texto para Discussão* n. 32. Belo Horizonte: CEDEPLAR, 2007; BRASIL. MINISTÉRIO DO DESENVOLVIMENTO SOCIAL E COMBATE À FOME, Disponível em: <http://www.mds.gov.br/>, consultado em setembro de 2007; e CEDEPLAR. *Primeiros resultados da análise da linha de base da pesquisa de avaliação de impacto do Programa Bolsa Família*. Ministério do Desenvolvimento Social e Combate à Fome, maio, 2007.

estrito de vazamento, em torno de 41%; enfrentava grandes dificuldades para atingir famílias em situação extrema de pobreza; dentre os domicílios pobres, perante as grandes regiões, o Nordeste encontrava-se sobre-representado na distribuição dos benefícios, assim como o setor rural; enquanto as regiões Sudeste e Metropolitanas eram as mais subrrepresentadas em tal distribuição.(31) Ou seja, o Programa necessitava de melhor focalização, especialmente, para alcançar os domicílios em situação de pobreza extrema, e requeria melhor distribuição entre macrorregiões e entre as áreas rurais e urbanas. As Regiões Metropolitanas, em particular, exigem maior e melhor atendimento, visto a sinergia entre a situação de pobreza e outras dimensões, por exemplo, as explosões de violência.(32)

Além do refinamento necessário na elaboração do cadastro das famílias e no aprimoramento das atividades de monitoramento para uma melhor focalização, o Programa deveria buscar melhores resultados no que se refere à erradicação do trabalho infantil entre as famílias pobres. O impacto do Programa Bolsa Família sobre a incidência do trabalho infantil recebeu pouca atenção dos especialistas.

Cacciamali, *Tatei* & *Batista* utilizaram-se de um modelo bivariado de probabilidade para averiguar, entre os domicílios potencialmente beneficiários do Programa Bolsa Família, o uso de trabalho infantil por parte das famílias atendidas pelo Programa com relação às demais.(33) Inicialmente, os resultados estimados pelos autores sobre o comportamento da ocorrência de trabalho infantil ratificaram muitos achados que constam usualmente da literatura especializada.(34) Entre os principais resultados, os autores destacam: a cor das

---

(31) CACCIAMALI, Maria Cristina & TATEI, Fábio. Uma análise regional do atendimento aos mais pobres: os programas de transferência de renda. In: JÚNIOR MACAMBIRA & SANTOS, Sandra Maria dos. *Brasil e Nordeste: ocupação, desemprego, desigualdade.* Fortaleza: IST/BNB, 2007.

(32) Contudo, aprimoramentos estão em andamento. Por exemplo, estudo recente sobre a abrangência do Programa Bolsa Família em famílias monoparentais chefiadas por mulheres negras, o grupo mais vulnerável, entre 2004 e 2006, o número de famílias beneficiadas aumentou 3,4 pontos percentuais. CACCIAMALI, Maria Cristina & TATEI, Fábio. Famílias pobres monoparentais sob a responsabilidade de mulheres negras, presença de trabalho infantil e alcance dos programas de transferências de renda. In: CACCIAMALI, Maria Cristina & JOSÉ-SILVA, Maria de Fátima. *A construção da igualdade de gênero e raça na América Latina do século XXI: o caso do Brasil.* São Carlos: Suprema, 2008.

(33) O modelo contempla as seguintes opções: só estuda, só trabalha, estuda e trabalha; e não estuda e não trabalha. O resultado inicial indicou que as escolhas *estudar* e *trabalhar* são concorrentes na alocação de tempo das crianças, permitindo que a estimação fosse realizada conjuntamente., portanto, devem ser estimadas em conjunto. Veja-se CACCIAMALI, Maria Cristina, TATEI, Fábio & FERREIRA-BATISTA, Natália Nunes, *Impactos do Programa Bolsa Família federal sobre o trabalho infantil e a frequência escolar.* Artigo classificado entre os 10 primeiros em concurso público promovido pelo IPC/PNUD e Ministério do Desenvolvimento Social, 2008.

(34) Vejam-se, entre outros: AZEVEDO, José Sergio Gabrielli de; MENEZES, Antonio Wilson & FERNANDES, Caio. *Fora de lugar: crianças e adolescentes no mercado de trabalho.* Coleção Teses & Pesquisas. Salvador: UFBA/ABET, 2000; CACCIAMALI, Maria Cristina & BRAGA, Thaís. Política e ações para o combate ao trabalho infantil no Brasil. In: CHAHAD, José Paulo & CACCIAMALI, Maria Cristina. *Mercado de trabalho no Brasil. Novas práticas trabalhistas, negociações coletivas e direitos fundamentais no trabalho.* São Paulo: LTr, 2003; CERVINI, Rubem & BURGER, Freda. O menino

pessoas — de pais e filhos — em geral, não é determinante para a ocorrência de trabalho infantil ou para o atendimento escolar. Entretanto, nas famílias urbanas chefiadas por pais negros ou pardos e nas famílias rurais com crianças negras ou pardas a probabilidade de frequência escolar é menor; e para pais brancos do Sul e crianças brancas de famílias situadas na região Sudeste, a probabilidade de ocorrência de trabalho infantil é menor. Nas famílias, os rapazes mais velhos apresentam maior probabilidade de estarem ocupados, mas o sexo dos jovens não impacta no atendimento escolar; com exceção das famílias de áreas urbanas e da região Sudeste, nas quais os garotos têm maiores chances de frequentarem a escola. A elevação da renda familiar e dos anos de estudo dos pais impactam positivamente sobre o atendimento escolar e negativamente sobre a probabilidade de a criança trabalhar. As famílias, nas quais os chefes ocupam-se quaisquer formas de inserção alternativas ao assalariamento registrado, apresentam maior tendência de incidência de trabalho infantil. Por sua vez, apenas os empregados sem carteira assinada e os contas-próprias em áreas rurais impactam negativamente no atendimento escolar das crianças. Quanto maior o tamanho da família, maior é a probabilidade de haver trabalho infantil, assim como é maior a probabilidade de criança não frequentar a escola. A presença de cônjuge ocupado eleva a probabilidade tanto da incidência de trabalho infantil como de atendimento escolar. Confrontadas com famílias localizadas em áreas urbanas, as famílias rurais apresentam expressiva elevação probabilidade de trabalho infantil, assim como de crianças que não trabalham nem estudam, além de menor probabilidade de crianças que frequentam a escola. Destarte, o perfil distinto dessas famílias demanda ações focalizadas distintas de combate ao trabalho infantil e de ampliação do acesso educacional. Regionalmente não há diferenças significativas entre as escolhas *estudar* e *trabalhar* das crianças. Contudo, os resultados corroboram que as regiões mais ricas — Sudeste e Sul — apresentam as menores probabilidades de incidência de trabalho infantil e as maiores de frequência escolar, *vis-à-vis* as regiões mais pobres do país — Norte e Nordeste.

Os resultados do impacto do Programa sobre a incidência de trabalho infantil, todavia, não foram positivos. As estimativas indicaram que, em geral, o Programa é eficiente em atingir um de seus objetivos fundamentais — elevar o atendimento escolar das crianças, em especial na área rural do Nordeste; mas é incapaz de reduzir a incidência de trabalho infantil, ao contrário, na média, eleva a probabilidade de sua ocorrência. A probabilidade de incidência de tra-

---

trabalhador no Brasil. In: FAUSTO, Ayrton & CERVINI, Rubem (Orgs.). *O trabalho e a rua*: crianças e adolescentes no Brasil urbano dos anos 80. São Paulo: Cortez, 1991; FERRO, Andréa Rodrigues & KASSOUF, Ana Lúcia. Avaliação do impacto dos programas de Bolsa Escola sobre o trabalho infantil no Brasil. *Pesquisa e Planejamento Econômico*, v.35, dezembro, 2005; IPEC, *Relatório e plano de trabalho do IPEC no Brasil*. Brasília, 1998; KASSOUF, Ana Lúcia. *Trabalho infantil no Brasil*. Tese de Livre Docência apresentada na Escola Superior de Agricultura Luiz de Queiroz da Universidade de São Paulo. Piracicaba, 1999. MUNIZ, Jerônimo Oliveira, Uma aproximação empírica para o trabalho infantil no Brasil. *Anais do VII Encontro Nacional da ABET*, Salvador, 2001.

balho infantil é maior nas regiões Nordeste e Sul. Mas, em todo o país, *coeteris paribus,* as crianças em domicílios beneficiários do Programa na área rural expõem probabilidade de trabalhar, em média, 13,5% superior do que as crianças que se encontram em domicílios que não recebem o benefício.

Esse resultado merece pelo menos três comentários. Relembramos que *Cacciamali*, *Tatei* & *Batista* analisaram apenas domicílios potencialmente beneficiários do Programa, ou seja, de acordo com a respectiva condição de elegibilidade da época, com renda por pessoa de até R$ 260,00, é possível que o valor do benefício seja insuficiente para que as famílias abdiquem da renda oriunda do trabalho das crianças. O segundo aspecto refere-se a que o Programa não incorpora intervenções que poderiam servir de empecilhos à alocação do tempo livre das crianças pobres em alguma forma de ocupação.(35) Em terceiro lugar vários fatores corroboram a manutenção do trabalho de parcela de crianças originárias de domicílios pobres beneficiários de programas de transferência de renda. Dentre esses, citamos: baixa valorização da educação pelos pais, que induzem a criança a trabalhar precocemente para adquirir experiência e renda; serviços educacionais oferecidos pelo governo, de baixa qualidade e, muitas vezes, inadequados ao ciclo de produção rural; necessidade de braços na produção familiar, levando o chefe do domicílio a exigir a mão de obra de todos os membros; e a falta de consciência das comunidades com relação à valorização da educação que estabelece baixo controle social.

Os resultados apresentados acima, sobre a insuficiência de renda, em si, na contenção do trabalho infantil, intensificaram a busca de causas, para além da pobreza, que podem levar à decisão familiar da alocação do uso do trabalho precoce de seus membros. Com o objetivo de aperfeiçoar os processos de seleção das famílias nos programas sociais que previnem o trabalho infantil, estudos recentes diagnosticaram comportamentos de determinados grupos de famílias — no setor informal e/ou de migrantes — que podem subsidiar os poderes públicos na definição de grupos prioritários.

Cacciamali & *Tatei* analisaram, por meio de microdados da Pnad de 2002, para o Brasil e grandes regiões, o impacto do *status* ocupacional do chefe da família sobre a probabilidade de ocorrência de trabalho infantil. Em consonância com resultados obtidos para outros países, os autores indicaram que nas famílias sob a responsabilidade de um trabalhador por conta própria, a probabilidade de incidência de trabalho infantil é maior do que naquelas que são lideradas por um trabalhador assalariado, resultado controlado, *inter alia*, pela variável *renda familiar per capta*. E, como era de se esperar, no setor agrícola, as famílias, nessas condições, tendem a utilizar mais o trabalho das crianças

(35) A despeito desse resultado, o Programa Bolsa Família não impacta o trabalho infantil das famílias do meio rural e das regiões Norte, Sudeste e Centro-Oeste; nem a frequência escolar das crianças de famílias da região Sul. Ou seja, o Programa é inócuo em locais que, reconhecidamente, empregam mão de obra infantil — áreas rurais — e que dispõem de elevado índice de escolaridade — região Sul.

do que aquelas no setor urbano.[36] A explicação para esse comportamento, segundo *Cacciamali* & *Tatei*, é que o pequeno produtor tem o incentivo de estabelecer um padrão mais intensivo em trabalho para as crianças de sua família porque depende do trabalho familiar para operar a sua atividade. Os empregados com carteira assinada não possuem esse incentivo visto que não trabalham para si mesmos, portanto não geram a própria demanda pelo trabalho de suas crianças.

Nessa mesma direção, estudo posterior de *Cacciamali*, *Ferreira-Batista* & *Tatei*, com base nos microdados de 2005, confirmou, complementou e ampliou esses resultados.[37] Os autores utilizaram-se de um modelo de probabilidade bivariado no qual a decisão de estudar e ou trabalhar é tomada conjuntamente. Complementando o comportamento evidenciado pelo estudo de *Cacciamali* & *Tatei*, as estimativas, depois de controlar as variáveis observáveis, indicaram que as crianças de famílias, sob a responsabilidade de um trabalhador por conta própria, comparativamente àquelas em famílias lideradas por um empregado com carteira assinada, apresentam: probabilidade de estudar inferior, independente do setor de atividade nos quais os responsáveis estão inseridos; e probabilidade bem mais elevada de trabalhar. O estudo ainda efetuou, para os dois tipos de famílias, testes de decomposição da diferença de probabilidades das crianças estudarem e/ou trabalharem. As estimativas, novamente, ratificaram o comportamento evidenciado anteriormente. Os resultados comprovaram que a discrepância deve-se à situação ocupacional dos responsáveis pelas famílias e, apesar da pequena diferença, entre os dois tipos de família no que se refere à probabilidade de estudar, ela se remete totalmente à situação ocupacional dos chefes de família. Esses resultados ocorreram e foram consistentes, tanto para o setor agrícola quanto para o setor não agrícola.

---

(36) CACCIAMALI, Maria Cristina & TATEI, Fábio. Trabalho infantil e o *status* ocupacional dos pais. *Revista de Economia Política*, vol. 28, 2008. O estudo constatou também que, entre as famílias pobres, o grupo não beneficiário de programas de transferência de renda e que não se utiliza do trabalho infantil dispõe de responsáveis de escolaridade média superior aos demais e participação relativa menor de ocupados por conta-própria no setor agrícola. Informações consistentes com as evidências de maior ocorrência de trabalho infantil entre as famílias que apresentam pessoa de referência ocupada por conta própria, especialmente no setor agrícola.

(37) CACCIAMALI, Maria Cristina; FERREIRA-BATISTA, Natalia Nunes & TATEI, Fábio. *Padrões familiares de utilização de trabalho infantil e de frequência escolar*. São Paulo: Fea/Nespi, 2006. Destaca-se que os resultados produzidos por este artigo são consistentes com aqueles gerados por Cacciamali & Tatei, assim como com resultados que constam da literatura especializada, conforme citado anteriormente. Por exemplo: a probabilidade de trabalhar aumenta com a idade da criança, é maior entre os meninos, e diminui conforme aumenta a escolaridade do responsável da família; a situação conjugal do responsável da família se mostra relevante para a probabilidade da criança trabalhar apenas quando trabalha por conta própria; nesse caso, a probabilidade da criança trabalhar aumenta caso faça parte de uma família monoparental de responsabilidade de um trabalhador por conta própria; a família que reside na área rural apresenta maior probabilidade de inserção precoce da criança no trabalho, inclusive, em virtude da substituibilidade da mão de obra adulta pela das crianças, mesmo levando em conta a queda na produtividade.

As relações entre trabalho infantil e migração também foram investigadas nesse período trazendo novas evidências.[38] Estudo sobre migração, ocorrência de trabalho infantil e ciclo intergeracional da pobreza, realizado para o Estado de São Paulo, indicou que as crianças de famílias migrantes, biparentais e/ou monoparentais chefiadas por mulheres, apresentam maior probabilidade de trabalhar do que as crianças de famílias paulistas nas mesmas condições. O estudo ainda concluiu que a seletividade positiva do migrante de longo prazo pode ser capaz, controlando as demais variáveis, de contribuir para um rendimento maior, o que, em tese, diminuiria as chances de seu filho trabalhar, todavia: ... *como essas crianças também têm menor probabilidade de estudar quando comparadas aos filhos dos paulistas, pode-se dizer que a melhora de condição de vida auferida pelo processo migratório de pais/mães não é integralmente transferida aos filhos.*[39]

O menor impacto do aumento de nível de renda sobre a ocorrência de trabalho infantil das famílias migrantes acarreta consequências de longo prazo:

> Este resultado vai ao encontro da literatura especializada sobre migração que aponta que os migrantes conseguem melhorar sua renda e condições ocupacionais com o avanço do tempo de residência, entretanto constatamos que esse avanço não é capaz de equipará-los aos não migrantes. Ou seja: a convergência da renda não acontece, pois desde criança os filhos de migrantes têm uma probabilidade menor de frequentar a escola em relação aos filhos de não migrantes. No longo prazo, a inserção destas crianças no mercado de trabalho deverá ocorrer de maneira precária, em ocupações pouco qualificadas que dificilmente significarão avanço em relação à situação de seus pais, contribuindo para a manutenção do círculo intergeneracional da pobreza.[40]

CONSIDERAÇÕES FINAIS

As práticas no mercado de trabalho superaram as restrições de custo impostas pela Constituição de 1988, entretanto não fossem os direitos sociais garantidos por ela, a degradação das relações de trabalho poderia ter sido

---

(38) FERREIRA-BATISTA, Natalia Nunes & CACCIAMALI, Maria Cristina. Migração familiar, trabalho infantil e ciclo intergeracional da pobreza no Estado de São Paulo, *Seminário acadêmico do Instituto de Pesquisas Econômicas*, São Paulo: FEA/USP, junho de 2006. Este artigo deriva da tese de doutorado de Natália Nunes Ferreira-Batista sob a denominação de *Trabalho infantil e migração no Estado de São Paulo* no Instituto de Pesquisas Econômicas da Faculdade de Economia, Administração e Contabilidade da Universidade de São Paulo, onde foi defendida e aprovada em fevereiro de 2006. Os resultados básicos referentes à probabilidade de trabalhar reafirmam a literatura especializada: as chances de trabalhar crescem com a idade, são maiores entre os meninos, diminuem conforme a escolaridade dos pais aumenta, são influenciadas positivamente pela quantidade de irmãos mais novos e são especialmente elevadas em famílias monoparentais sob responsabilidade de mulheres.

(39) *Idem.*

(40) *Idem, Ibidem.*

maior. O setor privado, conforme visto ao longo do trabalho, a despeito do aumento de produtividade, buscou rebaixar os custos do trabalho, inclusive pela necessidade de enfrentar maior nível de competitividade do mercado internacional.

O contrato de trabalho permanente desgastou-se perante as demais formas alternativas de custos menores que foram introduzidas pela legislação trabalhista depois de 1995. Mas nenhuma relação de trabalho alcançou a proporção e a importância dos contratos informais de trabalho, ou seja, das contratações realizadas à margem da legislação trabalhista. Considerando o mercado de trabalho *stricto sensu*, apenas os empregados, os assalariados sem registro alcançaram o pico entre 2000 e 2007 de 33% em 2005 e de 24% ao considerarmos a totalidade das inserções laborais, o que inclui a posição de empregador. Depois da recuperação da economia, a partir de 2005, essas proporções caíram mas nunca para níveis inferiores a 30% do mercado de trabalho. A informalidade que atinge a evasão e elusão de impostos em todos os setores da economia e em todos os estratos de firmas é uma das prioridades do governo a enfrentar.

No período posterior a 1995, todos os itens fundamentais do contrato de trabalho, além da própria forma, passaram a ter alternativas de menor custo, como a jornada de trabalho e o cômputo das horas extras, por meio do estabelecimento do *Banco de Horas*, e a remuneração e reajustes, por meio da *Participação nos Lucros e Resultados*. Contudo, à medida que a economia trilhou, sob os auspícios do crescimento do mercado mundial, um caminho consistente de crescimento, aumentaram as contratações com carteira de trabalho, obedecendo à legislação trabalhista, e a influência dos sindicatos revigorou-se, por exemplo, no caso da reivindicação da regulamentação ao direito de greve pelos funcionários públicos federais. Fatos que confirmam e ratificam a legitimidade social e a viabilidade econômica dos direitos sociais confirmados pela Constituição de 1988.

A Constituição de 1988 foi muito importante na ampliação ao cumprimento dos direitos humanos em geral como aos relacionados ao trabalho. As instâncias governamentais incorporaram as associações de empregados, empregadores e da sociedade na execução das políticas públicas, contiveram a prática do trabalho infantil, combateram o trabalho compulsório e promoveram maior igualdade de gênero e raça no mercado de trabalho. Da agenda DHT, este estudo apresenta resultados de pesquisa que podem aprimorar a execução das políticas públicas de erradicação ao trabalho infantil. A escolha desse tema os demais princípios da Declaração de 1998, mas, principalmente, enfatizar a importância da erradicação do trabalho infantil e a ampliação da escolaridade para crianças e adolescentes no rompimento do círculo intergeracional da pobreza.

Os principais resultados que são explorados neste artigo prendem-se às relações do trabalho infantil com o *status* ocupacional e com a situação de migração do responsável pela família. No primeiro caso, verificou-se que famílias que se encontram sob a responsabilidade de um trabalhador por conta própria apresentam maior probabilidade de ocorrência do trabalho infantil e menor ocorrência de frequentar escola. No setor agrícola, a discrepância com relação à probabilidade da criança trabalhar entre famílias lideradas por trabalhadores por conta própria ou por empregados com carteira assinada é gritante, alcançando um patamar três vezes superior. Tais resultados podem ser explicados pela própria natureza da ocupação por conta própria na qual as relações de substituição e complementaridade entre o trabalho do pai e/ou da mãe e o trabalho da criança são pouco prováveis quando a pessoa de referência da família participa do mercado de trabalho por meio de uma relação de emprego.

No caso dos estudos sobre as relações entre trabalho infantil e a situação de migração dos pais, verificou-se que os filhos de pais migrantes têm menor probabilidade de estudar quando comparados aos filhos dos naturais, inclusive entre os migrantes de longa duração, o que acarretará alta probabilidade de uma futura inserção precária no mercado de trabalho contribuindo para a manutenção do círculo intergeneracional da pobreza.

O conjunto das evidências apresentadas traz à baila alguns pontos que merecem reflexão e podem subsidiar os poderes públicos nas tomadas de decisão de alternativas de programas e/ou critérios de elegibilidade para os programas de prevenção ou erradicação do trabalho infantil. Por exemplo, a comprovação de que crianças de famílias sob responsabilidade de um trabalhador por conta própria, ou seja, inserido no setor informal da economia, tenha maior probabilidade de ingressar precocemente no mercado de trabalho e abandonar a escola leva a propor que os programas de crédito popular condicionem a concessão do empréstimo à manutenção dos filhos na escola de maneira apropriada. O trabalho das crianças em atividades familiares não é um resultado necessariamente negativo se a escolaridade formal for completada, ainda com a adição do desenvolvimento de alguma habilidade com seus respectivos pais. Quanto ao *status* migratório dos pais da criança, as famílias migrantes exigem maior atenção com relação à manutenção das crianças na escola para superar o ciclo geracional da pobreza.

O combate ao trabalho infantil não se constitui em um dos objetivos do Programa Bolsa Família (PBF). As famílias beneficiárias do PBF por definição possuem rendas extremamente baixas, muitas vezes o rendimento de suas crianças é essencial para a própria sobrevivência e a de seus familiares e, adicionalmente, elas também têm dificuldade de acesso às escolas, em especial nas áreas rurais. Esses fatores favorecem a maior incidência de trabalho infantil e as simples e incipientes transferências de recursos não são capazes de erradicar essa prática, ao contrário, podem até estimulá-la. Entretanto, alguns aprimoramentos poderiam contra-arrestar, indiretamente, essa ocorrência. Por exemplo, o Programa poderia reproduzir ações de sucesso comprovado, como a Jornada Ampliada oferecida pelo Programa de Erradicação do Trabalho Infantil (PETI), período extracurricular em que o aluno tem oportunidade de participar de atividades artísticas, culturais, esportivas, profissionalizantes e de reforço pedagógico, de modo a reduzir as horas que as crianças poderiam dedicar ao trabalho. Assim, ao se elevar o número de horas em que as crianças permanecem na escola, tem-se, consequentemente, uma redução das horas disponíveis para o trabalho, além de oferecer uma formação de melhor qualidade para os jovens. Portanto, no curto prazo, as condicionalidades do Programa são uma forma eficiente de se criar externalidades positivas. Contudo, ações complementares e integradas devem ser executadas, sobretudo com relação à oferta de serviços escolares e saúde, além de políticas de geração de emprego, renda e capacitação para os pais, ou seja, investimentos sustentáveis que resguardam a elevação do capital humano e a redução da pobreza no longo prazo.

Por fim, o olhar da política pública para as famílias situadas no meio rural ou no meio urbano deve ser diferente. No meio agrícola, as famílias apresentam maior ocorrência de trabalho infantil e menor nível de renda, torna-se evidente que outros fatores devem ser levados em conta, tais como: a questão da propriedade da terra, alternativas de geração de renda, melhores condições educacionais para a população de menor renda e o fortalecimento do papel da mulher na família. No meio urbano há necessidade de se criar mecanismos de proteção para as crianças ocupadas em atividades do setor informal, retirando-as das ruas, reinserindo-as no ciclo escolar, especialmente, em período integral, seja por meio de organizações comunitárias, ou por meio dos governos locais.

BIBLIOGRAFIA

ANDRADE, Mônica Viegas; CHEIN, Flávia; RIBAS, Rafael Perez. Políticas de transferência de renda e condição nutricional de crianças: uma avaliação do Bolsa Família. *Texto para Discussão n. 32*. Belo Horizonte: CEDEPLAR, 2007.

ARBACHE, Jorge Saba & CORSEUIL, Carlos Henrique. Liberalização comercial e estrutura de emprego e salários. *Texto para Discussão n. 801*, Rio de Janeiro: IPEA, 2001 b.

ARBACHE, Jorge Saba. Liberalização comercial e mercado de trabalho no Brasil. In: LISBOA, Marcos de Barros & MENEZES-FILHO, Naércio Aquino [Orgs.] (2001), *Microeconomia e sociedade no Brasil.* Rio de Janeiro: Contracapa, 2001.

AZEVEDO, José Sergio Gabrielli de; MENEZES, Antonio Wilson & FERNANDES, Caio. *Fora de lugar: crianças e adolescentes no mercado de trabalho.* Coleção Teses & Pesquisas. Salvador: UFBA/ABET, 2000.

BARBIER, Jean-Claude; BRYGOO, Angélina & VIGUIER Frédéric. *Defining and assessing precarious employment in Europe. A review of main studies and surveys. A tentative approach of precarious employment in France.* European Commission, Centre d'Études de l'Emploi, 2002.

CACCIAMALI, Maria Cristina & CAMILLO. Vladimir Sipriano. Redução da desigualdade da distribuição de renda entre 2001 e 2006 nas macro-regiões brasileiras: tendência ou fenômeno transitório? Campinas: *Economia e Sociedade*, 2009, no prelo.

CACCIAMALI, Maria Cristina; AZEVEDO, Flávio Gomes. Entre o tráfico humano e a opção da mobilidade social: a situação dos imigrantes bolivianos na cidade de São Paulo. In: COSTA, Célia Maria Leite; CERQUEIRA, Gelba Cavalcanti; PRADO, Antonia Antunes & FIIFUEIRA, Ricardo Rezende. *Trabalho escravo contemporâneo no Brasil: contribuições críticas para a sua análise e denúncia.* Rio de Janeiro: UFRJ, 2008.

CACCIAMALI, Maria Cristina; TATEI, Fábio & FERREIRA-BATISTA, Natália Nunes. *Impactos do Programa Bolsa Família federal sobre o trabalho infantil e a frequência escolar.* Artigo classificado entre os 10 primeiros em concurso público promovido pelo IPC/PNUD e Ministério do Desenvolvimento Social, 2008.

CACCIAMALI, Maria Cristina. A desigualdade de renda no Brasil: da industrialização acelerada ao início do século XXI. In: PINHO, Diva Benevides & VASCONCELLOS, Marco Antonio Sandoval. *Manual de economia,* São Paulo: Saraiva, 2008/2009.

CACCIAMALI, Maria Cristina & TATEI, Fábio. Trabalho infantil e o *status* ocupacional dos pais. *Revista de Economia Política,* São Paulo, vol. 28, 2008.

CACCIAMALI, Maria Cristina & TATEI, Fábio. Famílias pobres monoparentais sob a responsabilidade de mulheres negras, presença de trabalho infantil e alcance dos programas de transferências de renda. In: CACCIAMALI, Maria Cristina & JOSÉ-SILVA, Maria de Fátima. *A construção da igualdade de gênero e raça na América Latina do século XXI: o caso do Brasil.* São Carlos: Suprema, 2008.

CACCIAMALI, Maria Cristina & TATEI, Fábio. Uma análise regional do atendimento aos mais pobres: os programas de transferência de renda. In: JÚNIOR MACAMBIRA & SANTOS, Sandra Maria dos. *Brasil e Nordeste: ocupação, desemprego, desigualdade.* Fortaleza: IST/BNB, 2007.

CACCIAMALI, Maria Cristina; FERREIRA-BATISTA, Natalia Nunes & TATEI, Fábio. *Padrões familiares de utilização de trabalho infantil e de frequência escolar.* São Paulo: Fea/Nespi, 2006.

CACCIAMALI, Maria Cristina & JOSÉ-SILVA, Maria de Fátima. Empleo y seguridad social: otra década perdida en el mercado de trabajo de América Latina. *Revista Venezolana de Economía y Ciencias Sociales,* Caracas, v. 11, n. 3. 2005.

CACCIAMALI, Maria Cristina & MATLABA, Valente. Liberalização comercial e diferenciais de salários entre grupos de ocupações em São Paulo e Recife. *Revista da ABET*, São Paulo, vol. 4, n. 2, 2004.

CACCIAMALI, Maria Cristina. Política social e reforma laboral no Brasil. Os desafios da reforma sindical. In: *Encontro de Economia Política*, Campinas, 2005. Uma versão mais completa foi efetuada, denominada de: Política social e reforma laboral no Brasil. Os desafios dos sindicatos sob o governo Lula, publicado na *Revista de Relaciones Laborales,* Montevidéu, n. 7, Universidad de La República del Uruguay (UDELar), 2005.

CACCIAMALI, Maria Cristina. A desfiliação do estatuto do trabalho na década de 1990 e a inserção dos ocupados que compõem as famílias de menor renda relativa. In: CHAHAD, José Paulo; PICHETTI, Paulo. (Org.). *Mercado de trabalho no Brasil. Padrões de comportamento e transformações institucionais.* 1. ed. São Paulo: LTr, 2003.

CACCIAMALI, Maria Cristina & BRAGA, Thaís. Política e ações para o combate ao trabalho infantil no Brasil. In: CHAHAD, José Paulo & CACCIAMALI, Maria Cristina. *Mercado de trabalho no Brasil. Novas práticas trabalhistas, negociações coletivas e direitos fundamentais no trabalho.* São Paulo: LTr, 2003.

CACCIAMALI, Maria Cristina & AZEVEDO, Flávio Gomes Dilemas da erradicação do trabalho forçado no Brasil. In: CHAHAD, José Paulo & CACCIAMALI, Maria Cristina. *Mercado de trabalho no Brasil. Novas práticas, negociações coletivas e direitos fundamentais no trabalho.* São Paulo: LTr, 2003.

CACCIAMALI, Maria Cristina. *Mudanças estruturais do mercado de trabalho brasileiro após a liberalização econômica.* Documento preparado para o Seminário *Apoyo a la intervención del MTESS en los organismos de la política de salarios.* Ministerio de Trabajo, Empleo y Seguridad Social/OIT/Argentina, 2003.

CACCIAMALI, Maria Cistina. Princípios e direitos fundamentais no trabalho na América Latina. *São Paulo em Perspectiva,* Fundação Seade, São Paulo, vol. 16, n. 2. 2002.

CACCIAMALI, Maria Cristina; BRITO, André. A flexibilização restrita e descentralizada das relações de trabalho no Brasil. *Revista da ABET*, São Paulo, v. 2, n. 1, 2002.

CACCIAMALI, Maria Cristina, Distribuição de renda no Brasil: persistência do elevado grau de desigualdade. In: PINHO, Diva Benevides & VASCONCELLOS, Marco Antonio Sandoval de. *Manual de Economia.* São Paulo: Saraiva, 2002.

CACCIAMALI, Maria Cristina. Processo de informalidade, flexibilização das relações de trabalho e proteção social na América Latina. *Cadernos PUC — Economia*, São Paulo, n. 11, 2001.

CACCIAMALI, Maria Cristina. Mudanças na natureza da política pública e do mercado de trabalho na América Latina. In: KON, Anita; BANKO, Catalina; CACCIAMALI, Maria Cristina & MELQUIER, Doroty. (Org.). *Costos sociales de las reformas laborales en América Latina.* 1 ed. Caracas: Universidade Central da Venezuela, 2000.

CACCIAMALI, Maria Cristina. Desgaste na legislação laboral e ajustamento do mercado de trabalho brasileiro nos anos 90. In: POSTHUMA, Anne Caroline. *Abertura e ajuste do mercado de trabalho no Brasil.* Políticas para conciliar os desafios do emprego e da competitividade. São Paulo: 34, 1999.

CACCIAMALI, Maria Cristina. Emprego e crise no Brasil. In: ROCCA, Carlos Antonio, PRIMO-BRAGA; Carlos Alberto; CACCIAMALI, Maria Cristina & CASTRO, Manoel Cabral. *Brasil 1980.* Os desafios da crise econômica. São Paulo: IPE, 1988.

CACCIAMALI, Maria Cristina, Desaceleração econômica e planos de estabilização. Impactos sobre o mercado de trabalho. *São Paulo em Perspectiva,* São Paulo, vol. 5, n. 1, 1991.

CARDOSO, Eliana & SOUZA, André Portela. The impact of cash transfers on child labor and school attendance in Brazil. *Working Papers 0407*, Department of Economics, Vanderbilt University, 2004.

CASA CIVIL. PRESIDÊNCIA DA REPÚBLICA DO BRASIL. Disponível em: <http://www.planalto.gov.br/ccivil_03/constituicao>, consultada em janeiro de 2009.

CEDEPLAR. *Primeiros resultados da análise da linha de base da pesquisa de avaliação de impacto do Programa Bolsa Família*. Brasília: Ministério do Desenvolvimento Social e Combate à Fome, maio, 2007.

CERVINI, Rubem & BURGER, Freda. O menino trabalhador no Brasil. In: FAUSTO, Ayrton & CERVINI, Rubem (Orgs.). *O trabalho e a rua*: crianças e adolescentes no Brasil urbano dos anos 80. São Paulo: Cortez, 1991.

CORIAT, Benjamin & ROSANVALLON, Pierre. Le chômage partagé. *Nouvel Observateur*, Collection Dossiers: vaincre le douze peurs de l'an 2000, n.14. Paris, 1993.

COSTA, Célia Maria Leite; CERQUEIRA, Gelba Cavalcanti; PRADO, Antonia Antunes & FIIFUEIRA, Ricardo Rezende. *Trabalho escravo contemporâneo no Brasil: contribuições críticas para a sua análise e denúncia*. Rio de Janeiro: UFRJ, 2008.

DURYEA, Suzanne & MORRISON, Andrew. The effect of conditional transfers on school performance and child labor: evidence from an ex-post impact evaluation in Costa Rica. *Working Paper 505*. Washington: Inter-American Development Bank, 2004.

FERREIRA-BATISTA, Natalia Nunes & CACCIAMALI, Maria Cristina. Migração familiar, trabalho infantil e ciclo intergeracional da pobreza no Estado de São Paulo. *Seminário acadêmico do Instituto de Pesquisas Econômicas*. São Paulo: FEA/USP, junho de 2006.

FERREIRA- Batista, Natália. *Trabalho infantil e migração no Estado de São Paulo*. Tese de doutorado defendida no Instituto de Pesquisas Econômicas da Faculdade de Economia, Administração e Contabilidade da Universidade de São Paulo. São Paulo, 2006.

FERRO, Andréa Rodrigues & KASSOUF, Ana Lúcia. Avaliação do impacto dos programas de Bolsa Escola sobre o trabalho infantil no Brasil. *Pesquisa e Planejamento Econômico*, Rio de Janeiro, v. 35, dezembro, 2005.

FREIJE, Samuel & LOPEZ, Calva Luis. *Child labor, school attendance, and poverty in México and Venezuela*. El Colégio de México, Centro de Estúdios Económicos, 2001. (mimeo).

GARCIA, Norberto E. *Ajuste, reformas y mercado laboral*. Santiago: PREALC, 1993.

GORZ, André. Sortir de la société salariale. *Transversale*, Paris, n. 25, 1994.

GRAZIANO, Paolo. From a guaranteed labour market to a flexible worker model? Centre d'Études Européenne, *Cahiers Européennes, 4*, 2004.

HANDA, Sudhanshu & DAVIS, Benjamin. The experience of conditional cash transfers in Latin America and the Caribbean. *Development Policy Review*. Overseas Development Institute, vol. 24, n. 5, 2006.

INTERNATIONAL LABOR ORGANIZATION, *ILO. Declaration on social justice for a fair globalization*. Suíça: Genebra, 2008.

IPEC, *Relatório e plano de trabalho do IPEC no Brasil*. Brasília, 1998.

KASSOUF, Ana Lúcia. *Trabalho infantil no Brasil*. Tese de Livre Docência apresentada na Escola Superior de Agricultura Luiz de Queiroz da Universidade de São Paulo. Piracicaba, 1999.

MINISTÉRIO DO DESENVOLVIMENTO SOCIAL E COMBATE À FOME. Disponível em: <http://www.mds.gov.br/>, consultado em setembro de 2007.

MUNIZ, Jerônimo Oliveira, Uma aproximação empírica para o trabalho infantil no Brasil. *Anais do VII Encontro Nacional da ABET*, Salvador, 2001.

ORGANIZACIÓN INTERNACIONAL DEL TRABAJO. Volatilidad del contexto externo: ajustes y efectos sobre el mercado laboral en América Latina y El Caribe. Lima: OIT, 1998.

RODRIK, Dany. *Has globalization gone too far?* Washington: Institute for International Economics, 1997.

SOARES, Fábio Veras; SOARES, Sergei; MEDEIROS, Marcelo; OSÓRIO, Rafael Guerreiro. Programas de transferência de renda no Brasil: impactos sobre a desigualdade. *Texto para Discussão, n. 1228*. Brasília: IPEA, outubro de 2006.

SOARES, Sergei Suarez Dillon. Distribuição de renda no Brasil de 1976 a 2004 com ênfase no período entre 2001 e 2004. *Texto para Discussão* n. 1166. Brasília: IPEA, fevereiro de 2006.

CONSTITUIÇÃO DE 1988: DESAFIOS PARA A AÇÃO SINDICAL 20 ANOS DEPOIS

Clemente Ganz Lúcio(*)

A Constituinte da segunda metade dos anos 1980, processo legislativo que elaborou a nova Constituição Federal de 1988, fechou um ciclo político de luta pela superação de mais de duas décadas de regime ditatorial. Inúmeros tipos de movimentos sociais emergiram na segunda metade dos anos 1970. No campo e na cidade, a sociedade civil apresentava-se organizada em defesa de interesses específicos — a luta pela terra no campo, pela moradia na cidade, contra a carestia, pela saúde, creche, pelo transporte coletivo, entre outros. Essas diversas lutas propiciaram o surgimento de várias organizações no campo popular e fizeram emergir novas lideranças sociais para a vida política das comunidades e do País.

O movimento sindical foi duramente reprimido desde os primeiros momentos do golpe militar de 1964. Prisão, afastamento, tortura e morte fizeram parte da vida de sindicalistas e de milhares de militantes políticos e estudantis. Pouquíssimas eram as brechas que possibilitavam algum tipo de ação sindical. Quando ocorriam, havia vigilância repressiva e ostensiva. A década de 1970 teve início com um crescimento geral de preços. Em 1973, o DIEESE denunciou um caso de manipulação da taxa de inflação. A partir da Pesquisa de Padrão de Vida da classe trabalhadora, realizada na cidade de São Paulo, o DIEESE chegou a um índice anual de 26,6%, percentual bem acima dos 12,6% oficiais. Esse fato, agregado à insatisfação com o regime militar e a outros motivos que já mobilizavam a sociedade e os trabalhadores, levou o movimento sindical a desencadear, a partir do Sindicato dos Metalúrgicos do ABC, uma luta pela reposição salarial. Em 1977, o ministro da Fazenda, Mário Henrique Simonsen, reconheceu o índice de 26,6% como oficial para o ano de 1973. Além da repercussão desse fato na imprensa — nunca é bom deixar de lembrar que os meios de comunicação de massa e seus jornalistas viviam cerceados pela censura —, o Banco Mundial também destacou os dois índices (o do DIEESE e o do governo) em seu relatório. Crescia a indignação com a repercussão do problema e com a alta dos preços, agravada pela política salarial restritiva, que diminuía o poder de compra dos salários.

(*) Sociólogo, Diretor Técnico do DIEESE — Departamento Intersindical de Estatística e Estudos Socioeconômicos; membro do CDES — Conselho de Desenvolvimento Econômico e Social e do Conselho de Administração do CGEE — Centro de Gestão e Estudos Estratégicos.

A aceleração da inflação foi mais um estopim para desencadear, no final dos anos 1970, uma ampla ação sindical pela reposição salarial. Negociações coletivas, campanhas salariais e mobilizações sindicais passaram novamente a fazer parte do trabalho das entidades sindicais que estiveram, por mais de uma década, excluídas da agenda social. Estas ações deram base ao surgimento do que veio a ser chamado posteriormente de novo sindicalismo. O movimento sindical também voltou a ganhar presença social e política em todo País. As lutas se multiplicaram, as oposições sindicais ganharam força e a vida sindical iniciava um processo de renovação que avançou pelos anos 1980.

Veio a campanha pelas "Diretas Já!", que envolveu amplos setores sociais que buscavam estabelecer a eleição direta para presidente da República. O resultado foi a transição lenta e gradual e, neste caso, com um "acordão" que elegeu indiretamente Tancredo Neves (presidente, que faleceu antes de tomar posse) e José Sarney (vice-presidente, que assumiu a Presidência).

Em 1986, o governo de Sarney lançou o Plano Cruzado, primeiro pacote econômico com o objetivo de buscar a estabilização da inflação. Em paralelo, crescia a demanda pela promulgação de uma nova Constituição Federal que superasse a que vigorava até então, gravemente alterada pelo regime militar. Os movimentos sociais, sindicais, estudantis e políticos propunham a eleição de uma Assembleia Nacional Constituinte, que para muitos deveria ser exclusiva ou ter como única tarefa a elaboração da nova Constituição Federal. Ao final, instituiu-se a Constituinte — não exclusiva — que, em 1998, promulgou a nova Constituição Federal.

Olhando retrospectivamente, a Constituição de 1988 celebrou e fechou um ciclo de mobilização popular e social de grande unidade. Nos anos 1980, é bom lembrar também, muitos partidos políticos colocados na clandestinidade voltaram à cena. Há também a criação de novas legendas, que passaram a atuar de forma articulada no trabalho constituinte. No futuro, poucos foram os momentos de unidade com o nível de articulação do vivenciado naquele processo. É bem provável que a luta pela superação da ditadura, combinada com o propósito constituinte, tenha permitido um nível especial de cooperação e unidade.

Considerando-se o número limitado de parlamentares que o campo democrático-popular tinha na Assembleia Constituinte, somado à força que o regime militar ainda possuía na sociedade e às alianças visíveis e invisíveis dos setores conservadores, a Constituinte de 1988 é uma grande obra e representa uma enorme vitória.

Em uma recente palestra(1) realizada no Instituto de Economia da Unicamp, Artur Henrique, presidente da CUT — Central Única dos Trabalhadores,

(1) "20 anos da Constituição Federal de 1998: os Direitos Trabalhistas", roteiro da palestra de Artur Henrique da Silva Santos, presidente nacional da CUT, outubro 2008.

sistematizou e destacou alguns dos aspectos que considera como avanços obtidos com a Constituição de 1988 em relação aos direitos trabalhistas e sindicais. Esses pontos são:

- Instituição de uma nova relação entre os sindicatos e o Estado;
- Princípio da auto-organização dos sindicatos que estabelece: (a) a livre criação dos sindicatos, sem a prévia autorização do Estado e (b) liberdade de administração dos sindicatos;
- Incentivo à negociação coletiva como melhor forma de solução para uma série de questões relacionadas às relações de trabalho;
- Ampliação do direito de greve. A dimensão deste direito atingia, na Constituição Federal de 1988, um limite nunca antes conhecido, conferindo este direito também aos trabalhadores do serviço público.

Salientou também como modificações expressivas da Constituição Federal:

- Redução da jornada semanal de 48 horas para 44 horas semanais;
- Jornada de 6 horas para turnos ininterruptos;
- Elevação do adicional de horas extras para o mínimo de 50%;
- Direito a férias remuneradas com incremento de 1/3 na remuneração;
- Generalização do Regime de FGTS, com a supressão da estabilidade decenal (item favorável aos interesses do empresariado);
- Criação de uma indenização prevista para os casos de dispensa arbitrária;
- Inclusão, em nível constitucional, de três estabilidades especiais: dirigente sindical; dirigente da CIPA — Comissão Interna de Prevenção de Acidentes; empregadas gestantes;
- Piso salarial proporcional à extensão e complexidade do trabalho;
- Irredutibilidade dos salários;
- 13º com base na remuneração integral;
- Proteção dos salários e criminalização de sua retenção;
- Adicional de remuneração para as atividades penosas, perigosas ou insalubres;
- Descaracterização da natureza salarial da PLR (flexibilização);
- Proteção do mercado de trabalho da mulher mediante incentivos (nos termos da lei);
- Ampliação da licença da gestante para 120 dias;
- Criação da licença-paternidade de 5 dias;
- Reformulação da obrigatoriedade de creches e pré-escolas;

• Igualdade de direitos para o trabalhador avulso e o permanente;

• Proteção contra discriminação para o trabalhador com deficiência;

• Proteção diante da automação;

• Retorno da idade mínima de admissão no emprego para 14 anos;

• Instituição da figura do representante dos trabalhadores nas empresas com mais de 200 empregados.

Ao longo de mais de 20 anos, muita coisa aconteceu. Parte expressiva do que se estabeleceu na Constituição e que precisava de regulação ainda aguarda essa iniciativa. Um exemplo é o direito à negociação coletiva dos servidores públicos, que passaram a ter o direito à organização sindical sem regulamentar o direito de negociação. Por outro lado, algumas regulamentações vieram rapidamente, como, por exemplo, o regramento do direito de greve. Cabe, portanto, um esforço, que não é pequeno, para transformar em lei aspectos destacados na Carta Maior.

Nessas duas décadas, o País experimentou, entre 1986 e 1994, inúmeros planos de estabilização econômica que fracassaram e geraram expressivas perdas salariais, carestia, insatisfação em relação à política econômica e insegurança política. A eleição direta de 1989 elegeu Fernando Collor como presidente do Brasil. Outro exercício para testar as instituições e o processo democrático do País foi a destituição dele da presidência. O seu vice, Itamar Franco, assumiu o cargo e, em 1994, lançou o Plano Real. Este Plano seguiu a tendência internacional e conseguiu baixar e estabilizar as taxas de inflação. Em seguida, crises internacionais afetaram gravemente o País e geraram instabilidade econômica (crises do México, da Argentina, do Japão, da Ásia, da Rússia). Combinadas a problemas internos como o apagão de 2001, por exemplo, e à baixa capacidade de investimento do Estado, conduziram o País, por mais de uma década, a um baixíssimo e oscilante crescimento econômico.

Agravaram-se as desigualdades sociais, o desemprego cresceu de maneira constante e atingiu as maiores taxas, os salários entraram em queda livre do final dos anos 1990 até 2003, e a taxa de investimento foi muito baixa e sem perspectiva de crescimento.

Viveu-se no País o paradoxo dos limites do PIB potencial: a economia brasileira estaria fadada a um baixo crescimento porque sua capacidade de atender a uma demanda crescente era muito limitada e com grave tendência inflacionária. O mercado interno não poderia crescer para não aumentar a demanda e não gerar inflação. Juros altos e câmbio fecharam o conjunto de instrumentos de controle da inflação que, depois de 1999, passou para o regime de metas.

Desde 2004, esse cenário tem se alterado. As desigualdades sociais diminuem lentamente porque houve forte incremento da renda dos mais pobres:

a) pelas políticas de transferência de renda do Bolsa Família;

b) pela política de valorização do salário mínimo — política esta acordada entre as centrais sindicais e o governo federal depois de três grandes mobilizações anuais em Brasília, em que uma das principais bandeiras era o estabelecimento de uma política de valorização do salário mínimo;

c) pelo impacto dessa política do salário mínimo nos rendimentos mais baixos e nos benefícios e aposentadorias.

O destaque especial deste período é o incremento do emprego, principalmente o com carteira de trabalho assinada.

A inflação continua sob controle e baixa, apesar do repique deste ano (2008) por conta das pressões internacionais de produtos comercializáveis (grãos, minérios e petróleo). A taxa de investimento tem aumentado e o comércio internacional obteve ótimos resultados nos últimos anos. A taxa de crescimento da economia mudou de patamar e espera-se para este ano (2008) que ela seja superior a 5,5%.

Questões como crescimento, distribuição de renda, diminuição das desigualdades, emprego com proteção social, aumento do investimento, entre outros aspectos, parte de uma agenda que parecia esquecida diante da euforia dos ganhos do mercado e do livre comércio, voltam à cena, recolocando-se como parte do jogo social.

Desse modo, retoma-se no Brasil o debate sobre uma agenda nacional de desenvolvimento. Cresce a necessidade de projetos para que o País estabeleça, por meio do debate político, a relação desejada entre crescimento e perspectiva de desenvolvimento. O Brasil se caracteriza por ser um país que tem simultaneamente um elevado grau de riqueza com base em um parque industrial diversificado, profundas desigualdades regionais e um nível endêmico de pobreza. Os caminhos não são simples e cabem muitas escolhas pela frente.

DESAFIOS PARA A AGENDA SINDICAL FUTURA

O atual ciclo de crescimento econômico experimentado nos últimos 5 anos, a partir de 2004, trouxe rebatimentos positivos para o emprego e os salários — queda do desemprego; aumento de postos de trabalho com carteira de trabalho assinada; mais de 90% das convenções coletivas conquistaram reposições salariais e aumentos reais de salários. Mas esta não é uma situação consolidada como podem pensar alguns. Há muita coisa a ser feita para estabilizar a perspectiva de crescimento de longo prazo, condição necessária, mas não suficiente, para se enfrentar os graves déficits sociais presentes no País.

Os ganhos das empresas, por exemplo, deveriam estar voltados para o investimento visando à ampliação da capacidade instalada. O aumento da produtividade possibilitaria elevar os salários e reduzir os preços e não somente engordar os lucros das empresas. Os impostos arrecadados, e o seu aumento com o crescimento econômico, poderiam promover a ampliação da capacidade de ação do Estado e possibilitar a elevação da qualidade dos investimentos e dos serviços públicos. Esses são elementos da luta distributiva, que é de longa duração, e requerem, para seu sucesso, o fortalecimento das organizações sociais e da capacidade de formulação de propostas e projetos, além da criação de espaços de negociação, de mecanismos de cobrança e monitoramento de efetividade.

Esse desafio geral, analisado a partir da perspectiva do trabalho — do sujeito e do produto da sua ação — suscita desafios relevantes para avançar na consolidação das conquistas que a Constituição de 1988 trouxe. Podem ser transformados em uma agenda sindical, em larga medida unitária. A seguir serão destacados alguns desses desafios:

a) Considerar a questão do **crescimento** e da sua relação com o desenvolvimento como elemento central da visão estratégica de longo prazo que deve nortear as ações do movimento sindical, em especial nos espaços de negociação das políticas nacionais e transversais. Por um lado, criar as condições para o crescimento continuado requererá o fortalecimento da capacidade de investimento do Estado e do setor privado e também o reequilíbrio da política monetária, para que também tenha como meta o crescimento, o emprego e o investimento. Participar ativamente do debate e da disputa das estratégias de longo prazo em que o trabalho tenha participação central é uma tarefa primeira do movimento sindical;

b) O crescimento não se transforma automaticamente em **desenvolvimento**. Pelo contrário, em uma sociedade extremamente desigual como a brasileira, o crescimento sozinho deverá agravar ainda mais as mazelas sociais, caso a perspectiva distributiva não faça parte da concepção que o orienta. Existem graves distorções na distribuição da riqueza e renda, os recursos são escassos e não possibilitam atacar simultaneamente todos os problemas. Assim, é necessário fazer escolhas, muitas vezes difíceis, e que devem estar assentadas em sólidas análises técnicas, mas que também são essencialmente políticas. O movimento sindical deve ampliar sua capacidade política para atuar decisivamente nessas escolhas.

c) Um exemplo da grande envergadura da relação entre crescimento e desenvolvimento foi recentemente colocado na agenda do País: são as descobertas pela Petrobras das reservas fósseis da camada **pré-sal**. Essa riqueza que a natureza deu ao Brasil, e que o investimento tecnológico permitiu descobrir, pode trazer outro patamar e ambiente para o crescimento do País. Qual será o destino dado a essa riqueza? Quais as escolhas que serão feitas? Quem as fará? Essa riqueza servirá para que poucos acumulem mais renda e riqueza ou poderá alavancar outro patamar de crescimento e desenvolvimento da nação? Somente um debate público vigoroso, orientado pelo interesse público de transformar essa riqueza em patrimônio da nação poderá tirar essa riqueza da sua privatização. Há uma tarefa urgente das organizações sociais, entre elas os sindicatos, de promover a publicização dessa questão e de chamar o Poder Público para esse debate, criando os mecanismos adequados para as escolhas e deliberações;

d) Há vários elementos que devem ser colocados para dar suporte a uma nova relação entre crescimento e desenvolvimento. Um deles é considerar o **trabalho** como uma dimensão constitutiva da estratégia de crescimento para gerar desenvolvimento. É importante que o trabalho assalariado possa, cada vez mais, adquirir a forma de **emprego**, uma vez que esse contrato social do País confere ao trabalho o direito à proteção durante e pós-vida laboral. Ao mesmo tempo, é necessário que o trabalho não assalariado (autônomo, conta-própria, entre outros) adquira o mesmo *status* em termos de proteção social que o emprego confere ao assalariamento. Portanto, a luta de homens e mulheres pela proteção social adquirida por meio do trabalho é uma das dimensões constitutivas da natureza do desenvolvimento e essência da ação sindical;

e) A **proteção social** gerada pelo emprego formal deve ser ampliada na perspectiva da **seguridade social** universal. Para expandir o acesso à seguridade social é preciso uma política ativa de proteção e de promoção de emprego e renda, tarefas que as políticas de intermediação de mão de obra, seguro-desemprego, qualificação social e profissional, programas de geração de trabalho e renda devem permanentemente buscar e cumprir;

f) Dimensões essenciais do desenvolvimento promovidas por uma estratégia de crescimento distributivo são aquelas que viabilizam as **bases da homogeneização social**: educação, saúde, habitação e transporte coletivo. Isso gera qualidade de vida no trabalho, garantia e elevação da renda disponível e do padrão médio de vida da classe trabalhadora;

g) Um desafio de grande envergadura é estabelecer o **compromisso com as gerações futuras** como parte central da estratégia de desenvolvimento. Nessa perspectiva, é essencial o investimento continuado e de longo prazo na política de **educação**, pois ela gera mudanças na estrutura econômica e social e permite, inclusive, sustentar uma taxa de crescimento da produtividade média, elemento fundamental de um projeto distributivista;

h) Outra dimensão importante para as próximas gerações é a **política previdenciária**. As mudanças na perspectiva de vida, a queda da taxa de natalidade e suas consequências cruzadas colocam ao sistema previdenciário desafios não desprezíveis. É necessário construir bases sólidas de projeção atuarial que permitam abrir um debate transparente sobre os compromissos da sociedade atual com a previdência do futuro;

i) O modelo de crescimento vigente trouxe alterações profundas para o meio ambiente. Não se pode deixar de destacar que sempre é importante, ao pensar crescimento com desenvolvimento, levar em consideração a questão estratégica da **sustentabilidade socioambiental**, inclusive do ponto de vista da geração de novos empregos;

j) As regiões do País reproduzem a desigualdade socioeconômica observada no Brasil. Outro desafio estratégico é formular e disputar políticas de desenvolvimento regionais capazes de acelerar o desenvolvimento de áreas historicamente excluídas;

k) Na formulação de **políticas de desenvolvimento local** é fundamental correlacionar políticas gerais com os projetos locais. Por exemplo, neste momento, a educação é uma prioridade da política pública federal, com o PDE — Programa de Desenvolvimento da Educação. Esse programa se estrutura na criação de conselhos municipais para a elaboração e o monitoramento de projetos de investimento com o objetivo de elevar a qualidade da educação no País, a partir de cada território e escola. Articular a intervenção nos diferentes níveis faz parte das ações que podem levar ao sucesso. Outro exemplo é a criação de mais de duas centenas de escolas técnicas federais. É reconhecida a capacidade que esses centros de educação têm de impulsionar o desenvolvimento local, pelo aumento de conhecimento social aplicado e, consequentemente, da produtividade, condições indispensáveis para o crescimento econômico. Participar de todas as etapas dessa política deve ser uma prioridade da ação sindical;

l) A **organização sindical** tem o desafio de se modernizar, com entidades cada vez mais representativas, em um ambiente institucional que favoreça e fortaleça a negociação coletiva, em que os conflitos tenham solução ágil, com o direito de organização garantido desde o local de trabalho e pleno direito de greve. Há no Congresso Nacional um projeto de reforma sindical elaborado no âmbito do Fórum Nacional do Trabalho, criado pelo Ministério do Trabalho e Emprego e que, entre 2004 e 2005, elaborou, em mais de 500 horas de negociações tripartite, uma proposta de reforma sindical que visa a responder as questões acima. Um dos desafios é fazer esse projeto ter seguimento legislativo, fazendo com que seja debatido e alterado no que for necessário;

m) O governo federal nos últimos anos ampliou o número de **conselhos,** que tratam dos mais variados temas. Em muitos casos, esses conselhos se articulam a partir de conferências nacionais, precedidas de conferências locais, que debatem e propõem políticas setoriais. Saúde, educação, educação profissional, segurança alimentar, entre tantas outras, já se estruturaram dessa maneira. É estratégico garantir a participação sindical de qualidade nesses espaços, seja na formulação das políticas públicas — monitoramento e acompanhamento —, na avaliação, bem como na difusão das decisões tomadas, permitindo que a ação chegue aos territórios específicos. Outro exemplo dessa participação é a recente regulamentação da participação das entidades sindicais nos conselhos de administração do Senai e do Senac. Uma antiga reivindicação foi contemplada. O desafio é garantir que a presença sindical eleve a qualidade do atendimento da demanda de qualificação dos trabalhadores;

n) A **informalidade** do trabalho atinge quase metade da força de trabalho. O caso é mais grave no campo. Nas regiões metropolitanas, mais de 1/3 dos trabalhadores não têm carteira de trabalho assinada. A informalidade significa a exclusão dessa parcela de trabalhadores da participação e do acesso ao sistema de proteção social, não apenas durante a vida de trabalho (no caso de acidente de trabalho, por exemplo), mas também após a atividade laboral, no momento da aposentadoria. Há uma série de ocupações que não são assalariadas — trabalho autônomo ou por conta-própria, donos de negócios familiares, trabalhador não remunerado — que, apesar de legais, não têm formas definidas de contribuição ou proteção;

o) O **emprego doméstico** envolve mais de 7 milhões de trabalhadores. Mais de 95% são mulheres e mais de ¾ estão na informalidade. A relação de emprego com uma família, apesar de ser uma relação de trabalho, não pode ser comparada à relação com uma empresa. Jornadas extensas, não contribuição à previdência e dificuldade de organização da categoria são alguns dos problemas a serem vencidos. Desenvolver as condições e os instrumentos que favoreçam e protejam esse emprego é uma tarefa de grande envergadura;

p) A **terceirização** se desenvolveu na sua forma mais perversa, por meio da criação de empresas de intermediação de mão de obra. Além disso, muitas situações de terceirização foram implantadas com o objetivo de reduzir custos, o que significa precarização das condições de trabalho e redução da remuneração. A contratação de empresas terceiras de outros ramos, diferente da atividade-fim, fragmenta a representação sindical dentro de uma mesma organização, pois separa aqueles que poderiam ser de uma única categoria e não garante a equidade de condições de trabalho e de ganhos salariais a todos os empregados. Um dos desafios é garantir a extensão dos direitos aos trabalhadores de uma mesma empresa, independente da empresa contratante, bem como impedir todo tipo de intermediação de mão de obra.

Há uma agenda extensa de questões que demandam enfrentamento. Um dos grandes desafios é desenvolver um tipo de organização sindical capaz de fazer frente a todas estas questões. Qualquer que seja a mudança necessária na vida sindical, a mobilização social será sempre fator decisivo para o enfrentamento político nas diferentes lutas sociais. Mas a experiência democrática mostra também que essa intervenção, que no geral começa como uma demanda, avança, nos mais variados espaços de luta e negociação, para uma situação de proposição.

A superação de um obstáculo ou de uma demanda precisa de propostas ou projetos. E estes, por sua vez, precisam de investimento de recursos, tempo e capacidade de elaboração. A luta tornou-se mais complexa e mais desafiadora.

O PAPEL DA JUSTIÇA DO TRABALHO NA GARANTIA DE DIREITOS E IGUALDADE: BREVE BALANÇO NOS 20 ANOS DA CONSTITUIÇÃO DE 1988

Elina G. da Fonte Pessanha(*)

Este artigo tem uma finalidade precisa e pouco ambiciosa: oferecer algumas informações e dados sobre a instituição Justiça do Trabalho, e refletir brevemente sobre o alcance de suas funções enquanto garantidora de direitos para todos os trabalhadores.

Acredito que se torna pertinente essa incursão a partir de uma instituição que provoca, em nossa sociedade, reações bastante contraditórias:

— por um lado ela costuma ser identificada, como vários estudos têm atestado, como lugar privilegiado de exercício da cidadania dos setores populares, principalmente no plano dos conflitos individuais(1);

— por outro, é vista muitas vezes com desconfiança principalmente por parte do movimento sindical que — recorrendo mais ou menos a ela, conforme a conjuntura — é muito sensível ao controle político que a instituição pode exercer sobre seus conflitos no plano coletivo.

Minhas observações são em grande parte resultado de uma ampla pesquisa, coordenada por mim e por Regina Morel (UFRJ) e também por Ângela de Castro Gomes (CPDOC-FGV/Rio). A pesquisa compreendeu uma parte mais histórica, sobre a fundação da Justiça do Trabalho, e outra parte que tentou dar conta dos atuais dilemas e desafios da instituição a partir da perspectiva de seus operadores — alguns entrevistados por nós e muitos analisados por meio de um *survey* dirigido à totalidade de quase 3000 juízes do trabalho do país(2). Atualmente, juntamente com Sonia Gonzaga, do DIEESE, o juiz do trabalho e professor da UFF, Ivan Alemão, o doutorando José Luiz Soares e a mestranda Luisa Pereira, ambos do PPGSA/UFRJ, Regina Morel e eu estamos tentando

---

(*) Professora do Programa de Pós-Graduação em Sociologia e Antropologia da UFRJ, Pesquisadora do CNPq.

(1) Ver, por exemplo, CARVALHO, PANDOLFI, CARNEIRO e GRYNSZPAN, 1999.

(2) São produto dessa fase da pesquisa, GOMES, PESSANHA e MOREL, 2003; MOREL, GOMES e PESSANHA, 2007; e GOMES, PESSANHA e MOREL, 2007.

dar um balanço nas relações entre sindicatos, Justiça do Trabalho e Ministério Público, do ponto de vista exatamente da garantia da proteção trabalhista em contexto democrático.

O presente texto está dividido em 4 partes. Na primeira recupero alguns traços que, a meu ver, caracterizam a criação e consolidação da legislação e da Justiça do Trabalho na história do país, e que têm marcado sua tradição pela via constitucional. Na segunda tento sintetizar o movimento de nosso modelo de relações de trabalho, até a Constituição de 1988, argumentando sobre a continuidade da referida lógica fundacional dos direitos trabalhistas. Na terceira resumo as mudanças institucionais diante dos efeitos da Constituição de 1988 e de sua revisão, como no caso especialmente da chamada Reforma do Judiciário. Finalmente reúno algumas reflexões sobre a atuação recente da Justiça do Trabalho.

1. JUSTIÇA DO TRABALHO: O PESO DA TRADIÇÃO ANTILIBERAL

Do ponto de vista mais histórico, começo por destacar alguns pontos que são, a meu ver, elucidativos para entender a trajetória da instituição. Nossa Justiça do Trabalho é herdeira fundamentalmente da tradição legislativa da República de Weimar de 1918-19, e dos preceitos que viriam a ser difundidos a partir desse mesmo período pela OIT, em sintonia com as reações dos trabalhadores aos efeitos perversos da ordem capitalista. KAHN-FREUND (1974), destaca que foi Sinzheimer, ideólogo da República de Weimar na área dos direitos do trabalho, quem deu forma e conteúdo à legislação trabalhista que depois se estenderia pela Europa e influenciaria outros países(3). Essa legislação estabelecia a primazia do acordo coletivo — conduzido necessariamente por entidades autônomas, representativas de grupos ou classes — sobre o contrato individual, instituto da lei civil orientado pelo princípio da propriedade. Fortalecia, portanto, o papel de organização e representação das demandas pelos sindicatos. E garantia ainda o princípio de extensão dos efeitos do acordo coletivo, a empregados e empregadores não diretamente atingidos por ele, base do que viria a se constituir no processo de "criação de normas" — o poder normativo — convivendo com a lei ou o direito costumeiro, quase sempre sob proteção de tribunais tripartites e do Estado. Esse mecanismo permitia que, a partir das conquistas sindicais, se ampliassem significativamente os benefícios aos demais trabalhadores de um setor, contribuindo para uma certa equalização de direitos.

No caso do Brasil republicano, bem antes da proposta de implantação da Justiça do Trabalho e da consolidação dos direitos na CLT nos anos 40, alguns

---

(3) Hugo Sinzheimer (1875-1945), socialista, foi advogado trabalhista e sociólogo, e atuou politicamente junto à Republica de Weimar. Kahn-Freund (1900-1979), seu aluno, é também referência importante na área de estudos sobre legislação do trabalho.

desses princípios formais para solução dos conflitos entre capital e trabalho foram se impondo progressivamente e já rendiam efeitos(4). A livre associação dos cidadãos, em termos gerais, fora prevista na Constituição de 1891 e reforçada por legislação especial em 1903 e 1907 para a sindicalização rural e a urbana, respectivamente(5). Mas a literatura sobre o tema sugere que até a criação, pelo então governador de São Paulo, Washington Luiz, dos Tribunais Rurais do Estado, em 1922, para dirimir conflitos entre patrões e colonos, não existia ainda nenhum espaço institucional com esse fim específico(6).

Entre os Atos Provisórios da Revolução de 30, o Decreto n. 19.770 de 1931, de autoria de Evaristo de Moraes e Joaquim Pimenta, também regulava inicialmente a questão da sindicalização, com a exigência de maior representatividade para reconhecimento de um sindicato — base necessária das demandas coletivas — ("o que reunir dois terços da mesma classe e, se isto não se verificar, o que reunir maior número de associados", art. 9º). Mas previa que as organizações sindicais de patrões e empregados cooperassem "por conselhos mistos e permanentes de conciliação e julgamento", na aplicação das leis para dirimir conflitos, e celebrassem entre si "acordos e convenções para defesa e garantia de interesses recíprocos", a serem ratificados pelo Ministério do Trabalho (art. 10).

Em 1932, as Comissões Mistas de Conciliação e as Juntas de Conciliação e Julgamento — sempre com organização tripartite, como ditavam os cânones internacionais — já estavam em funcionamento, e tratavam respectivamente de mediar os conflitos coletivos e administrar e solucionar os conflitos individuais(7). A presença do Estado nos conflitos de trabalho seria reforçada pela Constituição de 1934, que criaria — na letra — a Justiça do Trabalho. A Constituição assegurava a pluralidade e a autonomia sindicais, que nunca se concretizaram, e o reconhecimento das convenções coletivas. Nos Tribunais de Trabalho, nas Juntas e Comissões de Conciliação reafirmava-se o princípio da paridade entre representantes de patrões e empregados, com o presidente indicado pelo Governo.

O anteprojeto de organização da Justiça do Trabalho só foi enviado por Vargas ao Congresso Nacional em 1936, e em torno dele aconteceria um debate

---

(4) BIAVASCHI, 2007, tem rica recuperação dos processos nesse período.

(5) Do Decreto n. 1.637, de 1907 constava: "Art. 8º — Os syndicatos que se constituirem com o espirito de harmonia entre patrões e operarios, como sejam os ligados por conselhos permanentes de conciliação e arbitragem, destinados a dirimir as divergencias e contestações entre o capital e o trabalho, serão considerado como representantes legaes da classe integral dos homens do trabalho e, como taes, poderão ser consultados em todos os assumptos da profissão."

(6) Ver MORAES FILHO, 1982.

(7) As Comissões Mistas de Conciliação, que foram instituídas em 1932 pelo Decreto n. 21.396, não eram órgãos julgadores, apenas de conciliação, apenas mediavam os conflitos coletivos do trabalho. As Juntas de Conciliação e Julgamento, também instituídas naquele ano pelo Decreto n. 21.132, eram órgãos administrativos, sem caráter jurisdicional, mas podendo impor a solução dos conflitos individuais sobre as partes litigantes.

que opunha liberais e antiliberais de várias origens, sobre o caráter da instituição, seus pressupostos e objetivos. Assim, por um lado, o modelo varguista de relações de trabalho — não "outorgado" à sociedade, mas por ela "demandado", como importantes estudos já demonstraram[8] — apoia-se no que pode ser entendido como um consenso antiliberal, um amplo leque social abrigando distintas forças e correntes de pensamento. Nunca é demais lembrar que para os membros da poderosa Igreja Católica a questão social era assunto de compromisso cristão para com os pobres. A Encíclica *Quadragesimo Anno*, de Pio XI, de 1931, reforçando os princípios da *Rerum Novarum*, de Leão XIII (1891), recomendava: ao capital, tratar os pobres de forma humanitária; aos trabalhadores, serem moderados; e ao Estado, promover a intervenção sob estatuto ético-moral e jurídico (BEZERRA DE MENEZES, 1956). Para os socialistas, a intervenção estatal era central para as reformas sociais, contra a dominação dos patrões sobre os trabalhadores e suas associações. Já os corporativistas, que lideravam o processo de construção institucional, argumentavam que "os conflitos entre empregadores e empregados não eram meramente de interesse privado, como no velho e morto liberalismo, mas que o Estado devia intervir neles, sob uma constituição em que a ordem econômica seja submetida à disciplina do Estado" (OLIVEIRA VIANA, 1938). Tais princípios terminaram por, afinal, aglutinar os diferentes grupos sociais em torno da proposta oficial de implantação da Justiça do Trabalho em nosso país.

Por outro lado, tem-se a posição crítica à proposta apresentada, que gerou a reação, no Congresso Nacional, ao projeto governista. Na Comissão de Constituição e Justiça, o anteprojeto foi distribuído ao seu presidente, Waldemar Ferreira, como relator. Advogado civilista paulista de renome e posições liberais, ele dirigiu muitas críticas principalmente ao caráter federal da Justiça do Trabalho e ao seu poder de baixar normas, o poder normativo. Merecendo ser "sensivelmente modificado", o projeto acabou recebendo mais de 100 emendas, e um novo parecer.

Esse processo é interrompido pelo golpe de Estado de novembro de 1937. A nova Constituição mantém a Justiça do Trabalho, mas introduz mecanismos de enrijecimento da estrutura sindical e de seu controle. Explicita-se já a influência da Carta Del Lavoro italiana na adjetivação — mais autoritária — dos princípios fundadores da legislação trabalhista, e reforçam-se os traços restritivos de seus efeitos sobre os trabalhadores, em bases corporativas verticais. Regulada em 1939, regulamentada em 1940, em 1º de maio de 1941 inaugura-se finalmente a Justiça do Trabalho.

Na estrutura do Ministério do Trabalho, como Justiça Administrativa, a Justiça do Trabalho ficou estruturada em três instâncias. Na base, as Juntas de Conciliação e Julgamento (JCJs), que mantiveram o nome e a composição,

(8) Ver, nesse sentido os trabalhos de MORAES FILHO (1978) e CASTRO GOMES (1994), críticos da tese da outorga, por Vargas, dos direitos trabalhistas.

com a diferença de que seu presidente passava a ser um juiz de Direito ou bacharel nomeado pelo Presidente da República para mandato de dois anos. Os vogais (representantes classistas) continuavam sendo indicados pelos sindicatos, para mandato também de dois anos. Em nível intermediário, os Conselhos Regionais do Trabalho, para deliberação sobre recursos. E em nível superior, o Conselho Nacional do Trabalho, integrado por 19 membros, nomeados pelo Presidente da República para mandato de dois anos, permitida a recondução, e assim distribuídos: quatro representantes de empregados, quatro de empregadores, quatro funcionários do Ministério do Trabalho e das instituições de seguro social, e sete pessoas de reconhecido saber, das quais quatro formadas em Direito. As 36 Juntas de Conciliação e Julgamento estavam distribuídas por 8 regiões, onde funcionavam os Conselhos Regionais, a saber: 1ª Região, Rio de Janeiro; 2ª Região, São Paulo; 3ª, Belo Horizonte; 4ª, Porto Alegre; 5ª, Salvador; 6ª, Recife; 7ª, Fortaleza; 8ª, Belém. Para as várias regiões foram nomeados também Procuradores Regionais da Justiça do Trabalho. É a essa Justiça que os trabalhadores — individualmente ou coletivamente, por intermédio de seus sindicatos, federações e confederações — passarão a recorrer, e que irá controlar o cumprimento da Consolidação das Leis do Trabalho, a CLT de 1943.

2. A RESISTÊNCIA DO MODELO DE RELAÇÕES DE TRABALHO

As principais características desse sistema consolidado em 1941-43, com sua forte marca antiliberal de origem e o alcance restrito aos trabalhadores urbanos, do setor privado, formalmente empregados, permaneceram no tempo, e ele mostrou-se capaz de sobreviver a várias mudanças político-institucionais[9]. A ampla e difusa base social de apoio, aliada à funcionalidade dos instrumentos de controle que, ao lado dos direitos incorporados, nossa legislação trabalhista consolidou, explicam em grande parte a continuidade e resistência desse modelo de relações de trabalho. Tem início aí, sem dúvida, o gradual processo de enraizamento de uma cultura de direitos que, mesmo de efetivação restrita a um grupo privilegiado de trabalhadores, se tornaria uma referência fundamental, em termos sociais, para a totalidade dos trabalhadores de nosso país.

Assim, superado o Estado Novo, a Constituição de 1946 sustentou no geral a organização sindical vigente, embora tenha tentado implementar algumas importantes alterações. Por exemplo, integrou a Justiça do Trabalho

(9) Na versão original da CLT constava textualmente que seus preceitos — salvo quando expressamente salientado em contrário — **não** se aplicavam: aos empregados domésticos; aos trabalhadores rurais; aos servidores públicos do Estado e das entidades paraestatais; aos servidores de autarquias administrativas; e aos empregados de empresas da União. Os trabalhadores rurais foram, no caso, "beneficiados" pela sua inclusão em itens referentes à fixação do salário mínimo, aos direitos de férias e aviso prévio, a medidas de higiene e segurança, e à proteção das condições de trabalho da mulher e do menor de idade.

ao Poder Judiciário, criando também o Ministério Público do Trabalho como parte do Ministério Público da União e consagrou a liberdade sindical e o direito de greve, infelizmente não concretizados.

A partir daí, ajustando-se tanto às mudanças de regime político quanto àquelas provocadas pelo processo de modernização que se acelera em determinados momentos, como entre 1950 e 1963, os traços fundamentais do modelo permaneceram(10). E atravessaram o regime autoritário pós-64, que estrategicamente suspendeu o importante direito à estabilidade — substituído pelo FGTS —, além de reforçar o uso dos aspectos repressivos já contidos na legislação. Apesar disso, há muitas indicações de que a Justiça do Trabalho, cuja estrutura permaneceu a mesma na Constituição de 1967 e não foi alterada pela Emenda Constitucional de 1969, constituiu-se, durante esse período, num dos poucos espaços de respeito aos direitos sociais(11). Nesses anos são criadas, inclusive, as primeiras associações de magistrados do trabalho, que viriam a desempenhar um papel muito importante na defesa da instituição e do Direito do Trabalho(12).

Com a abertura democrática a partir da segunda metade da década de 1970, esperava-se que muitos dos temas centrais às relações de trabalho no país fossem retomados, mas o declínio do crescimento industrial e econômico das décadas anteriores e o violento processo inflacionário acabaram levando a uma agenda sindical defensiva, centrada principalmente na recuperação de direitos (de representação dos trabalhadores, de greve), embora sem perder de vista uma possível reforma da legislação trabalhista e a expansão da cidadania social e política (NORONHA, 1996) .

O "novo sindicalismo" dos setores dinâmicos da indústria paulista — logo incorporando outros segmentos, inclusive médios e de servidores públicos — com suas greves, negociação direta com o patronato, maior participação das bases sindicais, prioridade aos problemas nos locais de trabalho, terminou por produzir, nesse contexto, respostas mistas ao sistema. Expressava-se o confronto político, sem colocar inteiramente em cheque os velhos estatutos. Nessa linha, a segunda metade da década de 1980 é um período de explosão não só das demandas dos trabalhadores: cresce significativamente também o número de

---

(10) O Estatuto do Trabalhador Rural, aprovado no final do governo João Goulart, previa a expansão — e adequação — dos direitos trabalhistas ao campo, mas não chegou a se concretizar.

(11) O Estatuto da Terra de 1964, do governo Castelo Branco, que inclui uma extensa classificação das propriedades rurais, faz menção aos conflitos trabalhistas rurais muito rapidamente, indicando que deverão ser encaminhados à Justiça do Trabalho. Progressivamente, a partir de então, regulam-se alguns direitos projetados pelo Estatuto de 1963 para os trabalhadores do campo: assistência à saúde e carteira do trabalhador rural, ainda na década de 1960; e previdência social, na década de 1970.

(12) As tentativas dos magistrados do trabalho de criar associações próprias datam do início da década de 1960, quando surgiram as associações estaduais do Rio Grande do Sul e do Rio de Janeiro. A Associação Nacional de Magistrados do Trabalho (ANAMATRA) é criada em 1976, a partir da articulação de entidades estaduais já existentes, e sua primeira diretoria é eleita em 1978. Seu nível de filiação alcança quase a totalidade dos juízes trabalhistas ativos e inúmeros inativos.

juízes e, segundo o princípio de interiorização dos serviços, novas varas possibilitam um crescente acesso à Justiça do Trabalho. É esse o pano de fundo do período de transição e do processo constituinte dos fins dos anos 1980.

A Constituição de 1988 representa, de toda forma, um momento de ganhos especiais na área trabalhista. Para começar, o seu art. 7º solidificou o preceito isonômico, atribuindo a igualdade de direitos aos trabalhadores urbanos e rurais, respeitadas as diferenças que exigiam regulamentação distinta. Aprimorando o modelo de relações de trabalho, a Carta incorporou boa parte das demandas represadas e anulou alguns dispositivos autoritários da CLT, aumentando a proteção legal do trabalho e defendendo as liberdades sindicais, entre as quais os direitos de greve, de organização, e de não intervenção estatal abusiva. Paralelamente, consolidou os poderes atribuídos ao Ministério Público do Trabalho, e também aos sindicatos, de atuarem na defesa de direitos difusos ou coletivos da categoria, por meio das ações civis públicas. Foram mantidos o monopólio da representação — a unicidade sindical — e o imposto sindical obrigatório. Não mudou também a Justiça do Trabalho, mas ampliou-se o acesso a ela, estabelecendo-se que em cada unidade da Federação haveria "pelo menos um" Tribunal Regional do Trabalho (até então havia apenas 15 TRTs, passaram a ser 24).

3. QUADRO INSTITUCIONAL E NOVAS PERSPECTIVAS

Reiterado, sob condições democráticas que o legitimaram, nosso modelo de relações trabalhistas nem por isso deixou de se constituir, desde 1988, em campo de disputas. Ao sabor das diferentes conjunturas que temos vivido desde então, os atores do capital e do trabalho não têm medido forças para tentar mudar ou conservar suas principais características.

A possibilidade de reforma da CLT e da estrutura sindical voltaria à tona durante o governo Collor (1990/1992), aí sim com propostas de clara inspiração (neo) liberal que se intensificariam no decorrer da década e colocariam em cheque a legislação e as funções históricas da Justiça do Trabalho. O Plano Collor I previa a "modernização da CLT", bem como o "retraimento do Estado, que passaria a ter funções apenas supletivas", num cenário de ampla liberdade sindical.

O governo Itamar Franco, iniciado em outubro de 1992, após o impedimento de Collor, retomou esse debate, visto como prioritário por alguns setores empresariais e de trabalhadores. Nesse período, sob os efeitos da recessão e internacionalização de nossa economia, desenvolveu-se a discussão pontual sobre práticas de negociação: o chamado "contrato coletivo de trabalho" e as "câmaras setoriais", com os sindicatos dos setores mais modernos demonstrando sua capacidade de atuação política[13].

---

(13) Ver, nesse sentido, ARBIX, 1996, MOREL, PESSANHA, *ET AL.*, 1995; CARDOSO E COMIN, 1995; DINIZ, 1997.

A manifestação mais vigorosa dos interesses do mercado capitalista permitiu o avanço das medidas que no governo de Fernando Henrique Cardoso, sob justificativas que referiam-se simplificadamente ao modelo como "da era Vargas" e desrespeitavam os preceitos já agora constitucionais, promoveram de fato a precarização e flexibilização do contrato de trabalho[14]. É importante destacar como esses ataques, no fundo, miravam a lógica coletiva dos direitos do trabalho, núcleo duro da capacidade de resistência da classe. Neutralizá-la, ampliar os espaços de contratações e decisões individualizadas, privatizadas, fora do espaço público e à margem da proteção sindical e da atuação da Justiça do Trabalho, foi a meta, e tanto nosso modelo legislado quanto a própria instituição só escaparam ilesos graças à firme reação de associações profissionais do setor jurídico e de sindicatos dos trabalhadores, e à sua pressão sobre o Congresso Nacional.

O governo de Luiz Inácio Lula da Silva logo sepultou a tentativa do governo anterior de fazer valer o "negociado" (resultado da negociação direta entre patrões e empregados) sobre o "legislado" (a legislação trabalhista). Além disso, tentou promover uma Reforma Sindical pactuada entre empresários e trabalhadores com participação de representantes do governo, à espera de ser apreciada pelo Congresso Nacional há alguns anos. Mas viu também ser aprovada a Emenda Constitucional n. 45, a chamada Reforma do Judiciário, um antigo projeto que acabou provocando reações contraditórias entre os operadores do direito e o movimento sindical.

Sobre esse novo pano de fundo constitucional, os vários atores sociais vêm se movimentando, ora reiterando procedimentos tradicionais, ora experimentando novas atuações, e pretende-se destacar aqui alguns desafios e perspectivas que se colocam, no contexto atual, para a manutenção e expansão de nossos direitos do trabalho.

Uma primeira linha de possibilidades se abre a partir da própria Reforma do Judiciário. Assim, por um lado ela estende, pela primeira vez, os efeitos da legislação trabalhista para além dos trabalhadores ditos "formais". De fato, até a publicação da Emenda n. 45, a Justiça do Trabalho tinha por finalidade apreciar apenas os conflitos decorrentes das relações de *emprego*, isto é, aquelas relações de trabalho com — ou que deveriam gerar — a "carteira assinada", e portanto regidas pela CLT. Pela nova redação do art. 114 da Constituição, no entanto, agora compete à Justiça do Trabalho "processar e julgar as ações oriundas da *relação de trabalho*". Com isso, não só se reforça o papel da instituição, como principalmente se ampliam as possibilidades de todos os trabalhadores — aqui incluídos os informais, os terceirizados, os prestadores de serviços etc. — gozarem de direitos trabalhistas fundamentais.

Por outro lado, a Reforma do Judiciário reduziu sensivelmente o papel da Justiça do Trabalho nos dissídios coletivos, e consequentemente o seu poder

(14) Cf. KREIN, 2004.

normativo, isto é, a capacidade de estabelecer e generalizar novas condições de trabalho. A mudança veio no sentido de privilegiar a livre negociação entre as partes, dificultando principalmente a intervenção dos tribunais trabalhistas em conflitos coletivos de natureza econômica entre os sindicatos de trabalhadores e patrões.

Os dissídios coletivos de natureza econômica — e esse é talvez um dos pontos mais sensíveis da Reforma do Judiciário para seus operadores diretos — só poderão ser instaurados se *ambas* as partes envolvidas no litígio trabalhista concordarem em fazê-lo[15]. Isso introduz, por um lado, uma dúvida sobre a constitucionalidade da alteração (já que seria direito constitucional de qualquer das partes recorrer ao Judiciário) e seus efeitos sobre o acesso à Justiça, principalmente por parte dos trabalhadores por meio de seus sindicatos. Por outro, discute-se também se esse item da Reforma poderia ser considerado um mecanismo de inibição à atuação da Justiça do Trabalho e ao exercício de seu poder normativo, trazendo consequências para a defesa dos direitos trabalhistas constituídos e para a criação e normatização de novos direitos.

De outra parte, a Emenda Constitucional da Reforma também incide sobre as possibilidades de defesa dos direitos trabalhistas ao versar sobre a competência da Justiça do Trabalho para processar e julgar os chamados dissídios coletivos de natureza jurídica. Dentre eles, como mostraram VARGAS e FRAGA[16], todas as ações que envolvem o exercício de greve — como as sobre ocupação de imóveis ou interdição de piquetes, por exemplo[17] — passaram da competência da Justiça comum para a Justiça do Trabalho, o que pode ser considerado um avanço dado o caráter especializado desta última. As varas de trabalho deverão igualmente julgar a abusividade da greve, ações cautelares para garantir serviços mínimos e contratação de substitutos em caso de atividades essenciais, assim como ações para impedir práticas antissindicais — como as de substituição ilegal de grevistas ou uso de força para obrigar o retorno de empregados ao trabalho. Compreende-se, assim, que o movimento sindical manifeste sua preocupação principalmente com a definição dos limites de legalidade para contratar substitutos de grevistas, embora a proteção contra práticas antissindicais pareça ter saído fortalecida com a reforma.

Fica também previsto que em caso de greve em atividade essencial com possibilidade de lesão do interesse público, e apenas nele, o Ministério Público poderá ajuizar dissídio coletivo, e os tribunais poderão julgar o mérito da greve, sua abusividade, etc. Considerada por muitos como um golpe no direito de greve, essa restrição acaba se configurando como a única

(15) Art. 114, § 2º, inciso IX.

(16) Ver, nesse sentido, VARGAS e FRAGA, 2005.

(17) Estas ações são importantes porque, se acolhidas pela Justiça — como o foram, pela Justiça comum, na greve dos bancários de 2004 — impedem o acesso às instalações da empresa e dificultam as negociações.

possibilidade de interferência estatal frente à "garantia constitucional do direito de greve" e "só se justifica quando esse direito, exercido abusivamente, agride gravemente os interesses da comunidade"(18).

Por fim, cumpre registrar que a Emenda Constitucional n. 45, ao omitir qualquer obrigatoriedade de juízo arbitral, permite que as categorias de trabalhadores fiquem sem normas coletivas, o que configura um retrocesso histórico. Por esse novo mecanismo as datas-bases de renovações de normas coletivas podem ser perdidas, pois a instauração dos dissídios coletivos de natureza econômica funcionava como um fator de pressão que certamente influenciava os desdobramentos das negociações entre trabalhadores e o patronato e que podia até apressar a conclusão do pleito(19).

4. JUSTIÇA DO TRABALHO: OS OPERADORES E SUAS PRÁTICAS

Para finalizar, podemos rapidamente destacar algumas questões sobre como a Justiça do Trabalho vem, na prática, concretizando sua atuação nesse cenário de significativas continuidades mas também de profundas mudanças no quadro institucional brasileiro.

Começo por caracterizar, rapidamente, quem são os seus principais operadores. A partir do *survey* realizado (2005-2006), no âmbito de nossa pesquisa mais ampla, é possível afirmar que os juízes do trabalho que ingressam na carreira por concurso são cada vez mais jovens e cada vez mais do gênero feminino. O fato de não serem filhos de pais e mães necessariamente da elite, mas distribuírem-se de modo equilibrado, nacionalmente, por grupos de famílias de baixos, médios e altos níveis de capital econômico e cultural, como ficou evidenciado, demonstra, se não uma democratização, um razoável movimento de diferenciação social numa carreira que, entretanto, dificilmente tem incorporado negros por meio de seus sucessivos concursos. A sua profissionalização, revestida de valores como "autonomia" e independência", leva a que o controle da carreira — condições de entrada, estabelecimento das normas de ascensão de um patamar para outro — fique a cargo da própria corporação, segundo princípios internos de legitimação. Por força da rígida hierarquia interna e de critérios de ascensão baseados no tempo de serviço mas também no merecimento, a trajetória profissional do juiz de trabalho é altamente dependente da avaliação de seus pares e superiores. Isso dá margem ao surgimento de tensões e reivindicações por parte dos mais jovens, embora não impeça a constituição de uma forte cultura organizacional marcada por um *ethos* que articula diferentes gerações. O associativismo da categoria tem contribuído também para consolidar sua identidade coletiva, revestida de uma linguagem comum partilhada pelos juízes do trabalho.

---

(18) SIMON, 2005.
(19) Ver PESSANHA, ALEMÃO e SOARES, 2009.

Assim, vimos que, a despeito da heterogeneidade apontada, o posicionamento deles converge sobre alguns temas importantes, dentre os quais a preocupação com a função social da Justiça do Trabalho e a defesa de fatores que aprimorem seu desempenho, como, por exemplo, medidas processuais que ampliem o acesso à Justiça e agilizem a fase da execução das sentenças. Por outro lado, as oportunidades da aprovação da Reforma do Judiciário e da proposta de Reforma Sindical permitiram levantar a percepção desses juízes sobre alguns temas polêmicos. Em primeiro lugar, eles têm posições muito firmes sobre o que qualificam como evidências de liberdade sindical, e nesse sentido são contra o imposto e a unicidade sindical, e as soluções adotadas na proposta de reforma sindical. Quanto à Reforma do Judiciário, os juízes reúnem-se, por um lado, na defesa da ampliação da competência da Justiça do Trabalho; por outro, criticam duramente as exigências que a Reforma coloca para a instauração dos dissídios coletivos. Finalmente, diante da possível expansão da negociação coletiva direta entre as partes em conflito, os juízes não têm dúvidas: a negociação não pode sobrepor-se à lei, novos contratos não podem prevalecer sobre a legislação. Isso garante, evidentemente, um compromisso desses operadores com um patamar de direitos constituídos que podem vir a ser objeto de um eventual debate em torno de reformas trabalhistas[20].

A atuação da Justiça do Trabalho como instituição, na prática, entretanto, não tem essa linearidade, e pode ser apresentada como tendo oscilado enormemente durante esses 20 anos que nos separam da Constituição, tanto na interpretação como na ativação da lei de proteção aos direitos coletivos dos trabalhadores.

O que nossa pesquisa e outros estudos têm identificado são, por um lado, casos exemplares de como a Justiça do Trabalho tem, nas últimas décadas, por intermédio de seus tribunais superiores, protegido esses direitos. Tome-se, por exemplo o caso dos reajustes salariais demandados pelo movimento sindical e concedidos pelo TST para além das rígidas orientações dos planos econômicos dos anos 1980-1990. Ou ainda a campanha contra o trabalho escravo, em parceria com o Ministério Público do Trabalho, nos últimos anos.

Mas a Justiça do Trabalho também pode dificultar a ação sindical — baixando, por exemplo, normas rígidas para a qualificação dos sindicatos aos dissídios coletivos, que vigoraram de 1993 a 2003, ou mesmo, mais recentemente, obedecendo estritamente ao enunciado na Reforma do Judiciário, o que levou o DIEESE a denunciar o refluxo de receptividade às demandas trabalhadoras no sentido da intervenção da Justiça nessas ações coletivas[21].

Sobre esse ponto, é interessante recuperar que a Constituição de 1988 havia, a princípio, fortalecido o poder da Justiça do Trabalho nas oportunidades de julgamento de dissídios coletivos, confirmando seu poder de criar nor-

---

(20) GOMES, PESSANHA e MOREL, 2007, *op. cit.*

(21) Cf. DIEESE, 2006.

mas econômicas e sociais. Mas, a avalanche de greves ocorridas no período — favorecida pela mesma Constituição, que liberava o direito à paralisação — acabou levando o Judiciário trabalhista a uma retração no decorrer da década de 1990, inclusive com a autolimitação de sua atuação, não concedendo além daquilo já garantido em lei (ALEMÃO, 2003). A Instrução Normativa n. 04 do Tribunal Superior do Trabalho — TST (em vigor desde 8.8.1993), sob a justificativa de uniformizar os procedimentos nos dissídios coletivos de natureza econômica, passou a exigir uma série de formalidades para o ajuizamento da ação, muitas delas quase impossíveis de serem cumpridas. Com isso se precipitou uma situação em que quase todos os dissídios coletivos foram extintos sem julgamento do mérito.

Essa posição do TST se sedimentou no final da década, e a apreciação dos dados através da história recente do tribunal nos permite perceber como, após uma fase de expressiva inflexão no início dos anos 1990, os dissídios coletivos vêm diminuindo, o que se acentua nos anos 2000.

Tabela 1

Dissídios Coletivos Julgados pelo TST
Período 1981 a 2007

Anos	Julgados
1981-1985	54
1986-1990	140
1991-1995	202
1996-2000	71
2001-2005	39
2006-2007	22
Total	528

Fonte: *Site* do TST (<www.tst.gov.br>)

SILVA (2008) mostrou, inclusive, que após o brevíssimo interregno entre a revogação da Instrução Normativa n. 04/93, em 2003[22], e a aprovação da Reforma do Judiciário, em dezembro de 2004, as disposições do TST voltariam a limitar significativamente as possibilidades de intervenção da Justiça do Trabalho nos dissídios coletivos.

(22) A autora mostra que, em 2005, as decisões do TST sobre Recursos Ordinários em Dissídios Coletivos extinguiram apenas 3,8% dos dissídios, contra 46,7% extintos em 2001 (p. 279).

No quadro abaixo, os dados sobre a movimentação, no TST, de processos de dissídios coletivos nos últimos anos, retratam ainda o declínio que, comparativamente a períodos anteriores, já vinha sendo registrado, embora com uma leve tendência ao aumento dos processos autuados.

Tabela 2

Dissídios Coletivos
Processos autuados e solucionados
TST 2006-2008

Anos	Número de Autuados	Processos Selecionados
2006	12	11
2007	18	11
2008*	8	5
2008**	22	s/d

Fonte: *Site* do TST (<www.tst.gov.br>) e Setor de Estatística do TST

* Dados até junho/2008

** Dados do ano de 2008

O que se vem observando nesse período mais recente, na verdade, é principalmente uma crescente instauração de dissídios de natureza jurídica, refletindo a preocupação dos empresários com as greves, por um lado, mas também possibilitando, diante do quadro adverso, diferentes estratégias da classe trabalhadora na defesa de seus direitos. Em relação a eles se pode perceber uma atuação mais destacada da Justiça do Trabalho, já que tanto os TRTs de várias regiões como o próprio TST têm sido chamados a intervir, e têm assumido posições nem sempre convergentes, o que deve vir a merecer um acompanhamento mais sistemático.

Em recente trabalho[23], mostramos como alguns casos ocorridos no ano de 2009, no Rio de Janeiro, Minas Gerais e São Paulo, exemplificam esse movimento, provocando reações diversas por partes dos atores sociais envolvidos. No Rio de Janeiro, o Sindicato dos Metalúrgicos do Sul Fluminense conseguiu, por meio de um dissídio coletivo de natureza jurídica, ajuizado junto ao TRT contra a CSN, suspender a demissão anunciada de 1.800 trabalhadores. Igualmente o Sindicato dos Trabalhadores nas Indústrias de Alimentação de Presidente Prudente dirigiu-se ao TRT de Campinas contra o Frigorífico

(23) PESSANHA, ALEMÃO e SOARES, 2009, *op. cit.*

Independência, pedindo a anulação de 700 demissões feitas pela empresa ao fechar sua unidade em Presidente Venceslau (SP). Já no caso da siderúrgica Usiminas, o TRT de Minas Gerais concedeu liminar proibindo a empresa de demitir funcionários sem negociar critérios de dispensa com o sindicato da categoria. Ainda nessa linha, o TRT de São Paulo, em abril deste mesmo ano, proferiu sentença em dissídio coletivo, considerando a greve dos empregados da metalúrgica Bekum do Brasil não abusiva, e suspendendo as demissões realizadas pelo prazo de 60 dias, tempo estabelecido para as negociações entre a empresa e os trabalhadores.

Ao lado desses, o caso da Embraer, também ocorrido em 2009, merece maior destaque por ter propiciado recurso ao TST e um primeiro posicionamento deste tribunal sobre o pleito. Reagindo ao corte anunciado de 20% de seus empregados (4.400 trabalhadores) em virtude da crise econômica global, o Sindicato dos Metalúrgicos de São José dos Campos e Região e a Federação dos Metalúrgicos de São Paulo instauraram dissídio coletivo pedindo a anulação da dispensa coletiva. O TRT de Campinas primeiramente concedeu liminar suspendendo as rescisões contratuais até a data da audiência de conciliação e requisitou da empresa a apresentação de balanços patrimoniais e demonstrações contábeis. É importante destacar que a decisão se reportava a princípios jurídicos presentes no art. 7º da Constituição Federal e nas convenções da OIT. Como as tentativas de conciliação fracassaram, o TRT decidiu, considerando abusivas as demissões em razão da ausência de negociação prévia e exigindo que a Embraer arcasse com o plano familiar de saúde dos dispensados por 12 meses e os indenizasse como se os contratos de trabalho estivessem em vigor entre as datas da demissão e da última audiência de conciliação. As duas partes recorreram então ao TST, cujo presidente suspendeu a decisão do TRT da 15ª Região e manteve as demissões dos funcionários da Embraer alegando que elas tiveram por base "comprovadas dificuldades financeiras". Quanto à consideração de que a demissão teria violado o art. 7º, inciso I, da Constituição Federal, que protege a relação de emprego contra despedida arbitrária ou sem justa causa, o Ministro do TST argumentou que "o dispositivo (...) não assegura estabilidade ou garantia de emprego, e muito menos garante, de imediato, pagamento de indenização, pelo simples fato de que a fixação do valor desse título depende de lei complementar que, lamentavelmente, ainda não foi objeto de deliberação pelo Congresso Nacional".

Apesar dessa decisão contrária do TST às expectativas dos trabalhadores, o que fica patente, a partir desses casos, é que frente aos dogmas jurídicos, os princípios da Constituição de 1988, definidores dos direitos mais fundamentais dos cidadãos numa sociedade democrática, podem e já estão sendo acionados — com apoio de vários juízes e tribunais — para tentar fazer valer o avanço de reivindicações sindicais e a ampliação de demandas sociais.

Por outro lado, essa observada oscilação de posturas internamente à Justiça do Trabalho tem certamente causas difusas que merecem ser pesquisadas. O que se tem por certo é que a investigação dessa causalidade não pode deixar de considerar as relações entre a "marca" institucional, a hierarquia profissional e a — crescente — heterogeneidade do conjunto de juízes. O protagonismo político desses operadores, ou de correntes deles, se dá em contextos históricos a que eles não são indiferentes, e é certamente do peso relativo dessas diversas influências que decorrem as intervenções mais ou menos autônomas e criativas do Poder Judiciário[24].

De toda forma, se a face de proteção da legislação existente e de manutenção da lógica que inaugurou a Justiça do Trabalho encontra-se minimamente preservada, as perspectivas de ampliação dos direitos coletivos necessitam hoje, como se viu, de uma animação que só os seus principais interessados, os sindicatos, podem trazer à cena pública. Não resta dúvida que é na associação entre esse movimento e as correntes mais comprometidas, na Justiça do Trabalho, com a interpretação republicana dos seus princípios fundadores, que devemos apostar se quisermos o aprofundamento da democracia com que, no campo do trabalho e dos direitos fundamentais da cidadania, a Constituição de 1988 nos sinalizou.

BIBLIOGRAFIA

ALEMÃO, Ivan. Justiça sem mérito? Judicialização e Desjudicialização da Justiça do Trabalho. *Revista Justiça do Trabalho* — Porto Alegre: HS Editora, nov. 2003, ano 20.

ARBIX, Glauco. *Uma aposta no futuro* — os primeiros anos da Câmara Setorial da Indústria Automobilística. São Paulo: Scritta, 1996.

ARTUR, Karen. *O TST frente à terceirização*. São Paulo: Edufscar, 2007.

BEZERRA DE MENEZES, Geraldo. *Doutrina social e direito do trabalho*. Niterói: Escola Industrial D. Bosco,1953.

BIAVASCHI, Magda. *O direito do trabalho no Brasil 1930-1942*. São Paulo: Edição LTr e Jutra, 2007.

CARDOSO, Adalberto M.; COMIN, Álvaro. Câmaras Setoriais, modernização produtiva e democratização nas relações de trabalho no Brasil: a experiência do setor automobilístico. In: CASTRO, Nadya Araújo (org.). *A máquina e o equilibrista* — Inovações na indústria automobilística brasileira. Rio de Janeiro: Paz e Terra, 1995.

CARVALHO, José Murilo; PANDOLFI, Dulce; CARNEIRO, Leandro Piquet; GRYNSZPAN, Mário. *Cidadania, justiça e violência*. Rio de Janeiro: FGV, 1999.

DIEESE. Taxa de Judicialização das Negociações Coletivas de Trabalho no Brasil 1993-2005, *Estudos e Pesquisas*, 2006, Ano 2, n. 21.

---

(24) A dissertação de mestrado de Karen Artur (ARTUR, 2007), atualmente doutoranda da UFSCAR, sobre o TST e a terceirização, distinguindo as posições dos ministros, faz uma excelente análise nesse sentido.

DINIZ, Eli. *Crise, reforma do Estado e governabilidade.* Rio de Janeiro: FGV, 1997.

FERREIRA, Waldemar. *A justiça do trabalho.* Rio de Janeiro: Saraiva, 1938.

GOMES, Ângela Castro. *A invenção do trabalhismo.* Rio de Janeiro: Relume-Dumará, 1994.

GOMES, Ângela Castro; PESSANHA, Elina; MOREL, Regina. *Arnaldo Süssekind —* um construtor do direito do trabalho no Brasil. Rio de Janeiro: Renovar, 2003.

________. *Perfil da Magistratura do Trabalho no Brasil.* In: Angela de Castro Gomes (org.). Direitos e Cidadania — Justiça, Poder e Mídia. 1 ed. Rio de Janeiro: FGV, 2007.

KAHN-FREUND, Otto. *Labour and the law.* Londres: Stevens, 1974.

KREIN, Dari. A Reforma Trabalhista de FHC: Análise da Efetividade, *Revista do Tribunal Regional do Trabalho da 15ª Região*, 2004, v. 24.

MORAES FILHO, Evaristo. *O problema do sindicato único no Brasil* — seus fundamentos sociológicos. 2. ed. São Paulo: Alfa-Omega, 1978.

________. *Direito do trabalho* — páginas da história e outros ensaios. São Paulo: LTr, 1982.

MOREL, Regina; PESSANHA, Elina; GONZAGA, Sônia; MANGABEIRA, Wilma. Perspectivas do sindicalismo no Rio de Janeiro hoje: debate sobre o contrato coletivo de trabalho. In: Gláucia Villas Boas e Marco Antonio Gonçalves (orgs.). *O Brasil na virada do século.* Rio de Janeiro: Relume-Dumará, 1995.

MOREL, Regina; GOMES, Ângela Castro; PESSANHA, Elina. *Sem medo da utopia* — Evaristo de Moraes Filho, arquiteto da sociologia e do direito do trabalho. São Paulo: LTr, 2007.

NORONHA, Eduardo. O Modelo Legislado de Relações de Trabalho no Brasil. In: DADOS, v. 43, n. 2, Rio de Janeiro, 1996.

OLIVEIRA VIANA. *Problemas do direito corporativo.* Rio de Janeiro: José Olympio, 1936.

PESSANHA, Elina; ALEMÃO, Ivan; SOARES, José Luiz. *TST, dissídios coletivos, demissão massiva:* novos desafios para a Justiça do Trabalho (no prelo), 2009.

SILVA, Sayonara Grillo. *Relações coletivas de trabalho* — configurações institucionais no Brasil contemporâneo. São Paulo: LTr, 2008.

SIMON, Sandra Lia. A ampliação da competência da Justica do Trabalho e o Ministério Público do Trabalho. In: COUTINHO, Grijalbo e FAVA, Marcos Neves. *Nova competência da Justiça do Trabalho.* São Paulo: LTr, 2005.

VARGAS, Luiz Alberto; FRAGA, Ricardo. Relações coletivas e sindicais — nova competência após a EC n. 45". COUTINHO, G.; FAVA, M. *Justiça do Trabalho*: competência ampliada. São Paulo: LTr, 2005.

RELAÇÕES E CONDIÇÕES DE TRABALHO NO BRASIL CONTEMPORÂNEO: GARANTIR DIREITOS E PROMOVER A IGUALDADE

Magda Barros Biavaschi(*)

> O individualismo capitalista tinha de fracassar. Não é compatível com a organização superior de vida. O parasitismo conduz, inevitavelmente, á criação de uma classe que desfruta todos os gozos e de outras que consomem pouco e nada possuem.
>
> Neste sentido, a sociedade individualista, — despótica, autoritária, em matéria de policia e de justiça, — é, quanto á Economia, anarchica. O regime da livre concurrencia não significa outra coisa: inspirações e appetites particulares, producção que marcha para o trust, e, quando muito, para o cartel.
>
> [...]
>
> Nada mais justificável, portanto, no momento, do que reexaminar, á luz dos nossos dias, as doutrinas sociaes. Cumpre penetra-las, discuti-las, e ver o que contêm de verdadeiro e de falso.
>
> [PONTES DE MIRANDA. *Anarchismo, Comunismo, Socialismo.* 1933]

1. AGRADECIMENTOS

Bom dia a todos e todas. Agradeço à Associação Brasileira de Estudos do Trabalho, ABET, pela oportunidade de estar aqui nesta cidade sempre maravilhosa e neste significativo espaço acadêmico, discutindo tema de tanta relevância como o de garantir direitos e promover a igualdade, num momento em que se comemora o aniversário de vinte anos da "Constituição Cidadã", de outubro de 1988, em tempos de profundo abalo dos direitos sociais e das instituições republicanas. Evento que se *coloca como uma das tarefas do caminho*

(*) Desembargadora Aposentada do TRT 4. Professora. Doutora em Economia Social do Trabalho pelo IE/UNICAMP. Pós-doutoranda em Economia Aplicada pelo IE/UNICAMP. Pesquisadora Voluntária do CESIT/IE/UNICAMP. Este texto reproduz, com algumas adaptações e ajustes, palestra proferida no Painel: "Relações e condições de trabalho no Brasil contemporâneo: garantir direitos e promover a igualdade", em 25 de setembro de 2008, no Rio de Janeiro, em evento organizado pela ABET, com apoio do IPEA e da OIT, alusivo aos vinte anos da Constituição brasileira de 1988.

possível[1], contribuindo para que se unifiquem campos de resistência e se busquem saídas no sentido da construção de uma sociedade menos desigual. Os Direitos Sociais são obstáculos ao livre trânsito de um capitalismo sem peias. Aliás, as condições materiais para o nascimento do Direito do Trabalho, que é um Direito Social, estavam dadas no século XIX, na grande indústria inglesa, quando o capitalismo completava seu ciclo de formação e os capitalistas, em suas fábricas fumegantes e de produções em escala, dispensavam toda e qualquer regulação, mesmo a mercantilista. Numa sociedade fundada no mercado autorregulado, o capital *celebrava suas orgias* e a "liberdade" reinventava a desigualdade[2]. Sem qualquer regulamentação, os elementos terra, trabalho e natureza eram vendidos como mercadoria. Alicerçada sobre pilares que foram sua ruína e sob a força avassaladora de um capitalismo em sua expressão pura, movido por seu desejo insaciável de acumulação da riqueza abstrata, a civilização do século XIX viu os indivíduos e suas instituições sucumbirem à ação trituradora de *moinhos satânicos.*[3] Em meio a uma falsa harmonia, as lutas e as tensões que encontraram guarida no século XIX — também palco da consolidação da crença iluminista no poder da razão e na irreversibilidade do progresso — desembocaram, segundo *Belluzzo*[4], em duas grandes Guerras Mundiais. À primeira, iniciada em 1914 — uma guerra entre potências de violência sem precedentes —, seguiram-se tempos de grande instabilidade econômica, culminando na Grande Depressão. A compreensão de que a Ordem Liberal não dava conta da Questão Social e das questões econômicas acabou por gestar uma resposta antiliberal à crise, quer de forma autoritária, quer de forma democrática. Os Direitos Sociais inserem-se nessa complexidade.

2. APRESENTANDO O PROBLEMA

> Ociosa, mas alargada de preocupações sexuais, a vida do senhor de engenho tornou-se uma vida de rede. Rede parada, com o senhor descansando, dormindo, cochilando. Rede andando, com o senhor em viagem ou a passeio debaixo de tapetes ou cortinas. Rede rangendo, com o senhor copulando dentro dela. Da rede não precisava afastar-se o escravocrata para dar suas ordens aos negros; mandar escrever suas cartas pelo caixeiro ou pelo capelão; jogar gamão com algum parente ou cumpadre. De rede viajavam quase todos — sem ânimo para montar a cavalo: deixando-se tirar de dentro de casa como geleia por uma colher. Depois do almoço, ou

---

(1) Ver SOUPIOT, Alain [Org.] *Au-delà de l´emploi* — Transformations du travail e Devenir du Droit du Travail en Europe. Paris: Flammarion, 1999.

(2) Cf. BELLUZZO, Luiz Gonzaga. Prefácio. In: GRAU, Eros. *Ensaio* e *discurso sobre a interpretação/aplicação do direito.* São Paulo: Malheiros, 2002.

(3) POLANYI, Karl. *A grande transformação.* 3. ed. Rio de Janeiro: Campos, 1980.

(4) Cf. BELLUZZO, Luiz Gonzaga. *Ensaios sobre o capitalismo no século XX.* Seleção e organização: Frederico Mazzuchelli. São Paulo: UNESP; Campinas: UNICAMP, IE, 2004.

do jantar, era na rede que eles faziam longamente o quilo — palitando os dentes, fumando charuto, cuspindo no chão, arrotando alto, peidando, deixando-se abanar, agradar e catar piolho pelas mulequinhas, coçando os pés ou a genitália; uns coçando-se por vício; outros por doença venérea ou da pele.

[FREYRE, Gilberto. *Casa Grande & Senzala*, 1933]

Talvez pareça descontextualizado apresentar este texto com uma citação de Gilberto Freyre, de *Casa Grande & Senzala*. Mas não. O que se pretende é, invocando-se um dos grandes intérpretes do Brasil, buscar elementos para melhor se compreender os imensos desafios colocados à sociedade brasileira para a concretização dos valores modernos da liberdade, igualdade e solidariedade que a Constituição Cidadã de 1988 inscreveu no sistema jurídico-constitucional pátrio, buscando fundar o *Estado Social*.

Na epígrafe, o cenário é o da *Casa Grande* de uma sociedade escravocrata, patriarcal e monocultora. Organizada a partir de uma economia primário-exportadora como um negócio para os "de fora", sua constituição deve ser compreendida no processo de afirmação do capitalismo em nível mundial, em sua etapa de expansão mercantilista. Isso), por um lado[5]. Por outro, uma sociedade alicerçada no latifúndio, na escravidão, na monocultura, no mercado externo e que, conquanto resultado daquele movimento de afirmação do capitalismo mundial, postava-se na contramão da história dos que o impulsionavam ao não combater o latifúndio, não proclamar a República, não eliminar o trabalho escravo, não afirmar a universalidade dos direitos, estes sonegados à grande maioria[6].

Freyre, percebendo o trauma da escravidão, sabia que, para superá-lo, era preciso olhar o âmago dessa sociedade, desnudando-a em suas patologias que anulam o indivíduo. Dessa forma, mergulhou em um Brasil intestino de antagonismos em conflito que se "equilibram". Destes, o mais profundo: a dualidade entre senhor e escravo. Suas inquietações justificam a epígrafe, sobretudo quando se reflete sobre quão avançada é a Constituição brasileira de 1988 que, estruturada na Ordem Social e na Ordem Econômica pelos princípios da dignidade humana e do valor social do trabalho [art. 1º, III], garante a todos a igualdade substantiva [art. 5º, *caput*], definindo como dever do Estado colocar ao alcance dos cidadãos brasileiros, sem distinções, os bens materiais que concretizem esses princípios estruturantes e, ao mesmo tempo, quão reais são as dificuldades de torná-la eficaz, evidenciando-se abissal dissintonia entre seus modernos institutos e a realidade da vida. Foi em meio a essa problematização que me fixei em instigante manchete da Carta Capital de fevereiro de 2008:

(5) CF. BIAVASCHI, Magda Barros. *O direito do trabalho no Brasil — 1930-1942:* a construção do sujeito de direitos trabalhistas. São Paulo: LTr, 2007.
(6) Cf. COSTA, Emília Viotti da. *Da monarquia à República*. São Paulo: UNESP, 1999. p. 166.

A Revolta da Periferia. Racismo. Bahia é agitada por protestos contra a execução de quatro jovens negros.

Fui ler a matéria. Ela desnuda agressões e violências sofridas pela população maciçamente negra da favela Pela-Porco, das mais pobres de Salvador, Bahia. *Os policiais estão brincando de tiro ao alvo com nossos filhos. Estão fazendo das nossas crianças passarinhos*, acusou Djane, 34 anos, escondida em casa de parentes, com medo de ser assassinada pelos que mataram seu filho Djair, de 16 anos, quando retornava da quadra onde jogava futebol, entre 22 h e meia-noite, com um amigo. Quando subiam as estreitas ruelas da favela, foram abordados por três policiais. O amigo fugiu. Djair, baleado pelas costas, foi arrastado até a entrada da favela onde levou outro tiro, na cabeça e, gritando pela mãe, morreu o apelidado Ronaldinho Gaúcho, dentuço, cujo sonho era ser jogador de futebol.

Tais referências introduzem o tema central desta fala, preocupada tanto em destacar na Constituição de 1988 seus princípios estruturantes, quanto em questionar as razões de sua não efetivação num País cujo mercado de trabalho reproduz exclusão e desigualdades. Deixando claro, desde logo, que a constituição de uma sociedade que a todos possa incorporar tem como suposto o crescimento econômico e, ainda, que tal compreensão não elimina o reconhecimento de que a regulação social do trabalho pode contribuir na definição de um patamar civilizatório que concretize a dignidade humana[7], com reflexos na estruturação do próprio mercado de trabalho, o texto está assim dividido: primeiro, o ponto de partida, com rápidas considerações sobre a herança escravocrata brasileira. Depois, o olhar se desloca para o século XIX, na grande indústria inglesa, buscando desvendar a gênese do Direito Social e compreender seus princípios e funções para, a seguir, trazê-lo para o Brasil de 1930, tempos de constituição do arcabouço jurídico-institucional trabalhista. Na continuidade, com breves referências às Constituições Modernas do século XX, destacam-se a de Weimar, de 1919, e a do Brasil, de 1988, analisando-se seus princípios e similitudes, com ênfase à liberdade e à igualdade que asseguram como direitos fundamentais. Por fim, retorna-se ao ponto de partida e de chegada — uma sociedade em que a dualidade senhor/escravo não parece superada — lançando-se questões ao debate.

3. A SOCIEDADE BRASILEIRA: PONTO DE PARTIDA E PONTO DE CHEGADA

De 1930 a 1980, em cenário de acelerado crescimento econômico, o Brasil, da condição de agrário e atrasado, passou ao *ranking* da oitava economia do mundo. É verdade, porém, que com elevada concentração de renda e apro-

(7) Cf. NOBRE JÚNIOR, Hildeberto B; KREIN, José Dari; BIAVASCHI, Magda Barros. A formalização dos contratos e as instituições públicas. In: FAGNANI, Eduardo; HENRIQUE, Wilnês; LÚCIO, Clemente Ganz [Org.]. *Previdência Social:* como incluir os excluídos? Debates Contemporâneos 4. Economia Social e do Trabalho. São Paulo: LTr, 2008. p. 119.

fundamento das desigualdades, de vários matizes.[8] Mas em dissintonia com o período 1930-1980, os últimos 25 anos — com ressalva aos mais recentes — foram de relativa estagnação econômica, agravada pelas reformas liberalizantes que passaram a fazer parte da agenda.

Ao embalo de ventos regressivos que sopraram forte a partir de 1990, essas reformas, patrocinadas pelas principais agências internacionais [FMI, BID e BIRD] em consonância com as elites e os poderes nacionais, conformaram o ajustamento da Questão Social ao baixo crescimento, evidenciando-se, segundo *Gimenez*[9]:

> [...] um processo silencioso e difuso de compatibilização dos interesses dos muito ricos [em geral rentistas, vinculados ao setor financeiro, favorecidos pelas benesses da política econômica liberal-conservadora, dos juros altos e da dilapidação do Estado] com a assistência precária aos muito pobres, por meio de políticas sociais focalizadas de transferência de renda, num quadro de desestruturação do mercado de trabalho, de crise permanente das finanças públicas, regressão da estrutura produtiva e do rebaixamento das condições de vida de amplos setores da classe média.

Renda e riqueza concentraram-se. No mundo do trabalho, o desemprego elevado e uma organização coletiva fragilizada tiveram reflexos negativos à formação da consciência que os trabalhadores têm de si como classe social. Mas não apenas desemprego e violência passaram a rondar as cidades e o campo. Às relações de trabalho impôs-se um processo de flexibilização que reduz ou elimina as normas de proteção social as quais, não sem dificuldades e tensão, elevaram o trabalhador brasileiro à condição de sujeito de direitos. Ao embalo das promessas de redução do desemprego e melhoria da competitividade, acirrou-se a concorrência, aprofundaram-se as assimetrias e ampliaram-se as inseguranças diante da ausência de mecanismos garantidores do emprego e que enfrentem a rotatividade de mão-de-obra, reduzam a informalidade e assegurem melhor distribuição da renda. Para cumprir um rígido programa de ajuste fiscal e superávits primários, em situação de dificuldades agravadas pela elevada taxa de juros, a economia sofreu. O pífio crescimento econômico a partir dos 1980 trouxe reflexos negativos para as políticas públicas, prejudicando os mais necessitados.

Para enfrentar tais problemas, adeptos de certo pensamento insistiram, e ainda insistem, na indicação de caminhos que se mostraram desastrosos no final do século XIX e início do século XX, apontando para o mercado como *locus* privilegiado da normatização e para os Direitos Sociais como obstáculos à "liberdade". Só que, lembra *Belluzzo*[10], a justiça dos mercados não é distri-

(8) HENRIQUE, Wilnês. *O capitalismo selvagem:* um estudo sobre desigualdade no Brasil. Tese de doutoramento em Ciências Econômicas apresentada ao IE/Unicamp, Campinas, 1999.
(9) GIMENEZ, Denis Maracci. *A questão social e os limites do projeto liberal no Brasil.* Tese de doutoramento em Desenvolvimento Econômico, IE/Unicamp, Campinas, 2007.
(10) BELLUZZO, L.G. Prefácio. In: GRAU, Eros, *op. cit.*

butiva e o direito que nasce das relações mercantis não reconhece nenhum outro fundamento senão o da igualdade entre os produtores de mercadorias, situação em que os mais fortes *celebram suas orgias.*(11)

4. OS DIREITOS SOCIAIS: UMA REAÇÃO À ORDEM LIBERAL(12)

> Ao nascimento da mecanização e da indústria moderna [...] seguiu-se um violento abalo, como uma avalanche, em intensidade e extensão. Todos os limites da moral e da natureza, de idade e sexo, de dia e noite, foram rompidos. O capital celebrou suas orgias.
>
> [MARX, Karl, *O Capital,* 1867]

No século XIX, estruturou-se na Inglaterra vitoriana o livre-mercado. Berço da primeira revolução liberal [1689], a Inglaterra tinha longa tradição de individualismo. Nela, o *laissez faire* encontrou circunstâncias históricas favoráveis à sua afirmação, aliadas à existência de um Parlamento no qual a maioria do povo não estava representada, dada à natureza do voto censitário, fundado no direito de propriedade.

A Revolução Industrial alterou substancialmente as condições da vida material dos homens em sociedade. As unidades produtoras ampliaram-se. As oficinas domiciliares passaram a dar lugar às usinas e às fábricas. Nestas, de um lado, estavam os trabalhadores, despojados da condição de produtores e não mais capazes de possuir os meios de produção, alienando a sua força de trabalho e transformando-se em assalariados. De outro, os empregadores, que, na condição de detentores dos meios de produção, contratavam a mão de obra, fornecendo equipamento, supervisionando seu uso, comercializando o produto acabado, assalariando e lucrando. Estavam dadas as condições materiais para o nascimento de um novo ramo do Direito, que viria mais tarde.

O aparecimento de um novo modo de produção(13) importou a emergência de novos conflitos e, com eles, inegáveis problemas sociais. Enquanto a crescente industrialização — baseada nas indústrias de bens de capital, no carvão, no ferro e no aço — criava e oferecia as condições para a expansão dos mercados para esses bens, importados da *oficina do mundo*, as ferrovias cortavam países, propiciando transporte crescente de mercadorias e vasta acumulação de capital para investimento lucrativo, influindo no processo de industrialização, na urbanização, na economia como um todo(14). A Inglaterra articulava, sob sua regência, os interesses dos diferentes Estados Nacionais(15).

---

(11) Numa referência a Marx, em *O capital.*

(12) Cf. BIAVASCHI, Magda Barros. *O direito do trabalho no Brasil -1930-1942:* a construção dos sujeitos de direitos trabalhistas. São Paulo: LTr, 2007, texto que fundamenta este trabalho.

(13) Ver HOBSBAWM, Eric. *Da Revolução Industrial inglesa ao imperialismo, op. cit.*

(14) *Ibidem*, p. 101-102.

(15) OLIVEIRA, Carlos Alonso Barbosa de. *Processo de industrialização:* do capitalismo originário ao atrasado. São Paulo: UNESP; Campinas: UNICAMP, 2003.

Mas se, por um lado, é verdadeiro que a implantação do sistema fabril revolucionou o processo material de produção, o que, por se turno, acabou por revolucionar as condições de valorização do capital(16), é também verdadeiro que se formavam uma classe operária homogênea e um mercado de trabalho com contornos específicos(17). Em meio ao processo de acumulação do capital e de brutal exploração das forças de trabalho, em que a produção capitalista, mantida nos limites das leis de oferta e procura de mercadorias, assegurava a *subordinação social do trabalho ao capital*(18), agudizavam-se conflitos e tensões sociais prontos para impulsionar a luta por direitos. Concentrados nas fábricas, nas máquinas, os trabalhadores se uniam. E à luta dos indivíduos seguiu-se uma mais organizada do que a outra, visando a manter salários, reduzir jornadas, melhorar as condições de trabalho, estruturando-se movimentos de resistência que acabam impulsionando a positivação de regras de proteção ao trabalho. No palco da política, a pressão pelo sufrágio universal aproximava as massas.

Nesse cenário, sérias eram as disputas entre nações. O equilíbrio de poder do século XIX foi sendo rompido. A Inglaterra começava a perder espaço como *oficina do mundo.*(19) Por um lado, a ideia de mercado autorregulado começava a ser posta em questionamento pelo próprio capital. Por outro, os movimentos dos trabalhadores e de suas organizações, de intelectuais, da Igreja, dos partidos políticos, pressionavam por uma regulação estatal que reduzisse as diferenças e as injustiças, especialmente no mundo do trabalho. Começava a ser internalizada a ideia de que o trabalho não deveria fazer parte da ordem liberal. O Estado passou a intervir nas relações sociais produzindo normas.

Estavam lançadas as raízes para o nascimento de um novo ramo do Direito, profundamente social, dotado de fisionomia e de princípios próprios, profundamente imbricados nas lutas sociais e no processo da história. Nessa trajetória não se pode deixar de assinalar a importância dos seguros sociais introduzidos por Bismarck na Alemanha no final do século XIX.

Neste momento do século XIX estavam dadas as condições históricas, sociais e políticas para o nascimento de um novo ramo do Direito, concebido como fundamental. Ainda que suas raízes estejam fincadas no século XIX, grosso modo até a Primeira Guerra [1914-1918] não se lhe reconheceu caráter autônomo. A Organização Internacional do Trabalho, OIT, que veio com o pacto de Versalhes [1919], foi marco decisivo para sua afirmação como um Direito Social. Frase inscrita na Constituição da OIT, *O trabalho não é mercadoria,*

---

(16) *Idem*, p. 54-63 [A grande indústria].

(17) *Ibidem*.

(18) MARX, Karl. *O capital*, V.I.

(19) Ver HOBSBAWM, Eric. *A era dos impérios:* 1875-1914. A economia internacional, baseada na rivalidade entre as economias concorrentes, desembocava em um novo imperialismo. A Alemanha e os Estados Unidos emergiram como novas potências. As rivalidades exacerbavam-se e a *haute finance*, elo entre a organização política e a econômica do mundo, via sua "habilidade" diminuir.

buscou solidificá-lo em âmbito internacional como um direito embebido de sentido altamente social, próprio da civilização moderna.[20] Tendo a dignidade como ponto de partida e a condição humana do trabalhador como centro de seus fundamentos, marcou diferença ao unir o elemento humano, pessoal, ao social, coletivo. Talvez nenhum outro ramo do Direito se apresente com tal fisionomia. Não à toa, ele e as instituições aptas a dizê-lo têm sofrido duros golpes em tempos de regresso liberal. No Brasil, o reconhecimento do trabalhador como sujeito de direitos trabalhistas teve suas especificidades: a construção sistemática do Direito Social se dá partir de 1930; já seu processo de desconstrução pode ser localizado a partir do Brasil do *Real*.

4.1. O Direito Social e as especificidades brasileiras

Ainda que tal seja a gênese do Direito do Trabalho, sua constituição está imbricada nas especificidades de cada país, não podendo ser compreendida de forma apartada das lutas históricas que neles se travam, de suas realidades concretas.

O Brasil de 1930 era essencialmente agrário. Grande parte de sua população estava na zona rural. Durante a década de 1920, o produto agrícola representou, em média, 58 % do PIB; a indústria, apenas 23%. Ademais, destinava-se basicamente a bens de consumo não duráveis. O restante era importado.

Não havia grandes concentrações operárias. Ainda que houvesse trabalho assalariado e fosse crescente a instalação de estabelecimentos fabris, a estrutura social carecia de uma massa de operários e de uma base social com força para exigir do Estado a positivação de direitos fundamentais. O proletariado urbano, de formação recente, ainda que com certo acúmulo de reivindicações, não se apresentava com força orgânica capaz de impulsionar um processo de positivação das normas de proteção social de forma eficaz. O substrato material de suas lutas políticas não era igual àquele da Inglaterra do século XIX, da grande indústria. Daí a importância da ação do Estado como veículo impulsionador da positivação. Mesmo os movimentos grevistas de 1917 e 1920 e suas insurgências por direitos, não constituíram essa base sólida. Nada surpreendente. Há poucas décadas se haviam rompido as amarras da escravidão. A dualidade senhor/escravo não estava superada. O trabalhador "livre" não se havia firmado como sujeito de direitos.

A Lei Áurea, promulgada em 1888 quando o trabalho escravo havia perdido importância, sobretudo em São Paulo e no Rio de Janeiro, livrou o país de seus inconvenientes. Quanto aos negros, porém, abandonou-os *à própria*

---

(20) DEVEALI, Mario L. *Lineamentos de derecho del trabajo.* 3. ed. Buenos Aires: Tipografia Editora Argentina, 1956. p. 25.

sorte,[21] sem qualquer mecanismo apto a lhes assegurar a condição de cidadãos, sujeitos de direitos. Deles não se ocuparam as elites e o Estado. Muitos ficaram nas propriedades, é verdade. Outros, errantes, trabalhavam aqui, acolá. Outros tantos foram marginalizados nas cidades onde, moldados em um sistema servil, por vezes desenvolviam certas atividades, sempre as mais subalternas. As dificuldades concretas de integração à sociedade eram atribuídas à inferioridade da raça: marca de uma herança inscrita, a ferro e fogo, na estrutura socioeconômica e política deste País de *mil e tantas misérias*.[22] Assim, a relação senhor e escravo apenas formalmente culminou no homem "livre", sem que no entanto, as condições de dominação e sujeição fossem superadas;[23] aliás, reafirmadas pelas políticas imigração.

Depois da Abolição, aprofundaram-se as necessidades sociais de proteção ao trabalho. Mas a Velha República delas não deu conta. É que, afinal, a via escolhida foi a do liberalismo a qual a Revolução de 1930 buscou superar. Vitoriosa a Revolução de Outubro de 1930, Getúlio Vargas passaria a lutar pela superação das características que, até então, marcavam a estrutura econômica, social e política do País: resquícios de uma ordem escravocrata, patriarcal e monocultora herdada dos tempos coloniais; sociedade eminentemente agrária; economia subordinada a um modelo primário exportador; operariado urbano esparso e não organizado; mercado de trabalho excludente; sufrágio não universal e não secreto, sem participação feminina; Questão Social tratada como questão de polícia. O Estado passou a dirigir o processo de industrialização e a coordenar politicamente interesses distintos que se afirmavam no bojo desse processo. O tema do Direito do Trabalho insere-se nessa complexidade.[24]

A década de 1930 não inaugurou, é verdade, o reconhecimento da necessidade da legislação social. O dilema de como integrar os negros na esfera da produção na passagem do trabalho escravo para o "livre" não era ausente nas discussões do Império. Normas esparsas dirigiam-se ao trabalho, tanto no Império como na República Velha. Mas as condições materiais para o nascimento do Direito do Trabalho como ramo autônomo estavam constituídas a partir do processo de industrialização que se iniciou, de forma restringida[25], em 1930.

Em 1929, veio o *crash* e, com ele, a Grande Depressão, provocando abalo econômico, moral e político então sem precedentes no capitalismo[26]. Na Alemanha, a crise desembocou, em 1933, no nazismo. Nos EUA, depois do

(21) *Ibidem*, p. 341.
(22) Numa referência a Guimarães Rosa, em *Grande sertão: veredas*.
(23) Ver KOJÈVE, Alexandre. *Introdução à leitura de Hegel*, p.157-187.
(24) Em 1932, o Decreto n. 22.132, de 25.11.1932, que criou as Juntas de Conciliação e Julgamento, condicionando a reclamação à condição de sindicalizado.
(25) Sobre o processo de industrialização no Brasil ler MELLO, João Manoel Cardoso de. *Capitalismo tardio*. São Paulo: Brasiliense, 1982.
(26) Sobre a crise: ALTVATER, Elmar. A crise de 1929 e o debate marxista sobre a teoria da crise. In: HOBSBAWM, Eric [Org.]. *História do marxismo*. Rio de Janeiro: Paz e Terra, 1987. p. 79-133.

interlúdio do *New Deal*, seria superada com a produção bélica, no início dos 1940. Nos demais países europeus, com ressalva ao pioneirismo sueco, a superação se deu com a consolidação do Estado de Bem-Estar, na *Era de Ouro* do capitalismo. Em todas as experiências, a resposta à crise foi antiliberal, intervencionista, quer de forma democrática, quer não. Getúlio, sem deixar de se ocupar com as questões internas, olhava para esse cenário internacional, dialogando com as questões que suscitava[27]. Reformas das estruturas capitalistas eram implementadas pela social-democracia sueca, pelos EUA do *New Deal,* e também, ainda que com marcadas diferenças, pela Itália fascista e, a partir de 1933, pela Alemanha nazista.

À crise Vargas, respondeu com medidas intervencionistas.[28] O projeto era industrializar o País e transformá-lo numa nação moderna e integrada. Os atores, cujos interesses precisavam ser compostos, eram: de um lado, os empresários da indústria, com ênfase ao processo de industrialização; de outro, a massa operária precariamente organizada. As esparsas normas de proteção ao trabalho não dariam conta das demandas que decorreriam do processo de industrialização que se iniciava. Colocava-se como precondição às transformações propostas uma regulação que assegurasse aos trabalhadores inserção econômica e social e não dissociasse as ordens: econômica, política e jurídica.

O Estado passou a impulsionar e dirigir um movimento superador do liberalismo, tendo na regulação do trabalho um de seus elementos. Muitos Decretos asseguraram direitos aos trabalhadores, em especial aos menores e às mulheres. O Brasil foi o 4º país do hemisfério ocidental que assegurou o voto feminino, instituindo o sufrágio secreto e universal. Poderiam trabalhar e propor reclamações trabalhistas sem outorga do marido[29]. Eram-lhes assegurados direitos decorrentes da prestação do trabalho, com normas que, em 1943, foram incorporadas pela Consolidação das Leis do Trabalho, CLT.

De 1930 até a CLT, além do pujante processo de institucionalização de regras dirigidas à seguridade social, à nacionalização do trabalho, às mulheres, aos menores, aos comerciantes, aos industriários, aos marítimos, aos mineiros, aos ferroviários, aos bancários, ao salário-mínimo, foram estruturados aparelhos de Estado para fiscalizar e garantir a aplicação dessas regras [Comissões Mistas, Juntas de Conciliação, Inspetorias Regionais, Justiça do Trabalho, Conselhos Regional e Nacional do Trabalho] e positivadas normas destinadas à organização dos trabalhadores. Esse processo culminou na Consolidação das Leis do Trabalho, CLT, em 1943. Quanto à Justiça do Trabalho, regulamentada em 1939 e instalada em 1941, em 1946 foi integrada ao Poder Judiciário.

---

(27) A Inglaterra deixava de ser país centro da economia mundial, crescendo em importância os EUA. A Alemanha encontrava-se mergulhada em crise econômica sem precedentes.

(28) Entre 1930 e 1945 chegou a comprar e destruir cerca de 80 milhões de sacas de café.

(29) Além do voto universal, o Decreto n. 21.417, de 17.5.1932, assegurou às mulheres direitos como: salário igual para trabalho de igual valor sem distinção de sexo, normas às gestantes. Já o Decreto n. 22.132, de 25.11.1932, que instituiu as Juntas de Conciliação e Julgamento, assegurou às mulheres, no art. 11, a possibilidade de apresentar reclamação sem assistência de seus *maridos*.

A Constituição Federal de 1934 previra a criação da Justiça do Trabalho para dirimir questões entre empregados e empregadores, regidas pela legislação social. Em 1935, para regulamentar o texto constitucional, foi encaminhado à Câmara dos Deputados projeto de organização da Justiça do Trabalho elaborado por comissão de técnicos do Ministério do Trabalho, da qual participou *Oliveira Viana*. Na Comissão de Constituição e Justiça da Câmara, foi duramente criticado pelo parecer do deputado *Waldemar Ferreira*, professor de Direito Comercial da Faculdade de Direito da Universidade de São Paulo e, mais tarde, presidente da UDN. O cerne da divergência estava na possibilidade de a Justiça do Trabalho criar normas e condições de trabalho para as categorias. Ou seja, o chamado Poder Normativo. Na visão de *Waldemar Ferreira*, estava sendo invadida a atividade privativa de legislar, atribuída ao Legislativo, insurgindo-se contra a possibilidade de a Justiça do Trabalho, no julgamento dos dissídios coletivos, definir normas e condições de trabalho.(30)

Em resposta, *Oliveira Viana* escreveu uma série de artigos defendendo a competência normativa, estudos que compõem o livro *Problemas de Direito Corporativo*, editado em 1938. Foi nesse debate que se ouviu a acusação de fascista à proposta. O projeto foi retirado pelo governo e mais tarde, no Estado Novo, a Justiça do Trabalho foi instituída por Decreto-Lei.

O debate sobre o Poder Normativo retornou ao cenário na década de 1980, com ênfase na região do ABC paulista.(31) A Constituição de 1988 manteve o instituto, priorizando a via autônoma da composição dos conflitos, com a faculdade às categorias de ajuizarem dissídio por meio de seus sindicados, cabendo à Justiça do Trabalho estabelecer normas e condições de trabalho, respeitadas as disposições convencionais e o patamar mínimo legal de proteção. Na Reforma do Judiciário, a discussão foi retomada, sendo colocado em xeque o instituto. Com a Emenda n. 45, chegou-se a cogitar de que o fim do Poder Normativo estava dado. No entanto, interpretações dos Tribunais do Trabalho sobre as alterações que a Emenda introduziu não parecem conduzir definitivamente a essa conclusão.

5. AS CONSTITUIÇÕES OCIDENTAIS MODERNAS

O século XX é marcado como o século das grandes Constituições modernas. As do México [1917] e de Weimar [1919] são referências quando se examina a constitucionalização dos direitos dos trabalhadores, elevados à condição de direitos sociais fundamentais. A expressão [direitos fundamentais], que parece ter sido usada em primeiro lugar na França, por volta de 1770, veio adquirir

---

(30) Ver a respeito: BIAVASCHI, Magda Barros. *O direito do trabalho no Brasil — 1930-1942:* a construção dos sujeitos de direitos trabalhistas, *op. cit.*

(31) Sindicatos combativos reivindicavam regramento que apontasse para o contrato coletivo nacional articulado, no suposto do fortalecimento da organização dos trabalhadores e da democratização das relações de trabalho. Parcela significativa atribuía ao Poder Normativo obstáculo a esse fortalecimento.

projeção na Alemanha, onde os *Grundrechte* passaram a dominar o sistema de relações entre o indivíduo e o Estado[32]. Na sua concepção primitiva, tratava-se de isolar as esferas de liberdade do indivíduo frente ao Estado.

Ainda que na Constituição Francesa de 1793, os jacobinos tenham afirmado seu ideal na limitação da propriedade, no direito de voto universal e na referência aos direitos do trabalho e de assistência dos cidadãos, o primeiro texto constitucional reconhecendo direitos fundamentais foi o da Constituição da República Francesa, de 1848, incorporando: o direito ao ensino primário gratuito; à formação profissional; à igualdade entre patrões e operários; à realização de obras públicas suportadas pelo Estado como forma de combater o desemprego[33]. Mas se a Constituição de 1848 é a primeira a inscrever alguns direitos sociais, é a Constituição Suíça, de 1874, em vigor, que contempla, no art. 34, as primeiras preocupações sociais de regulamentar o trabalho das crianças nas fábricas, a duração do trabalho dos adultos e a proteção aos operários contra o exercício de atividades insalubres e perigosas. São embriões dignos de registro.

A Constituição Mexicana de 1917 foi, porém, a primeira Constituição moderna do Ocidente a sistematizar um quadro global de direitos sociais. Contrapondo-se às concepções liberais sobre o papel do Estado, é marco decisivo na história da constitucionalização do Direito do Trabalho. Além de limitar o direito à propriedade privada, condicionando-a ao interesse social, seu art. 123 reconheceu como direitos, entre outros: proteção à gestante, à mulher e ao menor; limitação da jornada de trabalho; direito à associação e à greve; retribuição justa e salário-mínimo; participação nos lucros; direito às condições satisfatórias de trabalho; eliminação dos monopólios; segurança social e constituição de cooperativas de consumo e de produção[34]. Esse *art.* 123 contemplava, ainda, em sua origem:[35]estabilidade a todos os empregados.

Em 1919, a Constituição de Weimar repetiu esse elenco, agregando, entre outros: o direito ao crédito e ao seguro agrícolas; a constituição, pela União, de um *direito operário uniforme* [art. 159]; a ação do Estado alemão em favor da internacionalização de medidas visando a um mínimo geral de direitos sociais [art. 162]; o direito ao trabalho; o seguro-desemprego; o dever de trabalhar em benefício da coletividade [art. 163]; a ampla liberdade de união e defesa de melhoramento das condições do trabalho e da economia; o reconhecimento do direito de os trabalhadores participarem, por meio de conselhos, do controle e da gestão das empresas [art. 165][36]. Além de consagrar limitações de

---

(32) CAUPERS, João. *Os direitos fundamentais dos trabalhadores e a Constituição.* Coimbra: Livraria Almedina, 1985. p.12.

(33) *Ibidem*, p. 28.

(34) *Ibidem*, p. 29.

(35) Houve recuo em 1962, dado relevante mas que não se o examinará em face dos limites deste texto.

(36) CAUPERS, João. *Os direitos fundamentais dos trabalhadores e a Constituição, op.cit.*, p.15.

interesse social à propriedade privada [art. 153], como a mexicana, deu relevância ao Direito do Trabalho, influenciando muitos ordenamentos jurídicos, como o brasileiro.

Em referência aos direitos fundamentais, *Neumann* não lhes atribui a condição de pré-estatais, não sendo modelados sobre os direitos pré-estatais de liberdade(37). Até porque se o fossem, tanto os direitos de propriedade, os de liberdade de indústria, como os de segurança pessoal seriam intocáveis e, então, essa Constituição seria do tipo liberal, estruturalmente dirigida para garantir os interesses da burguesia patronal, e não do tipo social, como é. A propriedade — como, aliás, também acontece na Constituição brasileira de 1988 — não recebe *status* de direito fundamental inviolável, sendo apenas 'garantida pela Constituição'. Ao reconhecer a igualdade de todos perante a lei [art. 109], o faz compreendendo a igualdade desde uma visão substantiva, diz *Neumann*. Também a ordem econômica tem como suposto a instituição de um Estado Social. Não sendo uma Constituição liberal, não assegura a livre iniciativa como um direito incondicionado e fundamental. Em seu art. 151, I, traz expresso que o ordenamento da vida econômica deve corresponder aos princípios de justiça e garantir a todos a existência digna, devendo a propriedade ser usada em prol do bem comum(38).

Nesse sentido, os direitos fundamentais que contempla impõem limites específicos, dirigindo-se a todos para que a igualdade substantiva lhes seja assegurada.(39) Ao dotar o princípio da igualdade como igualdade positiva, exige que o Estado garanta aos cidadãos não só as possibilidades jurídico-formais à igualdade, mas as concretas de acesso aos bens materiais da coletividade. Assim, o princípio da igualdade apresenta um conteúdo positivo, expressando-se em vários planos. No político, esse conteúdo vai resultar na igualdade eleitoral, na garantia de acesso aos serviços públicos, às políticas públicas universais etc. O conceito positivo de igualdade traz embutido outro: o do reconhecimento da desigualdade entre os homens a partir do seu nascimento, dotando-os de direitos que permitam que tal igualdade substantiva possa ser concretizada. Esse princípio inspirou ordenamentos jurídicos modernos, no suposto de que o objeto dos direitos fundamentais não é a propriedade privada, mas o homem que trabalha na comunidade, sujeito de direitos e de obrigações a quem deve ser garantida a dignidade, assegurada à coletividade dos trabalhadores o direito à organização. A Constituição de Weimar lançou bases para a construção do Estado Social de Direito, inspirando os legisladores consolidados brasileiros e os Constituintes.

---

(37) NEUMANN, Franz. *Il diritto del lavoro fra democrazia e dittatura.* Bologna, Itália: il Mulino, 1983. Para ele, os direitos de liberdade buscam garantir ao indivíduo sua esfera individual privada de toda possível ingerência do Estado. Daí porque os direitos de liberdade típicos do liberalismo são: propriedade privada, livre iniciativa, liberdade de indústria, segurança pessoal etc., direitos que se configuram como pré-estatais, não suscetíveis de interferência por razão nenhuma. Já os direitos fundamentais que a Constituição de Weimar assegura não são pré-estatais, não decorrendo de uma Constituição liberal.

(38) Tal como o faz a Constituição brasileira de 1988, em seu art. 170.

(39) Art. 5º, *caput* da Constituição Brasileira de 1988.

5.1. A Constituição de Weimar e a Constituição Cidadã de 1988

Comparando-se as duas Constituições constatam-se grandes similitudes. Ambas atribuem valor social ao trabalho e à propriedade, limitando esta à sua função social. Ambas condicionam a livre iniciativa ao valor social do trabalho [Constituição brasileira, art. 1º, daqui para frente referida apenas como CF] e a propriedade à sua função social [CF, art. 5º, XXIII]. Tanto os Constituintes alemães, em 1919, com os brasileiros, em 1988, apostaram num pacto legítimo e justo, dirigindo o princípio da igualdade ao Executivo, Judiciário e Legislativo. Para cumprimento da isonomia [CF, art. 5º], amalgamada nos princípios da dignidade humana e do valor social do trabalho [CF, art. 1º], partindo da compreensão das brutais desigualdades constituintes da sociedade brasileira, a Lei Maior inscreveu instrumentos que possibilitam que os desiguais sejam tratados desigualmente para que maiores patamares de igualação sejam atingidos. Adotando a compreensão da liberdade positiva e buscando assegurar a todos a igualdade, os Constituintes de 1988, como os de Weimar, em 1919, elegeram como valor fundamental a garantia da igualdade substantiva, numa via em que direitos sociais fundamentais impõem à democracia limites específicos. Assim, foi abandonada a ideia meramente negativa da igualdade, optando-se pela igualdade positiva expressa na exigência do art. 1º, III e IV e do art. 5º que assegura o direito à igualdade. E no art. 170, ao definir os fundamentos da Ordem Econômica, condicionou-a à existência digna de todos os cidadãos e aos princípios da Justiça Social, lançando as bases para o Estado Social de Direito.

No entanto, nos anos 1990, diz Belluzzo:

> [...] o cosmopolitismo liberal se lançou à aventura da des-construção da ideia de nação. Para tanto se embrenhou nos misteres de ocultar e negar a existência de hierarquias e dominação nas relações internacionais, de exaltar as virtudes regeneradoras da concorrência, de estigmatizar a coordenação do Estado. O resultado todos estão vendo[40].

A onda liberal inundou o País, suas políticas de ajustamento e reformas estruturais voltadas, basicamente, à redução do *déficit* público e à abertura ao setor privado de caminhos até então trilhados apenas pelo setor público passaram a fazer parte da agenda. Nos compromissos assumidos com as Agências Internacionais estavam os das privatizações — Bancos, geração e distribuição de energia elétrica, distribuição da água, redes de esgoto — e o das reformas: do Estado, Administrativa, Previdenciária, Fiscal, Financeira, do Judiciário e a Trabalhista.

---

(40) BELLUZZO, Luiz G. Furtado e a compreensão do subdesenvolvimento, *Folha de São Paulo*, 22 nov. 2004.

6. CONSIDERAÇÕES FINAIS. *INQUIETAÇÕES*

A Constituição Brasileira é fundada em princípios que têm como centro a dignidade humana e o valor social do trabalho. Seus institutos modernos e coletivistas corresponderam a uma virada na história. No entanto, no mundo da vida, ao embalo dos ventos liberais, as desigualdades aprofundaram-se e a organização dos trabalhadores perdeu força. É que para que princípios passem à condição de realidade viva, para além de uma doutrina constitucional que desenvolva e interprete o conteúdo social da Constituição de 1988, o crescimento econômico aparece como pressuposto para a geração de empregos e a estruturação do mercado de trabalho. Mas não se trata de qualquer crescimento. Para que se torne eficaz a Constituição Cidadã de 1988 é preciso que a igualdade substantiva que ela contempla se concretize, que se distribua terra, riqueza e renda, que se mantenham e se ampliem políticas sociais públicas universais.

Mas conquanto se tenha como suposto para a estruturação do mercado de trabalho o crescimento econômico, o arcabouço jurídico-institucional brasileiro — que inclui normas de proteção ao trabalho e instituições públicas para assegurá-las — é relevante para a definição de um patamar civilizatório que garanta a constituição de uma sociedade menos desigual.[41]

A ditadura dos mercados financeiros"provocou efeitos deletérios"neste Brasil em que a dualidade senhor/escravo não parece superada. Dentre estes está o de se buscar interditar o debate sobre alternativas políticas e econômicas para o País, internalizando-se no *senso comum* a ideia de que qualquer proposta no sentido de se encontrar caminhos que não os indicados pelos mercados quebrariam a confiança destes. Como consequência, o debate fica pobre e limitado: não se fala mais em controle de capitais, parece aceitar-se o ajuste fiscal como algo pressuposto e a redução de juros é, para alguns, considerada extravagante. Estes são os mesmos que se debatem contra as corretas medidas anticíclicas que o governo brasileiro tem, ultimamente, buscado adotar diante da crise que abala a economia mundial, insistindo, com ênfase, que o País está conseguindo superar o quadro mais crítico de dificuldades graças às políticas de ajuste anteriormente adotadas.

Ainda hoje se vivenciam resquícios da herança colonial expressos de forma explícita ou implícita: seja na ausência de uma política eficaz de democratização do acesso à terra, à renda e à riqueza; seja na permanência da exclusão dos trabalhadores domésticos do campo de abrangência da CLT; seja na exploração da força de trabalho em condições análogas às de escravo e nas dificuldades que vêm sendo enfrentadas para a aprovação da PEC 438/01, que permite expropriação da propriedade quando evidenciada exploração da força de trabalho nessas condições; seja nas formas de preconceito e discrimi-

(41) Cf. NOBRE JÚNIOR, Hildeberto B; KREIN, José Dari; BIAVASCHI, Magda Barros. A formalização dos contratos e as instituições públicas, *op. cit.*, p. 119-135.

nação expressas em setores da sociedade e da política, expressões do sadismo e do masoquismo presentes na formação da sociedade brasileira e que, extrapolando a esfera da vida sexual e doméstica, se faz sentir nos campos social, econômico e político, desnudando um Brasil de antagonismos em conflito que se "equilibram". Entre estes, o mais geral e profundo: o senhor e o escravo.

Partindo-se dessas premissas, lançam-se as algumas questões ao debate: — Que tensão é possível se dar na sociedade brasileira para que se torne mais justa e menos desigual, em que os "de baixo" tenham vez e vós? — Qual o papel do Estado nesse processo? Discutir o papel do Estado não seria a grande tarefa política do nosso tempo? Afinal, o individualismo capitalista se tem mostrado *compatível com a organização superior de vida?*

REFERÊNCIAS BIBLIOGRÁFICAS

ALTVATER, Elmar. A crise de 1929 e o debate marxista sobre a teoria da crise. In: HOBSBAWM, Eric [Org.]. *História do marxismo.* Rio de Janeiro: Paz e Terra, 1987.

BELLUZZO, Luiz Gonzaga. Prefácio. In: GRAU, Eros. *Ensaio e discurso sobre a interpretação/aplicação do direito.* São Paulo: Malheiros, 2002.

______. Furtado e a compreensão do subdesenvolvimento. *Folha de São Paulo,* 22 nov. 2004.

______. *Ensaios sobre o capitalismo no século XX.* Seleção e organização: Frederico Mazzuchelli. São Paulo: UNESP; Campinas: UNICAMP, IE, 2004.

BIAVASCHI, Magda Barros. *O direito do trabalho no Brasil -1930-1942: a construção dos sujeitos de direitos trabalhistas.* São Paulo: LTr, 2007.

BRAGA, José Carlos. Financeirização global. In FIORI, José Luís. *Poder e dinheiro: uma economia política da globalização.* Petrópolis: Vozes, 1997.

CATHARINO, José Martins. *Compêndio universitário de direito do trabalho.* v. I São Paulo: Editora Jurídica e Universitária, 1972.

CAUPERS, João. *Os direitos fundamentais dos trabalhadores e a Constituição.* Coimbra: Livraria Almedina, 1985.

DEVEALI, Mario L. *Lineamentos de derecho del trabajo.* 3.ed. Buenos Aires: Tipografia Editora Argentina, 1956.

FONSECA, Pedro Cezar Dutra. *Vargas:* o capitalismo em construção — 1906—1954. São Paulo: Brasiliense, 1989.

GIMENEZ, Denis Maracci. *A questão social e os limites do projeto liberal no Brasil.* Tese de doutoramento em Desenvolvimento Econômico, IE/Unicamp, Campinas, 2007.

HENRIQUE, Wilnês. *O capitalismo selvagem: um estudo sobre desigualdade no Brasil.* Tese de doutoramento em Ciências Econômicas apresentada ao IE/Unicamp, Campinas, 1999.

HOBSBAWM, Eric. *Da revolução industrial inglesa ao imperialismo.* 4. ed. Rio de Janeiro: Forense Universitária, 1986.

KREIN, José Dari. *As tendências recentes na relação de emprego no Brasil: 1990-2005.* Tese de doutoramento. IE/UNICAMP, Campinas, 2007.

LEDUR, José Felipe. *A realização do direito ao trabalho.* Porto Alegre: Sérgio Fabris, 1998.

MARX, Karl. *O capital,* V.I. São Paulo: Abril Cultural, 1984.

MELLO, João Manoel Cardoso de. *Capitalismo tardio.* São Paulo: Brasiliense, 1982.

NEUMANN, Franz. *Il diritto del lavoro fra democrazia e dittatura.* Bologna, Itália: Il Mulino, 1983.

NOBRE JÚNIOR, Hildeberto B; KREIN, José Dari; BIAVASCHI, Magda B. A formalização dos contratos e as instituições públicas. In: FAGNANI, Eduardo; HENRIQUE, Wilnês; LÚCIO, Clemente Ganz [Org.]. *Previdência Social: como incluir os excluídos?* Debates Contemporâneos 4. Economia Social e do Trabalho. São Paulo: LTr, 2008. p. 119-135.

OLIVEIRA, Carlos Alonso Barbosa de. Industrialização, desenvolvimento e trabalho no pós-guerra. In: *Economia & trabalho*: textos básicos. Campinas, São Paulo: UNICAMP/IE, 1998.

______. *Processo de industrialização:* do capitalismo originário ao atrasado. São Paulo: UNESP; Campinas: UNICAMP, 2003.

POLANYI, Karl. *A grande transformação.* 3. ed. Rio de Janeiro: Campos, 1980.

SOUPIOT, Alain [Org.] *Au-delà de l´emploi — Transformations du travail e devenir du droit du travail en Europe.* Paris: Flammarion, 1999.

A CONSTITUIÇÃO DE 1988 E O SINDICALISMO BRASILEIRO

Angela Maria Carneiro Araújo(*)
Vitor Araújo Filgueiras(**)

INTRODUÇÃO

A Constituição de 1988 consolidou o fim da ditadura militar e reorganizou o Estado em bases liberais democráticas. A força do movimento sindical e de outros movimentos sociais(1) que se expandiram nos anos 80 e se uniram na luta contra a ditadura militar, permitiu a sua participação com propostas e sugestões de emendas ao texto constitucional, garantindo a inscrição de um conjunto de novos direitos sociais na Constituição aprovada.

Mesmo tendo no seu conjunto um caráter liberal-conservador, a Constituição de 1988 contemplou, além de questões relativas à reforma agrária e a outros direitos sociais como educação e saúde, um conjunto de direitos trabalhistas, alguns dos quais foram ampliados (licença-maternidade de 120 dias, licença-paternidade de 7 dias, pagamento de um adicional de férias de 1/3 do salário, entre outros) e estendidos aos trabalhadores rurais e em parte aos empregados domésticos.

A Constituição modificou também a legislação sindical. Eliminou a possibilidade de intervenção estatal nos sindicatos, retirando da ilegalidade as Centrais Sindicais e, estabelecendo maior liberdade de organização horizontal e vertical, reconheceu o direito de sindicalização dos funcionários públicos e previu o direito de escolha de delegados sindicais nas empresas(2).

No entanto, foram mantidos o sindicato único por categoria, tendo como base territorial mínima o município, e o chamado imposto sindical, que eram elementos centrais do modelo sindical corporativista criado nos anos 30.

(*) Professora Assistente Doutora do Depto. de Ciência Política da Unicamp.
(**) Mestre em Ciência Política pela Unicamp, Doutorando em Sociologia, UFBA.

(1) Como, por exemplo, os movimentos pela reforma agrária, feminista e de mulheres, o movimento negro, ecologista, de saúde, por moradia, entre outros.

(2) Como não houve regulamentação posterior do artigo constitucional, esse dispositivo ainda não ganhou eficácia.

Isto se deu pela pressão de parte significativa dos sindicatos de trabalhadores e de empregadores e na contramão das críticas e das expectativas de mudanças da estrutura sindical que surgiram com o novo sindicalismo e com o Provimento das oposições sindicais.

Neste artigo pretendemos discutir o desenvolvimento do sindicalismo no pós-1988, procurando mostrar como as mudanças e persistências na organização sindical verificadas após a promulgação da Constituição marcaram a trajetória recente dos sindicatos, bem como refletir sobre as dificuldades e desafios colocados para o movimento sindical brasileiro neste começo de século.

AS MUDANÇAS NO MUNDO DO TRABALHO NOS ANOS 1990 E AS AÇÕES SINDICAIS

Na década de noventa, um conjunto de fatores contribuiu para modificar a dinâmica de revitalização e fortalecimento do movimento sindical brasileiro. Iniciou-se nesse período o movimento de transição de um modelo de desenvolvimento econômico orientado por políticas protecionistas e em crise há uma década, para um modelo mais abertamente subsumido aos ditames do mercado financeiro, orientado por políticas neoliberais e em busca de uma inserção internacional em novas bases.

A adoção de políticas neoliberais pelos governos que se sucederam nos anos 90, principalmente as iniciativas de desregulamentação do mercado de trabalho, mudou alguns aspectos dos marcos regulatórios relativos ao trabalho. Essas mudanças, juntamente com a intensificação da reestruturação das empresas, incentivada igualmente pela visão neoliberal de eficiência e modernização da economia, tiveram como consequências sociais a precarização, o crescimento do desemprego e da informalidade que, por sua vez, ampliaram a fragmentação dos coletivos de trabalhadores e tiveram forte impacto sobre as relações de trabalho e sobre o sindicalismo.

O enxugamento das grandes empresas e bancos e a utilização da terceirização em larga escala foram características fundamentais da reestruturação nos anos 90 que tiveram continuidade nos anos 2000. Conjuntamente esses dois processos levaram a demissões em massa e à proliferação de pequenos estabelecimentos. A consequência foi uma enorme redução do emprego em números absolutos e relativos, levando a um crescimento constante da taxa de desemprego que chegou a cerca de 12% no país e a mais de 20% em algumas das grandes regiões metropolitanas no final da década.

O recurso à terceirização foi utilizado com o intuito primordial de reduzir custos, num contexto de acirramento da competitividade. Ela envolveu atividades de apoio e atividades produtivas na indústria e se generalizou em todos os setores da economia, inclusive no setor público. A intensificação da subcontratação de serviços e atividades produtivas gerou uma redistribuição do emprego para micro e pequenos estabelecimentos e incentivou a formação de novas categorias de trabalhadores.

Esse processo contribuiu para o enfraquecimento do movimento sindical, seja porque muitos trabalhadores demitidos passaram a trabalhar em empresas subcontratadas, exercendo, frequentemente, as mesmas funções de antes, mas deixando de pertencer à categoria e ao sindicato ao qual se filiavam anteriormente, seja porque parte não desprezível das atividades subcontratadas se desenvolveu, e ainda se desenvolve, na informalidade e os trabalhadores nelas envolvidos geralmente não têm acesso à representação sindical. Além disso, o surgimento de novos tipos de negócios e de novas ocupações nas atividades terceirizadas incentivou a formação de um grande número de novos sindicatos, em geral com um pequeno número de associados, colaborando para aprofundar a fragmentação já existente no sindicalismo brasileiro, como mostraremos em seção posterior deste artigo.

O movimento sindical sofreu, portanto, duplamente: com uma redução do número de sindicalizados, em razão do desemprego e da terceirização, e com a dificuldade de mobilizar os trabalhadores diante da insegurança generalizada e do medo da perda do emprego.

O processo de reestruturação teve como consequência também uma mudança significativa no perfil da força de trabalho que permaneceu empregada e a ampliação da heterogeneidade interna entre os trabalhadores. Observou-se um processo de feminização crescente e o predomínio de uma força de trabalho mais escolarizada e com maior estabilidade. Essa mudança na composição dos trabalhadores sobreviventes afetou também os sindicatos, principalmente porque a maior escolarização correspondeu à entrada nas grandes empresas de um contingente de jovens que tendem a incorporar com mais facilidade o discurso gerencial de envolvimento e compromisso com a empresa e a resistir à participação sindical.

Desse modo, é possível supor que a queda nas taxas de sindicalização, especialmente nos principais sindicatos da indústria e do setor bancário, deveu-se, em grande medida, ao enxugamento das grandes empresas, nas quais os sindicatos têm tradicionalmente maior penetração, mas também ao deslocamento do emprego para as empresas de menor porte e para o setor informal, nos quais os sindicalistas encontram maior dificuldade em organizar e representar os trabalhadores.

No plano político, o sindicalismo brasileiro enfrentou nos anos 90, em um contexto de avanço do neoliberalismo, pressões e tentativas de redução e flexibilização dos direitos trabalhistas. A instituição do contrato flexível (Lei n. 9.601/98) deu-se pela ampliação do uso do contrato por tempo determinado, que foi estendido a todo e qualquer setor de atividade e sua duração ampliada para, no mínimo, 6 meses e, no máximo, 24 meses.(3)

---

(3) Foram reduzidos alguns benéficos para o trabalhador admitido neste tipo de contrato, como a alíquota do FGTS que passou de 8% para 2%.

Foi também estabelecida a flexibilização da jornada de trabalho (Lei n. 9.601), por meio da implantação da *anualização* das horas de trabalho ou do chamado "banco de horas". Além disso, foram permitidas a contratação em tempo parcial[4] e a suspensão do contrato de trabalho, por um período determinado, desde que a empresa pagasse uma bolsa para o trabalhador suspenso se manter nos programas de requalificação financiados pelo governo com recursos do Fundo de Amparo ao Trabalhador (FAT).

Com exceção do contrato em tempo parcial, essa legislação vinculou o estabelecimento dos novos contratos e do "banco de horas" a acordos firmados por meio da negociação coletiva entre empresas e sindicatos, segundo o governo, com o objetivo de fortalecer os sindicatos.

Em dezembro de 2001, o governo Fernando Henrique Cardoso conseguiu aprovar na Câmara dos Deputados um projeto que modificava a CLT (Consolidação das Leis do Trabalho), estabelecendo que as negociações coletivas poderiam prevalecer sobre a legislação, desde que não contrariassem a Constituição e as legislações previdenciária e tributária. De acordo com as mudanças propostas, poderiam ser negociados: a) a redução de salários; b) a redução das férias e a sua forma de pagamento; c) a remuneração das horas extras; d) o descanso semanal e e) o montante do adicional para trabalho noturno.

O projeto deveria ser votado no Senado entre março e abril de 2002. No entanto, a resistência de uma parte do movimento sindical, principalmente ligado à CUT e à CGT, e dos partidos de oposição às medidas nele contidas, bem como as dificuldades de aprovar um projeto impopular em ano eleitoral, fez com que ele perdesse o caráter de urgência e fosse retirado da pauta de votação do Senado em 2003, no começo do governo Lula.

Apesar das dificuldades do Governo Lula, do não cumprimento do seu programa de mudanças, com uma política econômica contrária às propostas do próprio PT e que dificultava o investimento produtivo e a ampliação dos gastos públicos, com investimentos em políticas sociais muito menores do que o esperado, e atitudes contraditórias em relação a alguns temas como proteção ao meio ambiente, ampliação do acesso dos jovens pobres ao ensino superior, entre outros, a sua postura em relação aos movimentos sociais e, em especial, ao movimento sindical, foi inegavelmente distinta da adotada pelos governos anteriores e marcada pela ausência de repressão e por uma maior disposição ao diálogo (também interpretado por alguns como estratégia de cooptação). Os sindicatos passaram a ter representação em diferentes órgãos e conselhos em distintos setores do Estado e foi aberta, pela primeira vez, uma mesa de discussão e negociação permanente das questões trabalhistas do funcionalismo público federal com suas entidades representativas.

---

(4) Inclusive a substituição do contrato em tempo integral pelo de tempo parcial, com a correspondente redução de salário, encargos e benefícios (MPs 1709-4/98 e 1726/98).

O sindicalismo, por intermédio das centrais sindicais e do papel destacado da CUT, soube, de certa forma, aproveitar essas oportunidades de participação, pressionando o governo e apresentando determinadas demandas que resultaram em ganhos efetivos para os trabalhadores. Dentre elas destacam-se: o veto à chamada Emenda 3, que impediria os órgãos fiscalizadores do Poder Executivo de sancionar fraudes ao vínculo de emprego praticadas pelas empresas; a participação na edição de novas Normas Regulamentadoras (NRs) de saúde e segurança do trabalho (como as normas do trabalho rural, setor de saúde e espaços confinados) e na revisão das NRs já existentes (programa de prevenção de riscos ambientais, ergonomia, construção civil, serviços em instalações elétricas etc.), ampliando as previsões da CLT; a correção da tabela do imposto de renda; o aumento de recursos destinados à agricultura familiar[5]; e a campanha pelo aumento do salário mínimo. Esta última contou com a realização de uma marcha em Brasília, no final de 2005, que foi exitosa apesar de não ter correspondido à proposta da CUT e da Força Sindical, que defendiam um salário mínimo de 400 reais.

Após dois reajustes tímidos do salário mínimo (em 2003 e 2004), o piso teve um aumento real de 8,23% em 2005, e em 2006 o reajuste foi de 16,7%, com aumento real de 12,07%. Entre janeiro de 2003 e fevereiro de 2009 o salário mínimo teve incremento real de 44%. Os reajustes reais do salário mínimo, juntamente com a redução dos preços da cesta básica, fizeram de fato com que praticamente em todas as capitais dos Estados houvesse uma redução do comprometimento do salário mínimo com alimentação. Além disso, sob pressão do sindicalismo, o governo montou uma Comissão Quadripartite para o estabelecimento de uma política de valorização do salário mínimo em longo prazo, na qual têm assento os representantes do governo, das Centrais Sindicais, do empresariado e dos aposentados.

Apesar da orientação da política econômica e dos resultados pífios em termos de crescimento da produção, considerados insuficientes para reverter o quadro de quase estagnação da economia nas duas últimas décadas, a economia brasileira foi beneficiada por uma conjuntura internacional excepcionalmente favorável na maior parte da primeira década dos anos 2000, especialmente entre 2004 e o primeiro semestre de 2008. Esse quadro (que contemplou a entrada de recursos internacionais produtivos e financeiros, e grande incremento das exportações), acompanhado por medidas pontuais internas, permitiu que, a partir de 2004, ocorressem mudanças positivas no mercado de trabalho, com a redução dos índices de desemprego e a criação de empregos formais, que apontavam para um cenário mais favorável aos trabalhadores e à ação sindical. Merece registro o fato de que a geração de empregos formais aumentou significativamente em comparação ao observado nos últimos anos

(5) No programa Nacional de Agricultura Familiar — PRONAF, foram destinados R$ 6,1 bilhões de reais no biênio 2004/2005, uma expansão de 154% em relação aos R$ 2 ,2 bilhões aplicados no biênio 2002/2003. Para a safra de 2005/2006, a dotação prevista no orçamento era de R$ 9 bilhões.

do Governo Fernando Henrique Cardoso. De uma média mensal de 63.535 mil postos de trabalhos gerados, com carteira assinada, em 2002, passou-se para 152.687 mil em 2005[6], totalizando um montante de 3,7 milhões ao cabo do terceiro ano do governo. Assim, em seus 36 primeiros meses, foram criados no governo Lula 324% mais empregos formais que no governo FHC nos seus dois mandatos. As taxas de desemprego aberto recuaram, entre 2003 e 2005, em torno de 2% na maioria das regiões metropolitanas pesquisadas, com exceção de Recife que manteve o mesmo patamar (13,8%).[7]

A tendência de incremento do emprego formal seguiu até o final de 2008, quando houve a dispensa de 655 mil empregados formalmente registrados. Esse pode ter sido o primeiro sinal evidente dos reflexos da atual crise financeira internacional, radicalizada no último trimestre de 2008, sobre o mercado de trabalho do nosso país. A extensão e a profundidade da corrente crise capitalista em nível mundial, bem como seus futuros impactos sobre o mercado de trabalho do Brasil, ainda são inexatas, e dependerão, dentre outros, das estratégias adotadas pelo Estado brasileiro para enfrentá-la.

NEGOCIAÇÕES COLETIVAS E GREVES

O conjunto de transformações acima descritas e as grandes mudanças nas condições do mercado de trabalho que elas provocaram, alteraram a correlação de forças de modo desfavorável aos trabalhadores.

Neste contexto, a perda crescente de membros e a dificuldade de mobilização das bases debilitaram os sindicatos. Essa debilidade expressou-se na queda do número de greves e na redução da sua duração ao longo da década de 1990, principalmente das greves por categoria, e na perda do poder de barganha dos sindicatos, levando-os a assumir uma posição defensiva no plano das negociações coletivas.

Dados disponíveis mostram que o número de greves que atingiu cerca de 4.000 movimentos em 1989 decresceu exponencialmente até 1992 quando foram realizadas cerca de 800 paralisações. Entre 1992 e 1996 ocorreu uma ligeira elevação no número de paralisações, atingindo cerca de 1.100 movimentos neste último ano, elevação marcada pela ocorrência da maioria deles no âmbito das empresas. De 1996 até o final da década, no entanto, houve

(6) *Dados do Cadastro Geral de Empregados e Desempregados (CAGED) — Ministério do Trabalho e Emprego (*Disponível em: *<www.mte.gov.br>). De acordo ainda com dados da CAGED, de janeiro de 2003 a abril de 2006 foram criadas 3,99 milhões de novas vagas no mercado formal: em 2005, foram criados 1,25 milhão de novos postos, ante 1,53 milhão em 2004 e 645,4 mil em 2003. Ver "Criação de empregos formais tem recorde no primeiro quadrimestre, mostra Caged"* Valor Online, 23/05/2006 (Disponível em: www.valoronline.com.br)

(7) IBGE, "Principais destaques da evolução do mercado de trabalho nas seis regiões metropolitanas abrangidas pela Pesquisa Mensal de Emprego do IBGE. Em foco: comparação 2003/2004/2005". Disponível em: <www.ibge.gov.br/home/estatistica/indicadores/trabalhoerendimento/pme_nova/retrospectiva_pme.pdf >

uma redução paulatina do número de movimentos paredistas que chegou, em 1999, a cerca de 500, índice semelhante ao de 1984.[8]

Além da redução do âmbito das ações grevistas que passaram a se concentrar nas empresas, as motivações dos grevistas também sofreram alterações, assumindo um caráter de defesa de direitos desrespeitados. As paralisações desencadeadas pelo descumprimento de direitos tiveram crescimento brutal, enquanto as decorrentes de reivindicações por reajuste ou aumento da remuneração apresentaram uma redução significativa. Foi possível observar a presença, de forma crescente, de temas como a manutenção do emprego, a jornada de trabalho e a reivindicação de auxílios e/ou adicionais como motivos das greves. Outra característica desse período foi a redução do número de paralisações ocorridas no setor industrial e o seu progressivo aumento no setor de serviços e no funcionalismo público.[9]

Essas dificuldades foram ampliadas com o surgimento de novas Centrais Sindicais que levou a uma maior fragmentação política, ao acirramento da competição e das disputas ideológicas no movimento sindical.[10] A Força Sindical, fundada em 1991, com uma proposta política próxima do sindicalismo de negócios norte-americano, tornou-se ao longo da década a segunda Central Sindical do país, constituindo-se como a principal adversária da CUT, em razão da sua postura de apoio a medidas de corte neoliberal propostas pelo Governo Fernando Henrique Cardoso. Além disso, a mudança de estratégia da CUT, que passou a adotar, por decisão de sua ala majoritária, uma orientação mais moderada, negociadora e propositiva, acirrou as divergências político-ideológicas internas, dificultando cada vez mais o estabelecimento de estratégias de ação comuns, inclusive nas negociações coletivas, entre os sindicatos a ela filiados pertencentes a distintas tendências.

Assim, em decorrência dessas injunções, principalmente a partir de meados dos anos 90, os resultados das negociações coletivas foram sendo gradativamente piores para os trabalhadores. Em primeiro lugar, ocorreu uma descentralização das negociações que passaram a ser realizadas principalmente no nível das empresas. Isto se deveu, em grande medida, ao fato de as mudanças

---

(8) Informações baseadas na pesquisa NEPP/Unicamp, "Acompanhamento das greves no Brasil", citada por Costa (2005). Ainda de acordo com estes dados, o número de grevistas, depois de atingir um pico de cerca de 20 milhões em 1990, decresceu continuamente, atingindo seu ponto mais baixo em 1997. A ligeira elevação ocorrida nos anos posteriores, no entanto, manteve o número de grevistas entre 800 mil e um milhão, o que era bem inferior aos cerca de cinco milhões que realizaram paralisações em 1992. Ver Gráficos 2 e 3 *in Costa*, 2005:8 e 9.

(9) De acordo com informações do Dieese, até 1998 a maioria das greves ainda ocorreu no setor industrial, apesar da participação crescente dos trabalhadores do setor de serviços e do funcionalismo público, que realizou os movimentos de mais longa duração. Em 1999 e 2000, as paralisações no setor de serviços superaram as dos trabalhadores industriais. Ver sobre as greves os Boletins do Dieese, de 1990 a 2000.

(10) Ao longo dos anos 90 surgiram 4 novas Centrais Sindicais: a Força Sindical (FS), a Confederação Geral dos Trabalhadores do Brasil (CGTB, resultado de uma divisão da Confederação Geral dos Trabalhadores), a Social Democracia Sindical (SDS) e a Central Autônoma dos Trabalhadores (CAT).

nas relações de trabalho por iniciativa do Governo Federal terem introduzido temas cuja negociação restringia-se ao âmbito das empresas, como a participação nos lucros e/ou resultados e a flexibilização da jornada de trabalho. Frente a essas medidas, implementadas em um ambiente caracterizado por altas taxas de desemprego, o movimento sindical viu-se obrigado a alterar as estratégias para a defesa de seus interesses.

No que diz respeito aos salários, a extinção dos reajustes automáticos e a introdução da negociação sobre participação dos trabalhadores nos lucros ou resultados das empresas (PLR) tiveram consequências importantes nas negociações. Primeiro porque levaram à redução ou à não concessão de reajustes salariais, ao mesmo tempo em que se disseminou a negociação de percentuais de remuneração condicionados aos lucros e/ou resultados, que frequentemente eram associados a metas de desempenho dos trabalhadores. Isso provocou o rebaixamento do salário fixo e ao crescimento da parcela variável da remuneração. Além disso, afetou a dinâmica das negociações coletivas dado que a PLR intensificou o processo de descentralização das negociações para o âmbito das empresas.

Quanto à questão do emprego, embora aumentassem as demandas relativas à garantia de emprego e a maioria das categorias profissionais incluísse em seus acordos cláusulas referentes às demissões, essas eram de cunho defensivo, assegurando apenas garantias adicionais aos trabalhadores demitidos. São pouquíssimos os registros de garantia de preservação do nível de emprego ou de estabilidade temporária aos trabalhadores.

Quanto ao vínculo empregatício, ainda que restrito a acordos realizados por um pequeno número de categorias, houve aumento de garantias visando a restringir a terceirização ou assegurar aos trabalhadores terceirizados a extensão dos direitos conquistados pela categoria.

A partir de meados da década, foi introduzida, por iniciativa empresarial, a negociação da flexibilização da jornada de trabalho, de forma a adequá-la ao fluxo da produção. Algumas convenções coletivas passaram a incluir cláusulas referentes à flexibilização da jornada, sinalizando a possibilidade de sua negociação nas empresas da base ou estipulando regras para a sua implantação. Desde então, se disseminou a negociação dos chamados "bancos de horas" (ou a anualização da jornada) que igualmente fortaleceu a tendência já marcante de descentralização das negociações para o âmbito das empresas.

Apesar dos novos problemas gerados pelas mudanças no processo produtivo, as negociações coletivas não conseguiram tratar e resolver questões referentes à regulamentação de procedimentos envolvidos no processo de trabalho, como ritmo e intensidade. A grande maioria das garantias relacionadas às condições de trabalho presentes nos acordos foi negociada desde meados da década de 1980, ou seja, os sindicatos desenvolveram um grande esforço para assegurar a manutenção de cláusulas conquistadas na década anterior e em muito poucos casos ocorreram avanços na negociação das condições de trabalho[11].

O período entre 2000 e 2003 foi marcado pela persistência de tendências semelhantes à da segunda metade dos anos 90 tanto na capacidade de mobilização dos sindicatos e na realização de greves, quanto nas negociações coletivas[12]. Em 2000 e 2001, as negociações coletivas foram mais favoráveis do que as ocorridas em 1999, pelo menos no que toca aos reajustes salariais, pois o percentual de categorias que conseguiram repor as perdas decorrentes da inflação alcançou aproximadamente 68% e 71,4%, respectivamente, quando comparado com o INPC (IBGE) para o período. Esta tendência, no entanto, não se manteve em 2002 e 2003, quando as negociações de reajustes equivalentes ou superiores à inflação voltaram a ficar abaixo da média obtida no período 1996-2000. Se tomarmos a série de estudos do Dieese, iniciada em 1996, 2003 foi o pior ano para as negociações coletivas. Neste ano, apenas 42% dos acordos coletivos garantiram reajustes salariais equivalentes ou ligeiramente superiores (16,8% do total) à inflação, sendo que a maioria dos trabalhadores não conseguiu repor as perdas salariais ocorridas desde a data base de 2002[13].

No entanto, a partir de 2004, apesar das condições gerais das negociações coletivas não terem se alterado de modo significativo, a maior estabilização da economia, o ligeiro crescimento da produção industrial e do nível de emprego permitiram uma melhoria nas negociações salariais. Nesse ano, que pode ser considerado como "o ponto de inflexão da tendência de resultados desfavoráveis aos trabalhadores nas negociações salariais" iniciados em meados da década anterior (Dieese, 2006), em 81% das negociações os trabalhadores conseguiram obter um reajuste salarial pelo menos equivalente ao índice de inflação, enquanto 55% dos acordos estipulavam aumentos reais (apesar de modestos, de 1% a 2% na sua maioria). Esta tendência de melhoria se acentuou em 2005 e 2006. No primeiro, 88% das negociações analisadas pelo Dieese estipularam reajustes pelo menos equivalentes à inflação anual e 72% delas registraram aumentos reais, enquanto no segundo as porcentagens foram respectivamente de 96,5 e 84,4[14]. Além disso, houve sem dúvida uma

(11) Em poucas categorias foram negociadas cláusulas relativas à prevenção e acompanhamento de vítimas de acidentes de trabalho bem como dos casos das Lesões por Esforços Repetitivos — LER — hoje chamadas de Doenças Osteomoleculares Relacionadas ao Trabalho (DORT). Em um pequeno número de acordos foram introduzidas medidas de prevenção às DORT e até a estabilidade no emprego para os trabalhadores acometidos por esta doença.

(12) Os dados para estes três anos são precários, pois o Dieese deixou de publicar o Boletim Mensal em 2000 e os estudos realizados por este órgão sobre as greves e negociações coletivas foram retomados a partir de 2004.

(13) Ver DIEESE. *Maioria das negociações não repõe perdas salariais*. São Paulo, 18 de março de 2004. Disponível em: <http://www.dieese.org.br/esp/cju/balanco2003.pdf> (consultado em 05/06/09).

(14) DIEESE. *Balanço dos reajustes salariais no primeiro semestre de 2008*. Estudos e Pesquisas, 2009.

mudança de postura no que diz respeito às negociações salariais do funcionalismo público com o estabelecimento, pela primeira vez em 2006, de uma mesa de negociação com os representantes dessa categoria, que apesar de ter, em alguns momentos, um funcionamento truncado, permitiu a obtenção de reajustes que iniciaram uma recuperação dos salários aviltados por oito anos sem reajuste durante o Governo FHC. (DIEESE, 2006a)

Em 2007 e no primeiro semestre de 2008, o saldo positivo nas negociações coletivas se manteve. Em 2007, registrou-se a mesma porcentagem do ano anterior de negociações salariais com reposição da inflação do período (96,6%), contudo a quantidade de categorias que obteve reajustes superiores ao INPC, foi maior, chegando a 87% dos acordos. Os dados relativos a 2008 indicaram a persistência de acordos com reposição das perdas, mas numa proporção um pouco menor do que a registrada em 2007, cerca de 88%. A maior diferença entre os dois períodos registrou-se, no entanto, no maior número de acordos com reajustes inferiores à inflação do período: 12% em 2008 contra 3,4% em 2007[15], mas, como afirma o texto do Dieese, "este resultado é bastante inferior à média de 33% apurada desde o início da série, ou seja, no período entre 1996 e 2007" [16].

Parte dos resultados positivos dessas negociações certamente deveu-se à pressão e a uma crescente mobilização dos trabalhadores. Apesar das informações sobre movimentos grevistas estarem disponíveis apenas para os anos de 2004 a 2007[17] (DIEESE, 2005, 2006a, 2006b e 2007), elas permitem visualizar algumas das principais características da movimentação dos trabalhadores nesses quatro anos do Governo Lula.

Em primeiro lugar, as greves registradas em 2004 e 2005, 302 e 299 respectivamente, foram em número muito inferior às de 1998 e 1999, quando se registrou o menor número de paralisações na década de 1990[18]. Em segundo, observou-se um aumento no número de grevistas, principalmente em 2005. Em 2004, analisando 151 greves com informações completas, o Dieese identificou 1.291.332 grevistas, enquanto em 2005, nas 159 greves para as quais foi obtida esta informação, participaram 2.026.500 trabalhadores, enquanto em 1998 e 1999 os participantes foram respectivamente 1.714.692 e 1.378.668 (Dieese, 2005 e 2006b), em um número de movimentos muito maior (600 e 552 respectivamente). Esse crescimento do número de grevistas parece se dever ao fato de a maioria das paralisações (61,3% em 2004 e 54,2% em 2005) ter sido realizada por funcionários públicos. Eles fizeram as greves mais longas e com o maior número de participantes, tendo sido responsáveis por 67,4% do total de trabalhadores X horas paradas em 2004 e por 85% desse

(15) Cabe dizer que dos 44 acordos com estes resultados no primeiro semestre de 2008, cerca de 89% estabeleciam índices de reajustes com uma variação até 1% abaixo do INPC.

(16) Ver DIEESE. Balanço das negociações dos reajustes salariais em 2008. Estudos e Pesquisas n. 43, março de 2009.

(17) Ver DIEESE.

(18) Ver o Quadro 2 do texto do Dieese "As negociações coletivas no Brasil", 2001, p. 8.

total em 2005. Em terceiro, predominaram as greves com caráter ofensivo, ou seja, as que se orientaram por demandas relativas à ampliação de direitos ou garantias já estabelecidos e/ou pela criação de novos direitos[19].

Finalmente, merece destaque o fato de a maior parte dos movimentos ter resultado em negociações (79,9 em 2004[20] e 88,6% em 2005)[21] e obtido resultados positivos, com o atendimento de pelo menos uma parte das reivindicações. Isto ocorreu em 69,5% das greves realizadas em 2004 e em 75% das realizadas em 2005, sendo que em 30,5% das greves do primeiro ano e em 14,8% do segundo o atendimento das demandas foi integral.

Nos anos de 2006 e 2007, além do número de greves ter variado muito pouco (320 e 316 respectivamente), boa parte das características observadas nos movimentos paredistas dos dois anos anteriores foram mantidas, apesar de ter reduzido o número de greves no setor público que ficou em torno de 51%. Tomando os quatro anos, foi crescente a proporção de grevistas e de greves realizadas no setor privado. Em 2007, pela primeira vez desde 2004, a média de grevistas na esfera privada superou a do funcionalismo público: foram 641.766 na primeira e 546.955 entre os segundos. No que diz respeito à relação grevistas X número de horas paradas, contudo, as paralisações no setor público, geralmente realizadas por categoria, continuaram tendo uma participação muito maior no total. Assim, enquanto a proporção de trabalhadores X horas paradas no serviço público foi 78,9% (ou 143.327.224) do total em 2006, em 2007 a proporção nesse setor alcançou 87,5% (ou 207.320.120), contra 8,1% no setor privado e 4,2% nas empresas estatais (Dieese, 2008). Esta grande diferença pode ser explicada pelo fato de a maioria das paralisações no setor privado ter ocorrido por empresa, envolvendo um número muito menor de trabalhadores, e com duração bem mais curta do que as do funcionalismo público.

Quanto aos motivos que levaram à deflagração das greves, tanto em 2006 quanto em 2007, em cerca de dois terços dos movimentos os trabalhadores lutavam por melhoria salarial e avanços em relação às condições vigentes de trabalho, destacando-se como os principais itens das pautas de reivindicações os reajustes salariais, os planos de cargos e salários, contratações (demanda mais frequente do funcionalismo público), auxílio-alimentação e participação nos lucros e resultados. A centralidade das demandas salariais indica a persistência da insatisfação dos assalariados com os baixos salários praticados no

---

(19) Esta tendência se ampliou ainda mais em 2005, quando 69% das paralisações tinham esse caráter contra 65,2% das realizadas em 2004 (Dieese, 2005). As demandas de caráter defensivo, predominantes nos anos 90, ainda permaneceram nas greves de 2004 e 2005, que foram motivadas pelo descumprimento de direitos ou pela luta para a renovação ou manutenção das condições vigentes, mas em menor proporção do que as de caráter ofensivo.

(20) Ver nota 13, p.21 em Dieese, 2006b.

(21) Esses dados são relativos a 180 greves em 2004 e a 166 em 2005, para as quais há informação sobre seu encaminhamento.

país (DIEESE, 2006b e 2008), apesar do crescimento da renda do trabalho iniciado em 2005, depois de uma década de perdas contínuas(22).

No entanto, continuou expressivo o número de greves com reivindicações de caráter defensivo, relativas à manutenção ou renovação das condições de trabalho vigentes, que variou de 45% a 53% entre 2004 e 2006, chegando a 46% dos movimentos em 2007. As greves motivadas pelo descumprimento de direitos — que marcaram o caráter predominantemente defensivo das paralisações nos anos 90 — variaram de 35% a 32% entre 2006 e 2007. No que toca aos resultados dessas paralisações, observa-se que a maioria delas, cerca de 60% em 2007, teve suas demandas atendidas total ou parcialmente. Apesar desta porcentagem ter sido inferior às dos anos anteriores, que ficaram em torno de 75% em 2005 e 2006, a proporção de greves que resultou no prosseguimento das negociações foi superior em 2007, quando atingiu 46%, tendo oscilado entre 31% e 33% nos anos anteriores (Dieese, 2008).

As dificuldades do sindicalismo brasileiro diante do crescimento do desemprego, da relocalização das empresas, da tercerização e da informalização do trabalho, levaram a uma atuação defensiva que marcou toda a década de 90 e apenas começou a ser mudada ainda timidamente a partir de 2004, com a melhoria das condições da economia e o crescimento do emprego formal. Nesse contexto, observamos um maior número de greves com reivindicações mais propositivas, com resultados positivos e a melhoria das negociações coletivas. No entanto, o número de greves continuou pequeno se comparado mesmo com os últimos anos da década de 90 e realizadas principalmente por empresa.

A presença de garantias trabalhistas na Constituição de 1988 não foi suficiente para assegurar esses direitos para o conjunto dos trabalhadores e trabalhadoras, já que parte importante dos movimentos grevistas se realizou tendo como motivo central o descumprimento de acordos e de direitos trabalhistas. Por outro lado, as mudanças relativas aos sindicatos introduzidas na Carta, abriram espaço para que a atomização já presente na estrutura sindical, até então mantida sob o controle do Ministério do Trabalho, fosse ampliada, dificultando ações conjuntas e a unificação de categorias em organismos centralizados comuns, o que, como veremos, contribuiu para agudizar a debilidade das entidades e suas dificuldades em mobilizar suas bases.

A FRAGMENTAÇÃO SINDICAL APÓS 1988

As dificuldades enfrentadas nas negociações coletivas, reforçadas pela descentralização da barganha para um âmbito das empresas, foram incre-

(22) O aumento registrado em 2005 foi de 4,6%. Esse foi o primeiro aumento desde 1996, mas apesar dele, a renda ainda era 15% inferior à alcançada nesse ano. Resultados da Pesquisa PNAD, divulgada em setembro de 2006. Ver Renda aumenta pela 1ª vez desde 1996, *Folha de S. Paulo*, Caderno Dinheiro 2, 16/09/2006, p. B13.

mentadas pela extrema fragmentação da organização sindical no Brasil, que se aprofundou nos anos 1990-2000, colocando empecilhos à ação conjunta e coordenada mesmo no âmbito de uma mesma categoria.

A estrutura sindical brasileira é historicamente fragmentada (também podemos designar pulverizada ou atomizada), ou seja, composta basicamente por sindicatos com pequeno número de sócios, e com base de representação reduzida tanto em termos espaciais, quanto no que concerne ao coletivo de trabalhadores. Essa característica é, em grande medida, herança do modelo implantado a partir dos anos 1930, conhecido como estrutura sindical corporativista, que praticamente impunha a fragmentação da organização sindical ao estabelecer o sindicato único por categoria pré-definida pelo Estado e base de representação, em regra, municipal.

Em 1988, ano da promulgação da Constituição Federal, havia 5.669 sindicatos de trabalhadores no Brasil, segundo a Pesquisa Sindical do IBGE. Ao final de 2001, último ano da referida pesquisa, o número de entidades mais do que dobrou, atingindo 11.354. Dados mais recentes fornecidos pelo Ministério do Trabalho e Emprego (MTE), que contemplam os sindicatos criados até o primeiro semestre de 2004, mostram que o crescimento do número de entidades se manteve intenso, com cerca de 300 registros confirmados por ano[23]. Por outro lado, entre 1992 e 2001, o número de trabalhadores sindicalizados no país cresceu cerca de 22%, o que deixa patente a desproporção entre número de sindicatos criados e o incremento da quantidade de trabalhadores associados. O corolário de tal divergência foi a redução do número médio de associados por sindicato, de 2.104 para 1.720 trabalhadores, entre 1992 e 2001.

A comparação entre os dados da Pesquisa Sindical do IBGE referentes aos anos de 1988 e 2001 reforça a constatação de que o crescimento do número de sindicatos no Brasil, após a promulgação da nova Carta Magna, não só manteve o padrão organizacional já fragmentado de fins dos anos 1980, mas o aprofundou. Em 1988, dos mais de 5 mil sindicatos de trabalhadores existentes no país, aproximadamente 65% não tinham mais de 2.000 sócios e 81% contavam com até 5.000 associados. Ao final de 2001, 75% das entidades não tinham mais de 2.000 sócios e cerca de 90% possuíam até 5 mil filiados. Com mais de 50 mil sócios registravam-se apenas 7 sindicatos de trabalhadores em 1989 e 12 em 2001, número proporcionalmente menor do que o registrado ao final de 1988, já que o número total de sindicatos dobrou.

---

(23) O Ministério do Trabalho e Emprego não dispõe de uma base de dados consolidada que abarque o total dos sindicatos existentes no país. Os cerca de 300 registros anuais citados foram estipulados a partir de dados anuais fornecidos pelo MTE — entre 2001 e 2004 — que incluem sindicatos de trabalhadores e empregadores (em 2001, 680 registros; em 2002, 422; em 2003, 379; em 2004 (1º semestre), 262), tendo em vista a proporção histórica de 2 sindicatos de trabalhadores para cada entidade patronal. Além disso, documento do MTE de 2005 aponta a existência de cerca de 23 mil entidades sindicais de trabalhadores e empregadores registradas ou com pedidos de registro no MTE. Todavia, além de esse dado contemplar tanto entidades patronais quanto de trabalhadores, parte dessas associações foi extinta, permanecendo apenas os arquivos da sua documentação no Ministério. Há dados, na sede do MTE, que apontam a realização de cerca de 10 mil registros de novos sindicatos de trabalhadores e empregadores, entre 1988 e 2005. Por outro lado, há grande quantidade de sindicatos que atuam sem registro no MTE.

Quanto à abrangência territorial dos sindicatos dos trabalhadores brasileiros, ainda é evidente a prevalência das entidades municipais e intermunicipais quando são comparados os dados de 1989 e 2001, como pode ser observado na **Tabela 1**, a seguir:

Tabela 1

Sindicatos de trabalhadores, por abrangência da base territorial, Brasil 1989 e 2001

<table>
<tr><th rowspan="3">Anos</th><th colspan="11">Sindicatos de trabalhadores</th></tr>
<tr><th rowspan="2">Total</th><th colspan="10">Abrangência da base territorial (Total e percentual)</th></tr>
<tr><th colspan="2">Nacional</th><th colspan="2">Estadual</th><th colspan="2">Municipal</th><th colspan="2">Interestadual</th><th colspan="2">Intermunicipal</th></tr>
<tr><td>1989</td><td>6.397</td><td>13</td><td>0,2</td><td>746</td><td>12</td><td>3926</td><td>61</td><td>41</td><td>0,6</td><td>1671</td><td>26</td></tr>
<tr><td>2001</td><td>11.354</td><td>45</td><td>0,4</td><td>1923</td><td>17</td><td>6397</td><td>56</td><td>75</td><td>0,6</td><td>2914</td><td>26</td></tr>
</table>

Fonte: IBGE (1992 e 2003)

Como se vê, o número de sindicatos com abrangência nacional e interestadual permaneceu ínfimo. Enquanto isso, mais de 80% das entidades representavam um ou alguns municípios em 1989, quadro que permanecia ao final de 2001, havendo apenas uma pequena alteração relativa na proporção de entidades estaduais e municipais. Todavia, o aumento proporcional do número de sindicatos estaduais não é sinal de alteração significativa do padrão de organização, não apenas pela modificação pequena dos percentuais, mas também por se tratar, majoritariamente, de novos sindicatos (novas categorias), pois é reduzida a quantidade de antigas entidades que ampliaram sua base[24]. Ou seja, trata-se de criação de novos sindicatos e não de reorganização dos já existentes.

Esse recrudescimento da fragmentação da organização sindical no Brasil, que ocorreu tanto por meio da formação de entidades em bases sem representação prévia quanto da divisão de entidades pré-estabelecidas — por meio da segmentação territorial ou separação via criação de nova categoria específica —, esteve associado a alguns fatores, dentre eles as mudanças legais introduzidas pela Constituição de 1988, que não apenas facilitaram, mas também incentivaram a pulverização da organização sindical.

Conforme mencionamos no início deste texto, há consenso acerca da participação ativa do movimento sindical na configuração dos parâmetros normativos estabelecidos pela Carta Magna de 1988. Apesar das grandes

(24) Em 2001 existiam 1.923 sindicatos de trabalhadores com base estadual. Segundo o IBGE (2003), entre sindicatos de trabalhadores e empregadores com base estadual (2.864 no total), havia 252 entidades que eram fruto de alteração de base. Seguindo a proporção geral da pesquisa que aponta 7 sindicatos de trabalhadores para cada 3 entidades de empregadores, 176 sindicatos de trabalhadores com base estadual seriam resultado de alteração de base — o que é uma sugestão enviesada, já que há uma quantidade desproporcional de sindicatos estaduais de empregadores —, ou 9% do total das entidades com tal abrangência.

divergências existentes entre os agentes do sindicalismo brasileiro, que opunham as correntes tradicionais (CGT e comunistas), o recente sindicalismo de resultados (que posteriormente criou a Força Sindical) e a Central Única dos Trabalhadores (que se apresentava como grande crítica da legislação sindical da CLT), houve pontos em comum defendidos por todos. Os resultados da Carta Política, em grande medida frutos das opções do próprio movimento sindical, estão basicamente expressos no art. 8º da Constituição de 1988, que determinou:

> I — A lei não poderá exigir a autorização do Estado para fundação de sindicato, ressalvando o registro em órgão competente, vedadas ao Poder Público a interferência e intervenção na organização sindical. II — É vedada a criação de mais de uma organização sindical, em qualquer grau, representativa de categoria profissional ou econômica, na mesma base territorial, que será definida pelos trabalhadores ou empregadores interessados, não podendo ser inferior à área de um município. (Constituição Federal, 2005)

Desse modo, a Constituição facilitou a criação de novos sindicatos, ao permitir a fundação de entidades sem prévia autorização do Estado[25]. Além disso, a Carta Magna manteve o famoso imposto sindical, valor compulsório descontado anualmente de todos os trabalhadores representados por qualquer sindicato, independentemente de filiação. Associados, esses dispositivos legais contribuíram para a atomização sindical, seja nos casos de criação de sindicatos em bases sem representação, ou nas divisões de bases pré-existentes, pois além do novo quadro jurídico ter facilitado substancialmente a criação de entidades, manteve mecanismo de sustentação independentemente da capacidade de mobilização do sindicato.

Além desse quadro jurídico, algumas mudanças no chamado "mundo do trabalho" colaboraram para a pulverização sindical. Essas referidas transformações foram verificadas no mercado de trabalho, na gestão da força de trabalho pelo capital e nas forças políticas do movimento sindical brasileiro, em todos os setores da economia, mas com impacto especial, no que tange à atomização sindical, no setor terciário. Conforme se depreende da Tabela 9, a despeito de terem sido criados muitos novos sindicatos nos setores primário e secundário, houve uma intensidade muito menor do que a explosão das entidades no setor terciário. Comércio[26], transportes terrestres, educação, cultura

---

(25) Houve controvérsia jurídica ao longo das duas últimas décadas acerca da necessidade de registro em algum órgão do aparelho estatal para que um sindicato exerça suas prerrogativas. Na prática, durante o período no qual esteve focada a investigação (1988-2005), os sindicatos conseguiam atuar tanto com registro no Ministério do Trabalho e Emprego, quanto com registro no Cartório de Pessoas Jurídicas.

(26) Na Pesquisa Sindical, o IBGE (2003) utiliza o quadro de atividades econômicas da CLT (mesmo que revogado, como o próprio IBGE reconhece) para discriminar os sindicatos por setores da economia. O setor comércio, além de sindicatos presentes em empresas dessa atividade, engloba uma série de outras como lavanderias, estacionamentos e garagens, conservação de elevadores, toda sorte de serviços de saúde, casas de diversões, institutos de beleza, locadoras de veículos, entre tantas. Ou seja, os dados apresentados para o setor "comércio" contemplam grande parte dos sindicatos oriundos do chamado setor terciário da economia.

e serviços públicos, principais segmentos (no quesito número de entidades sindicais) integrantes do setor terciário, lideraram com destaque os segmentos com maior incremento da quantidade de sindicatos após 1988.

Tabela 2

Crescimento do número de sindicatos de trabalhadores por subsetores econômicos, Brasil, 2001

Setores econômicos	1988	2001	Crescimento absoluto	Crescimento relativo (%)
Indústria	1262	1822	560	44,4
Comércio	520	1579	1059	203,6
Transportes terrestres	128	656	528	412,5
Educação e cultura	137	506	369	269,3
Servidores públicos[27]	—	1707	1707	—
Rurais	2747	3912	1165	42,4

Fonte: IBGE (2003)

O incremento generalizado do número de sindicatos, bem como o crescimento discrepante da quantidade de entidades quando comparados diferentes segmentos da economia, estão relacionados ao recrudescimento da heterogeneidade das ocupações que se expandiram no mercado de trabalho, às diferenciações entre trabalhadores em postos de trabalho semelhantes, ao aumento das ocupações no setor terciário — assalariadas e por conta própria — em termos proporcionais no conjunto do mercado de trabalho.

O aumento das ocupações no setor terciário em comparação ao conjunto da economia brasileira já era visível em meados nos anos 1990. Apesar de se expandirem via empregos assalariados típicos, a maioria das novas ocupações era geralmente precária e instável (POCHMANN, 1999). Segundo *Krein* e *Gonçalves* (2005, p. 20), "A marca do setor terciário, do ponto de vista da regulação do trabalho, é a heterogeneidade". Dados mais recentes (*in:* POCHMANN (2007)) confirmam essa tendência, pois a participação do setor terciário no total das ocupações existentes no mercado de trabalho subiu de 63,8%, em 1985, para 72,4%, em 2005. No mesmo período, o percentual de ocupados em estabelecimentos com mais de 500 trabalhadores caiu de 40,5% para 33,7%, enquanto em estabelecimentos com até 19 empregados subiu de 17,5% para 26,5% do total.

A expansão da ocupação e o modo como cresceram os postos de trabalho na economia brasileira, especialmente no setor terciário, ajudam a explicar

(27) Até 1988, as associações de servidores públicos não eram reconhecidas pelo Estado como sindicatos, apesar de se organizarem como tal. Naquela data, existiam cerca de duzentas associações de servidores.

porque está presente, nesse setor, a maior parte dos sindicatos criados depois de Constituição de 1988. Em geral, são formas de ocupação segmentadas, parciais ou temporárias, relações de trabalho individualizadas ou com pequenos contingentes de trabalhadores no mesmo ambiente de trabalho. Se tudo isso dificulta a construção de identidades entre os trabalhadores mais próximos no processo de trabalho, torna ainda mais difícil a aproximação entre camadas mais distantes de trabalhadores, o que, consequentemente, estimula a formação de novos (e pequenos) sindicatos.

Em síntese, com a expansão do setor terciário, parece haver uma crescente heterogeneidade e fragmentação das lutas, da organização e da possibilidade de ação coletiva dos trabalhadores. Uma das características de boa parte do setor terciário é a realização de atividade profissional que não tende a criar identidade com outros colegas de trabalho, mas reforça a concorrência e o individualismo entre os seus membros (KREIN e GONÇALVES, 2005).

As novas atividades de trabalho e suas características, em particular no setor terciário, forneceram parte dos elementos para que hoje haja mais de 1.900 autodenominadas categorias de trabalhadores representados em sindicatos[28].

Por outro lado, o crescimento da ocupação no setor terciário também ocorreu por meio de modalidades de trabalho similares às ocupações já existentes, embora disfarçadas pelo modo de gestão da força de trabalho e flexibilizações na relação de emprego. Esse fenômeno incitou tanto a divisão de categorias pré-existentes como o surgimento de sindicatos em ambientes que poderiam ser representados pela mesma entidade.

O avanço do capital em diversos tipos de serviços criou novas ocupações e expandiu modalidades de emprego já existentes em saúde, segurança, educação, transporte, entretenimento, entre outros empreendimentos. A heterogeneidade dentro das ocupações, os pequenos coletivos que se formaram e o modo de inserção no trabalho facilitaram o surgimento de diversos sindicatos de categorias sem representação anterior ou de novas categorias, como motoristas de motos e utilitários, empregados em agências de turismo, em empresas de estacionamento, em garagens, em clínicas de saúde, em empresas de limpeza, em empresas de administração de condomínios, *calls centers*, bingos etc. Muitos desses grupos, por outro lado, já eram representados por entidades preexistentes, mas se desgarraram, constituindo novas associações, como as de trabalhadores em supermercados, em empresas de locação de fitas de vídeo, postos de combustível, aluguel de automóveis, vigilantes, etc.

Além das atividades assalariadas que surgiram (ou se expandiram) com a expansão do capital no setor terciário, novas formas de ocupação se generalizaram ao longo das décadas de 1990 e 2000, por diversas modalidades de

(28) Dado fornecido por documento de Ministério do Trabalho (2005).

trabalho por conta própria, que também contribuíram substancialmente para a pulverização sindical. Este tipo de ocupação atingiu cerca de 20% da população ocupada no Brasil no final do último decênio, e 25% do mesmo total em 2005, segundo dados da PNAD (2005).

A despeito de a prática sindical ter sido historicamente circunscrita aos trabalhadores com vínculo formal de emprego (trabalho assalariado mediante assinatura de carteira), a disseminação do trabalho autônomo, na década de 1990, parece ter impelido uma parcela desses trabalhadores a se organizar em sindicatos. O número de sindicatos de trabalhadores autônomos teve crescimento exponencial, mais do que setuplicando o número de entidades existentes no final de 1988. Esses novos sindicatos são tanto oriundos de categorias antes marginais no mercado de trabalho e que se expandiram ao longo das duas últimas décadas, como os vendedores ambulantes, quanto de categorias novas na economia, como parcela dos já citados *motoboys*.

Reproduzindo as condições precárias e a ampla fragmentação que encontram no seu cotidiano de trabalho, a organização dos trabalhadores autônomos baseou-se na criação de uma infinidade de pequenos sindicatos, o que contribuiu significativamente para o incremento total do número de sindicatos. Enquanto representavam apenas 6% (cerca de 600 mil) do total de trabalhadores urbanos associados a sindicatos, eram cerca de 15% das entidades de trabalhadores urbanos no Brasil, ao final de 2001. Os sindicatos de trabalhadores autônomos apresentavam destacadamente a menor média de associados — 278 trabalhadores — entre as associações de trabalhadores brasileiros. Camelôs, vendedores ambulantes, perueiros no sudeste, kombeiros no nordeste, guardadores de carro, prestadores de pequenos serviços, em geral, são exemplos dos grupos de trabalhadores que encarnam essa multiplicação de sindicatos.

Além do trabalho efetivamente por conta própria, os sindicatos computados na ocupação de trabalhadores autônomos, em muitos casos, são associações de trabalhadores empregados, mantidos em alguma modalidade de assalariamento disfarçado. As contratações de cooperativas de trabalho e de trabalhadores disfarçados de prestadores de serviços (como pessoa jurídica ou trabalho eventual) são utilizadas pelo capital, em regra, para ocupar cargos que deveriam ser espaço de trabalho de empregados com carteira assinada, com o objetivo de contornar as leis do trabalho. Assim, esses supostos trabalhadores autônomos, segmentados em relação aos trabalhadores estáveis do local onde trabalham, por não terem carteira assinada, tenderam a se organizar em sindicatos apartados das entidades pré-existentes no local de trabalho, como se fossem representantes de novas categorias.

Cooperativas de trabalho e contratação de trabalhador por intermédio de pessoa jurídica são duas faces da terceirização, fenômeno que foi fator importante de estímulo à pulverização dos sindicatos. Mesmo nos casos de subcontratação de trabalhadores consentida pela legislação, havia diferentes mecanismos de segmentação entre trabalhadores diretamente vinculados à contratante e empregados das empresas subcontratadas, o que geralmente se manifestou, inclusive, na representação sindical.

A terceirização se expandiu fortemente nas duas últimas décadas no Brasil, não só na indústria, bem como no setor de serviços, nas grandes, pequenas e médias empresas. Pesquisas recentes realizadas por *Pochmann* (2006 e 2007) apontam a profundidade do uso da terceirização nos últimos anos. Segundo levantamento realizado pelo autor — com base em dados do IBGE —, que contempla o intervalo entre 1995 e 2005, "33,8% dos postos de trabalho gerados pelo setor privado formal foram de responsabilidade da terceirização no Brasil" (POCHMANN, 2006, p.5).

Se, por um lado, a terceirização do trabalho pelo capital objetiva reduzir custos de contratação, segundo *Druck* (1999), a subcontratação visa, no plano político, a diferenciar os trabalhadores, como um dos dispositivos da fragmentação da classe assalariada. Assim, não só na terceirização fraudulenta, bem como nos casos admitidos pelo quadro jurídico, a prática estimulou a formação de muitos dos novos sindicatos na indústria e serviços, ao induzir os trabalhadores terceirizados a não se identificarem como portadores dos mesmos interesses que os outros assalariados no mesmo local de trabalho, mas com o vínculo empregatício com as empresas contratantes.

Krein e *Gonçalves* (2005:5) observaram esse processo numa amostra de atividades do setor terciário no Estado de São Paulo. Segundo eles, a terceirização "acentua a diferenciação entre os trabalhadores e pulveriza as organizações de representação coletiva". Os antigos sindicatos encontram dificuldades para representar os novos trabalhadores. A terceirização, ao segmentar os trabalhadores, incentiva a transformação da diferenciação individual — dos contratos — numa divisão de coletivos, engendrada pelo desmembramento da representação dos trabalhadores (as bases terceirizadas abrangidas pelos sindicatos preexistentes se separam das antigas, formando novos sindicatos). Trabalhadores terceirizados em hotéis, restaurantes, lojas, supermercados, empresas de transporte, hospitais, shoppings, empresas de ensino, entre outros estabelecimentos, foram, em muitos casos, segmentados das antigas entidades, constituindo pequenos sindicatos específicos. Vigilantes, trabalhadores em empresas de asseio e limpeza e de refeições industriais são casos ainda mais gritantes do impacto da terceirização na pulverização sindical, pois as próprias entidades que os representam subsistem, em grande medida, por conta da terceirização[29].

(29) Caso não houvesse subcontratação, essas categorias seriam provavelmente abrangidas pelo sindicato representante dos empregados das atividades-fim das empresas onde o serviço é executado (ex: metalúrgicos, químicos etc.). Deve-se ressaltar que terceirização colabora para a distorção de dados, pois muitos sindicatos que surgem, no setor industrial, acabam sendo classificados como entidades de trabalhadores do setor terciário — como os casos da limpeza e vigilância.

Outra significativa mudança experimentada pelo "mundo do trabalho" brasileiro a partir da década de 1990, e que auxiliou na manutenção e aprofundamento da fragmentação dos sindicatos no país, foi a forte polarização verificada no movimento sindical, particularmente entre a CUT e a Força Sindical. As disputas diretas — por bases de interesse comum — e indiretas — via ampliação de representatividade pela conquista de novos filiados — entre as Centrais marcam o sindicalismo brasileiro desde o início da década de 1990. Essa disputa por espaço não necessariamente teria de contribuir para a pulverização sindical; contudo, as estratégias adotadas foram nesse sentido.

A superioridade da CUT na quantidade total de sindicatos filiados ainda era patente ao final de 2001, pois 66% das associações ligadas a alguma Central Sindical no Brasil eram articuladas a ela. Não deve ser coincidência, todavia, que exatamente os setores em que há maior equilíbrio na disputa entre CUT e Força Sindical foram também ramos em que houve enorme criação proporcional de sindicatos. Entre os sindicatos de trabalhadores dos transportes rodoviários, 12% eram filiados à Força e 8% ligados à CUT, enquanto entre as entidades do comércio[30] a relação é de 13% contra 15%, ou seja, leve ascendência da CUT.

Entre os sindicalistas — e mesmo entre os pesquisadores — é comum atribuir à Força Sindical responsabilidade pela criação de muitos novos sindicatos; contudo, também a CUT contribuiu significativamente para o fracionamento da organização sindical após 1988. Entre 1992 e o final de 2001, a CUT cresceu 70% em número de sindicatos, atingindo mais de 2.800 sindicatos filiados. Em 2007, segundo a própria Central, são mais de três mil e duzentos. Já a Força Sindical teve incremento de 187% de entidades associadas, contando com mais de 800 sindicatos no fim de 2001. A estratégia de crescimento das Centrais abrange todas as modalidades de criação de sindicatos, desde desmembramento de territórios e de categorias de entidades pré-existentes, até a fundação de sindicatos em bases sem representação prévia.

Destarte, o quadro jurídico configurado após a promulgação da Constituição de 1988, concomitante a mudanças no "mundo do trabalho" como a terceirização, expansão do trabalho autônomo, crescimento do setor de serviços via emprego heterogêneo e precário, nova disputa entre grupos sindicais, a partir dos anos 1990, impeliram o crescimento do número de entidades, seja em novas bases, seja dividindo as pré-existentes.

Todavia, o recrudescimento da pulverização sindical no Brasil após 1988 não foi inexorável. A nova Constituição Federal não recepcionou o enquadramento sindical, extinguindo-o tacitamente. Por conseguinte, deixou de existir restrição à representação de várias categorias por uma mesma entidade. Mais do que isso, o próprio conceito de categoria no quadro jurídico deixou de ser pré-determinado, pois o antigo quadro de profissões não mais serviu como

(30) Deve-se lembrar que a classificação comércio equivale a grande parte do setor terciário da economia.

parâmetro obrigatório para organização dos sindicatos. No que tange à abrangência territorial dos sindicatos, a Carta Magna delegou aos interessados a sua determinação, prerrogativa antes detida pelo Ministério do Trabalho. Ademais, a liberdade sindical prevista no artigo 8º garantiu a possibilidade de unificação entre entidades. Por fim, com a nova Constituição o controle sobre a fundação, alteração de base (categorial ou geográfica), fusão de sindicatos, foi transferido às iniciativas dos próprios interessados (a interferência do Estado sobre a organização sindical ocorreu fundamentalmente no âmbito judicial, o que dependia necessariamente da demanda dos próprios agentes envolvidos).

Como consequência, após a promulgação da Constituição de 1988 engendrou-se um cenário que possibilitava, a despeito do não estabelecimento de plena liberdade sindical, amplas alterações na estrutura sindical brasileira em seus aspectos organizativos. Mesmo dentro do quadro jurídico vigente poderia ter ocorrido ampliação do número de categorias representadas por um mesmo sindicato (ou mesmo enxugamento do número de categorias existentes — poderia ter ocorrido uma agregação por ramos, por exemplo —, ao invés da multiplicação das categorias representadas, que atingiram as supracitadas 1.900 categorias). Da mesma forma, as bases geográficas representadas pelas entidades poderiam ter sido expandidas por meio do incremento das representações interestaduais e/ou nacionais. Associados a tais processos, eram possíveis as unificações entre entidades preexistentes, fenômeno bastante difundido internacionalmente nas últimas décadas. Isso quer dizer que, mesmo com o incentivo à fragmentação engendrado pelo quadro jurídico configurado após a Constituição de 1988 e as supracitadas alterações ocorridas no chamado "mundo do trabalho", o movimento sindical poderia ter realizado um enxugamento da estrutura sindical brasileira (como ocorreu em outros países no mesmo período). No bojo desse novo cenário, a CUT, inclusive, encampou um plano de reorganização das entidades a ela filiadas, que contemplava a modificação dos segmentos de trabalhadores representados (passando das categorias remanescentes do antigo enquadramento para os ramos, que englobariam diversas das referidas categorias num mesmo sindicato).

Acontece que os fatores contribuintes do recrudescimento da pulverização, quais sejam, o quadro jurídico conformado pela Constituição de 1988 e as transformações no "mundo do trabalho" subsequentes, estiveram associados a (e também impeliram a reprodução de) uma determinada cultura sindical no Brasil. Aspectos dessa cultura impeliram trabalhadores e sindicalistas à formação de entidades com base em pequenos coletivos, em conformidade com o antigo quadro de profissões ou em grupos ainda menores, tendo como abrangência territorial majoritariamente um ou alguns municípios. Também incentivaram a divisão dos sindicatos existentes, seja por conta das disputas pelo controle das entidades, ou pelo fracionamento de identidades cada vez mais restritas. Como corolário dessas circunstâncias, a tabela 17 apresenta a outra face da pulverização sindical: foram exíguos os casos de fusões entre sindicatos verificados entre 1988 e 2001.

Tabela 3

Número total de fusões e a discriminação por principais

Setores profissionais selecionados	Fusões
Indústria	47
Comércio	27
Transportes terrestres	8
Educação e cultura	6
Servidores públicos	22
Trabalhadores rurais	33
Total entre todos os setores	156

Fonte: IBGE, BME (formulação própria)

A fragmentação da organização dos sindicatos de base teve, em alguma medida, seu correspondente na organização da cúpula do movimento. Quando da promulgação da Constituição Federal havia efetivamente duas Centrais Sindicais, quais sejam, a CUT e a CGT. No curso dos anos seguintes surgiram novas organizações, especialmente a partir de dissidências das entidades pré-existentes — em contrapartida, em 2007 ocorreu a unificação da Central Autônoma dos Trabalhadores (CAT), Social Democracia Sindical (SDS) e Central Geral dos Trabalhadores (CGT), constituindo a União Geral dos Trabalhadores (UGT) —, culminando atualmente com a existência de sete Centrais Sindicais no Brasil.

Se acompanhar o caminho percorrido pelos sindicatos de base, a divisão na cúpula tende a incrementar com o ingresso da Lei n. 11.648 (de 31 de março de 2008) no quadro jurídico vigente, que introduziu formalmente as Centrais Sindicais na esfera de influência do Estado. Como já mencionado neste texto, com o advento da Constituição de 1988 as Centrais Sindicais deixaram de ser proibidas. Contudo, sua existência continuou sendo produto da organização autônoma dos trabalhadores, já que não havia previsão sobre elas no quadro jurídico (com exceção de diplomas estatais que abordavam a atuação das Centrais nos órgãos públicos e fóruns tripartites — como o art. 3º, § 3º, da Lei n. 8.036/90; art. 3º, § 2º, da Lei n. 8.213/91; art. 18, § 3º da Lei n. 7.998/90 —, mas não disciplinavam as Centrais, em si). A absorção formal das Centrais Sindicais ao quadro jurídico ocorreu apenas em 2008, com a supracitada lei, que impôs condições ao reconhecimento das Centrais pelo Estado, tendo como contrapartida a concessão formal de prerrogativas às entidades, das quais se destaca a participação dessas organizações na apropriação da contribuição sindical obrigatória (dez por cento do valor total arrecadado). Apenas em 2008 foram transferidos compulsoriamente às Centrais Sindicais 62,968 milhões de reais — as Centrais Sindicais CUT, Força Sindical, UGT, CTB, CGTB e NCST se enquadravam à lei, amealhando os referidos valores (*Claudia Rolli e Fátima Bernardes)* —, montante que pode incentivar as disputas internas entre os setores componentes das entidades, fomentando novos fracionamentos na organização sindical brasileira.

CONSIDERAÇÕES FINAIS

As mudanças no mercado de trabalho decorrentes do intenso movimento de reestruturação produtiva, da adoção de políticas de corte neoliberal e do reduzido patamar de crescimento da economia, que marcaram a década de 90, levando ao enfraquecimento dos sindicatos com a redução da sua capacidade de mobilização dos trabalhadores, a queda no número de greves e a perda do seu poder de barganha, não se alteraram totalmente nos últimos quatro anos, com exceção do abandono de aspectos[31] da orientação neoliberal pelo novo governo.

A adoção de uma estratégia voltada mais para a negociação do que para o enfrentamento e a postura mais pragmática que caracterizou a atuação das principais Centrais Sindicais nos anos 90, apesar das divergências entre elas, não se modificou substantivamente e, no caso da CUT, parece ter se aprofundado com a sua proximidade com o governo do presidente-operário e a opção de defendê-lo frente aos ataques da oposição.

Não se verificou, sob o Governo Lula, uma mudança na tendência de descentralização das negociações coletivas e das greves que passaram a ocorrer, em maior medida, no serviço público e no âmbito das empresas, no setor privado. Persistiu, portanto, a dificuldade de mobilização das bases e um certo refluxo do movimento grevista, com um número de greves inferior ao verificado nos últimos anos da década de 90.

A fragmentação do sindicalismo brasileiro não apenas persistiu, como parece ter se intensificado entre 2001, data do último levantamento feito pelo IBGE, e meados de 2005, quando o Ministério do Trabalho e Emprego calculava que existiam pouco mais de 23.000 sindicatos[32]. Além disso, ampliou-se a fragmentação política, com o aprofundamento das divergências internas à CUT, principalmente decorrentes de posições distintas frente ao Governo Lula. Essas divergências levaram ao rompimento de alguns sindicatos com a Central e à formação de uma nova Central Sindical.

A partir de 2004, o crescimento da economia permitiu a criação de empregos formais em proporção muito superior ao que foi gerado entre 1995 e 2002. Além disso, verificou-se a partir de 2005 uma elevação da renda do

(31) Pois na política econômica continuamos com a tríade: juros mais altos do mundo, total desregulamentação financeira e bolsa-juros (superávit primário).
(32) Incluindo entidades patronais e de trabalhadores.

trabalho, depois de 16 anos de queda contínua, provavelmente devido ao crescimento do emprego, à melhoria na negociação dos reajustes salariais, à transferência de renda para os seguimentos mais pobres da população e ao aumento real do salário mínimo que ocorreu de forma contínua até 2009.

As condições políticas favoráveis e os sinais de melhora das condições do mercado de trabalho permitiram que uma parcela dos sindicatos adotasse estratégias mais ofensivas nas greves e nas negociações coletivas. Essas últimas mostraram resultados positivos, principalmente nos reajustes salariais equivalentes ou superiores à inflação na maioria dos casos, mas também na inclusão, em parte dos acordos, de novas cláusulas sociais ou ampliação de benefícios existentes.

No entanto, as expectativas do movimento sindical com a aprovação da reforma sindical que viria regulamentar e complementar as mudanças constitucionais foram frustradas quando denúncias de corrupção envolvendo deputados do PT, dos partidos aliados no Congresso e membros do Governo ampliaram as insatisfações e as críticas de uma parcela das lideranças sindicais e inviabilizaram sua tramitação e aprovação no Congresso. Do mesmo modo, a tentativa do Governo de reconhecer as Centrais Sindicais por meio de uma medida provisória enviada ao Congresso em 2006 fracassou com a votação majoritariamente contrária a esta medida.

No segundo Governo Lula, a questão do reconhecimento das Centrais voltou a ser colocada na agenda, apesar do debate em torno da reforma sindical não ter sido retomada. Apenas em 2008, segundo ano do segundo mandato, foi aprovado o reconhecimento das Centrais que passaram a receber, como os outros organismos da estrutura sindical, uma parcela da contribuição sindical.

As disputas políticas internas à CUT e a expectativa de receber recursos do imposto sindical com o reconhecimento das Centrais levou a um rearranjo entre as Centrais com algumas fusões mas principalmente com o surgimento de cinco novas Centrais, aprofundando a fragmentação também neste nível da organização sindical.

Esse quadro político, mas principalmente as dificuldades e debilidades vivenciadas pelo movimento sindical, desde os anos 90 e ainda persistentes, colocam para suas lideranças um conjunto de desafios.

Diante da persistência de taxas de desemprego ainda consideradas altas, da predominância de empregos informais e precários, o conjunto do movimento sindical continua a enfrentar os desafios de ampliar sua base de apoio e a representatividade de suas entidades, reduzindo a fragmentação, incorporando jovens e mulheres, organizando os trabalhadores do setor informal e lutando para a extensão de direitos básicos a esses(as) trabalhadores(as), além de lutar pela sindicalização dos trabalhadores das empresas subcontratadas nas mesmas categorias para as quais prestam serviços.

REFERÊNCIAS BIBLIOGRÁFICAS

COSTA, Walber Carrilho da (2005), Sindicalização e greve: história recente do movimento sindical brasileiro. In: *Revista História Hoje, Revista Eletrônica de História*, v. 2, n. 6, março, Disponível em: <http://www.anpuh.uepg.br/historia-hoje/vol2n6/vol2n6.htm>, Página consultada em 07/06/2009.

DIEESE (2001). As negociações coletivas no Brasil, São Paulo. Disponível em: <http://www.dieese.org.br). Página consultada em 06.06.2009.

DIEESE (2005a). O movimento grevista de 2004, *Estudos e Pesquisas*, n. 12 — outubro.

_______ (2006). A negociação dos reajustes salariais em 2005. *Estudos e Pesquisas,* ano 2, n.18, março. Disponível em: <http://www.dieese.org.br/esp/cju/balneg2_2005.pdf>, Página consultada em 06.06.2009.

_______ (2006a). A negociação dos reajustes salariais no primeiro semestre de 2005, *Estudos e Pesquisas*, ano 3, n. 23, agosto de 2006. Disponível em: <http://www.dieese.org.br/esp/cju/estPesq23BalancoNegociacao1Sem.pdf.>, Página consultada em 06.06.2009

DIEESE (2006b). As greves de 2005, *Estudos e Pesquisas*, ano 2, n. 20, maio

DIEESE (2006c). Balanço das greves no primeiro semestre de 2006, Estudos e Pesquisas, Ano 3, n. 27, novembro.

DIEESE, (2008) Balanço das greves de 2007. *Estudos e Pesquisas*, junho.

CONSOLIDAÇÃO das Leis Trabalhistas. *Revista dos Tribunais*. São Paulo, 2005.

CONSTITUIÇÃO Federal. *Revista dos Tribunais*. São Paulo, 2005.

DRUCK, Maria da Graça. *Terceirização*: (des)fordizando a fábrica. São Paulo: Boitempo, 1999.

IBGE. *Sindicatos*: indicadores sociais 2001. Rio de Janeiro: IBGE, 2003.

KREIN, Dari; GONÇALVES. Os impactos das mudanças tecnológicas do setor terciário sobre as relações de trabalho no Brasil na década de 1990. ANPOCS, 2005. Disponível em: <http://sindicalismo.pessoal.bridge.com.br/>

POCHMANN, Márcio. *A superterceirização dos contratos de trabalho*. SINDPRESS, 15 anos, 2007.

_______. *O trabalho sob fogo cruzado*. São Paulo: Contexto, 1999.

PNAD, 2005. Disponível em: <www.ibge,gov.br>

ROLLI, Cláudia; BERNARDES, Fátima. Em 8 meses, 553 mil entram em sindicatos. *Folha de São Paulo*, 23.05.2009.

A CONSTITUIÇÃO DE 1988, A QUESTÃO DA PARTICIPAÇÃO E O SINDICALISMO: PROBLEMATIZAÇÕES

Roberto Véras de Oliveira(*)

Resumo: Pretende-se aqui abordar o tema da participação sindical nos espaços institucionais, buscando identificar, quanto a isso, os momentos mais marcantes entre os anos 1980 e o período atual, no que se refere às potencialidades, limites, contradições indicados e tendo como parâmetro a Constituição de 1988 e as possibilidades que criou ao processo de democratização do País. Sobretudo, pretende-se problematizar essa trajetória de envolvimento do sindicalismo com questões diretamente referidas aos esforços de democratização da gestão pública e as perspectivas atualmente sugeridas.

Palavras-chave: sindicalismo, participação, conselhos de gestão pública, democratização do País.

INTRODUÇÃO

Para um balanço político das décadas de 1980 a 2000, do ponto de vista da questão democrática e da ação sindical, não se pode fugir a um marco decisivo: a Constituição de 1988. Esta é amplamente considerada, apesar de importantes limites, um avanço na conquista dos direitos de cidadania no Brasil. Mas, de modo fundamental, do que estamos falando? Da possibilidade de construção de um Estado de Direito Democrático em um país capitalista e, para além disso, marcado por uma tradição fortemente autoritária e excludente(1).

(*)Doutorado em Sociologia pela Universidade de São Paulo (USP), em 2002. Atualmente é professor adjunto da Universidade Federal de Campina Grande (UFCG), atuando na Unidade Acadêmica de Ciências Sociais e no Programa de Pós-Graduação em Ciências Sociais (Mestrado e Doutorado). Atua, ainda, no Programa de Pós-Graduação em Sociologia da Universidade Federal da Paraíba (Mestrado e Doutorado). Preferencialmente, orienta seus estudos e pesquisas para os campos da Sociologia do Trabalho e da Sociologia Política. Tem concentrado sua atenção (na forma de publicações, orientações e participação em eventos) sobre temas como sindicalismo, relações de trabalho, qualificação profissional, políticas públicas de trabalho, emprego e renda, economia solidária, diálogo social, cidadania, entre outros.

(1) Nos termos, por exemplo, de Chauí (1986).

A tensão entre *democracia* e *capitalismo* está posta desde que os seus destinos se cruzaram com a emergência desse último. Desde então, a democratização da sociedade capitalista, onde avançou (como na constituição do Estado do Bem-Estar Social, ao longo do século XX), passou, sob limitações estruturais(2), por pelo menos três processos fundamentais: a regulação pública do mercado; a participação da sociedade civil na gestão pública; a universalização de direitos civis, políticos e sociais. Tudo isso, nos marcos do Estado nacional e sob o desafio da construção de sua soberania.

No Brasil, jamais conseguimos um grau de regulação, de participação e de acesso universal aos direitos de cidadania (assim como de soberania efetiva) que lhe permitisse ingressar no seleto grupo dos países que adotaram o padrão do Estado do Bem-Estar Social. No máximo, tivemos o que o sociólogo *Wanderley Guilherme dos Santos* (1987) chamou de "cidadania regulada". Ou seja, uma cidadania restrita a uma parcela restrita da população trabalhadora (assalariados formalizados) e submetida ao controle social e político do Estado (principalmente por meio da instituição do sindicalismo corporativo).

No entanto, as lutas e conquistas sociais e políticas que marcaram os anos 1980, particularmente expressas no processo Constituinte e na Constituição de 1988, abriram um novo campo de possibilidades para a afirmação dos direitos de cidadania e da democracia no País e, consequentemente, para o campo de ação das forças sociais e políticas voltadas às transformações sociais, com destaque para o sindicalismo (especialmente o assim denominado *novo sindicalismo*(3)).

O presente texto tem como propósito, completados 20 anos de promulgação da Constituição "Cidadã", de um lado, tecer alguns comentários sobre as possibilidades indicadas, na sua concepção e implementação, quanto à construção da democracia e o exercício da cidadania no País; e, de outro, com um foco sobre os espaços de participação social e política que a partir de tais condições se colocaram, problematizar o modo como o sindicalismo diante dessas vem se posicionando.

A CONSTITUIÇÃO DE 1988 E OS AVANÇOS E RECUOS NO MOVIMENTO DE DEMOCRATIZAÇÃO RECENTE DA SOCIEDADE BRASILEIRA

A Constituição de 1988 é resultado de uma alteração na correlação de forças sociais e políticas, trazido com o processo de redemocratização do País.

---

(2) Veja-se, quanto a isso, o comentário de Chauí (1997, p. 141): "Tanto na crítica marxista quanto na de McPherson, a ênfase é dada ao fato de que a democracia, modelada sobre o mercado e sobre a desigualdade socioeconômica, é uma farsa bem sucedida, visto que os mecanismos por ela acionados destinam-se apenas a conservar a impossibilidade efetiva da democracia. Se, na tradição do pensamento democrático, democracia significa: a) igualdade, b) soberania popular, c) preenchimento das exigências constitucionais, d) reconhecimento da maioria e dos direitos da minoria, e) liberdade, torna-se óbvia a fragilidade democrática no capitalismo".

(3) Ver a respeito, entre outros estudos sobre o tema, Véras de Oliveira (2002).

De maneira inédita, verificou-se um recuo dos segmentos mais *elitistas* e *conservadores* em favor dos setores mais *populares* e *democráticos*, quando, na interpretação de *Sader* (1988), "novos personagens entraram em cena". As demandas sociais mais fundamentais da população converteram-se, na forma de um sindicalismo renovado, de novos movimentos sociais e populares, de novos projetos partidários, em bandeiras de luta, em reivindicações e em propostas de lei para a nova Constituição.

A Constituição de 1988 expressa, portanto, a correlação de forças que o contexto dos anos 1980 produziu. É considerada "avançada" porque incorporou referências de direitos civis, políticos e sociais em uma dimensão ainda não atingida por Constituições e/ou leis ordinárias anteriores no País. Mas também é considerada "limitada" porque preservou estruturas tradicionais e privilégios, além de não ter colocado em xeque o caráter capitalista da sociedade brasileira.

Dentro de limites evidentes, não se pode negar, entretanto, que elementos de democratização da sociedade foram então previstos, em caráter inédito na história do País. O Estado viu ampliadas suas funções de provedor de serviços sociais à população em várias áreas e com tendência à sua universalização (Saúde, Educação, Previdência, Assistência, Habitação, Saneamento Básico etc.). Foram indicadas formas de participação da sociedade civil organizada no debate, elaboração e fiscalização das políticas públicas, em contraste com a opacidade anterior que se lhe impunham as práticas políticas tradicionais. O *público* reposicionou-se diante do *privado*, delimitando mais claramente os espaços de cada um e, assim, preservando melhor o primeiro das investidas indevidas do segundo. Sob tais condições, a democracia foi concebida para além dos limites da *representação*, trazendo mesmo que timidamente sinais de uma referência na *participação*(4). A centralidade da noção de *direitos sociais* em uma perspectiva *universalista* (TELLES, 1999) pôs em questão a referência historicamente construída da "cidadania regulada". Referindo-se ao processo de democratização vivenciado pela América Latina, nos anos 1980, no qual inseriu-se o caso brasileiro, para *Santos* e *Avritzer* (2002, p. 54), "o que a democratização fez foi, ao inserir novos atores na cena política, instaurar uma disputa pelo significado da democracia e pela constituição de uma nova gramática social".

A Constituição de 1988 expressou, como resultado e elemento de intensa luta social e política, o esboço no Brasil de um projeto de *Estado social* e *democrático*, incorporando elementos de regulação pública do mercado, prevendo instrumentos de participação da sociedade civil nas tomadas de decisões, instituindo (alargando e universalizando) direitos civis, políticos e sociais.

---

(4) Referindo-se a processos de libertação e democratização ocorridos, nos anos 1980, na África e América Latina, Santos e Avritzer (2002, p. 59) veem como um elemento comum: "a percepção da possibilidade da inovação entendida como participação ampliada de atores sociais de diversos tipos em processo de tomada de decisão".

QUANTO À REGULAÇÃO PÚBLICA DO MERCADO

Ao mesmo tempo em que foi reafirmada a ordem econômica fundada na "propriedade privada" e na "livre iniciativa", estabeleceram-se alguns parâmetros de regulação dessa ordem que lhe colocam limites. Destaquem-se:

• as noções de "soberania nacional" e de "empresa nacional" possibilitavam ao Estado adotar medidas de controle sobre o fluxo de capitais e mercadorias, por exemplo no sentido de dispensar um tratamento diferenciado a certos setores (tidos como "estratégicos" para o País) em detrimento de outros;

• para a ordenação do sistema financeiro nacional, foram instituídos vários parâmetros a serem considerados quando da sua regulamentação em lei ordinária (limitação em 12% a.a. das taxas de juros; condições para autorização de empresas funcionarem como banco, seguradora, previdência, capitalização, cooperativa de crédito; condições para a participação do capital estrangeiro etc.);

• a noção de "função social" da propriedade possibilitava ao Estado um decisivo instrumento de política urbana (com a adoção de planos diretores nas cidades) e de política fundiária (com vistas à reforma agrária);

• a noção de "defesa do consumidor" permitia ao Estado agir no sentido de proteger o consumidor contra práticas abusivas e antiéticas por parte das empresas;

• a referência da "defesa do meio ambiente" permitia ao Estado lançar mão de medidas de controle de práticas empresariais consideradas danosas ecologicamente;

• as referências da "redução das desigualdades" e da "busca do pleno emprego" e a instituição de direitos sociais e trabalhistas permitiam ao Estado atuar no sentido de inibir práticas empresariais consideradas abusivas aos direitos dos trabalhadores e ao seu direito de organização sindical.

QUANTO À PARTICIPAÇÃO DA SOCIEDADE CIVIL NAS TOMADAS DE DECISÕES

Ao mesmo tempo em que foram reafirmadas as bases de uma "democracia representativa", em que o exercício de participação cívica no poder se faz fundamentalmente por meio do voto, alguns instrumentos previam alargar o seu alcance e até sinalizar formas (embora modestas) de uma "democracia participativa", tais como:

• a instituição do sufrágio universal, incluindo analfabetos (neste caso, embora mantendo-os inelegíveis), maiores de 70 anos e menores de 18 e maiores de 16 anos (todos na condição de "facultativo", sendo para os demais "obrigatório");

- a instituição do "plebiscito", do "referendo" e da "iniciativa popular";
- a instituição do Ministério Público (Federal, do Trabalho, Militar, dos Estados);
- o direito de livre associação e a liberdade de organização partidária;
- a instituição, como instrumentos da Ordem Social e sob a referência do "caráter democrático e descentralizado da administração", da "gestão colegiada" (a exemplo da Seguridade Social e das políticas de emprego), da "gestão democrática" (a exemplo do Ensino Público), do recurso da "colaboração da comunidade" (a exemplo da Cultura);
- a garantia do direito de greve.

QUANTO À GARANTIA DE DIREITOS CIVIS, POLÍTICOS E SOCIAIS

Quanto aos *direitos civis*, trata-se da garantia de liberdades individuais e coletivas: direito à vida, à propriedade (desde que atenda a sua "função social") e à individualidade; igualdade formal entre os cidadãos; liberdade de opinião, de expressão, de ação e de locomoção; liberdade de associação etc. Sobre os *direitos sociais*, incluem-se a educação, a saúde, o trabalho, a moradia, o lazer, a segurança, a previdência social, a proteção à maternidade e à infância, a assistência aos desamparados. A esses associam-se os *direitos políticos*, de votar e ser votado, de se organizar em partidos, de exercer a cidadania política. Novos direitos foram instituídos. Direitos já inscritos na lei foram "constitucionalizados". Sobretudo, a *questão social*, historicamente tratada no País como "caso de polícia" e/ou como objeto de ação *assistencialista/filantrópica*, ganhou um conteúdo de *direitos de cidadania*. A população, os trabalhadores, os extratos mais pobres da sociedade passam, de um modo ímpar na história do país, a ser concebidos como *sujeitos de direitos*, uma ruptura histórica com o contexto anterior da *cidadania regulada* (5).

Enquanto esboço de um projeto de *Estado social* e *democrático*, sob bases inéditas no País, a Constituição de 1988, no momento da sua formulação e promulgação, representou um questionamento, a um só tempo, dos diversos projetos de índoles autoritárias que vêm disputando o destino do País: o *patrimonialismo*, o *liberalismo* e o *desenvolvimentismo*.

---

(5) Para Dagnino (2002, p. 09), "a sociedade civil brasileira, profundamente marcada pela experiência autoritária do regime militar instalado em 1964, experimenta, a partir da década de 70, um significativo ressurgimento. Esse ressurgimento, que tem como eixo a oposição ao Estado autoritário, foi tão significativo que é visto, por alguns analistas, como de fato a fundação efetiva da sociedade civil no Brasil, já que sua existência anterior estaria fortemente caracterizada pela falta de autonomia em relação ao Estado".

A disseminação das práticas *patrimonialistas* ocorre quando, sob a apropriação do *público* pelo *privado*, graça o clientelismo político, a política do favor, o assistencialismo do Estado associado à filantropia privada. Nos termos de *Holanda* (1997, p. 145-146):

> Não era fácil aos detentores das posições públicas de responsabilidade (...) compreenderem a distinção fundamental entre os domínios do privado e do público (...) Para o funcionário 'patrimonial', a própria gestão política apresenta-se como assunto de seu interesse particular; as funções, os empregos e os benefícios que deles aufere relacionam-se a direitos pessoais do funcionário e não a interesses objetivos, como sucede no verdadeiro Estado burocrático, em que prevalecem a especialização das funções e o esforço para se assegurarem garantias jurídicas aos cidadãos. A escolha dos homens que irão exercer funções públicas faz-se de acordo com a confiança pessoal que mereçam os candidatos, e muito menos de acordo com as suas capacidades próprias.

O autor acrescenta, ainda, que no Brasil, "é possível acompanhar, ao longo de nossa história, o predomínio constante das vontades particulares que encontram seu ambiente próprio em círculos fechados e pouco acessíveis a uma ordenação impessoal", destacando entre esses a família. Trata-se, de uma característica presente desde as origens do Estado brasileiro, tendo sido capaz até o momento de se ajustar a diversos contextos, preservando-se. Entretanto, são flagrantes os contrapontos estabelecidos pela Constituição de 1988 a tais práticas (por exemplo, com a instituição da obrigatoriedade do concurso público para o ingresso no serviço público).

Quanto ao *liberalismo*, grosso modo, se orienta pela *privatização do público* e pela ideia do Estado, pelo menos no discurso das elites, restringindo-se a funções administrativas, restando ao mercado regular-se a si próprio e, aos indivíduos, proverem-se por meio de seu próprio trabalho e renda. Sob tais condições, graça a referência da competição, da meritocracia, do individualismo, e as políticas sociais reduzem-se a medidas focalizadas e compensatórias. Quanto ao caso brasileiro, na percepção de *Santos* (1987, p. 65-66), particularmente durante a República Velha, a referência do *liberalismo* fez-se sob uma forma limitada, um "*laissez-faire* repressivo", visto que: jamais as relações de trabalho no setor agrícola assumiram um padrão *laissez-fairiano* de acumulação de tipo clássico; já no início do século XX surgiram as primeiras leis de proteção social, sugerindo "insuficiências dos automatismos do mercado"; ao mesmo tempo, "a força de trabalho ingressava de forma associativa e organizada na vida política e social" do País; de outra parte, "dava-se estabilidade à ordem do mercado pela repressão". Ainda, segundo *Santos* (1987, p. 64), tal tentativa esgota-se, historicamente, quando, com a Revolução de 1930, se impõe "a necessidade de significativa intervenção do Estado na vida econômica com o propósito de estimular a industrialização e a diferenciação econômica nacional". Entretanto, esse ideário, mesmo que secundariamente, continuou influenciando os espaços de poder no País. Quanto à Constituição de 1888, um contraponto importante se estabelece com a adoção da referência da "função social" da propriedade rural e urbana, limitando como isso o diréito de propriedade e a "livre iniciativa", tão sagrados ao *liberalismo*.

A concepção de um Estado que tutela, conduz, controla, planeja, intervém na economia e na organização da sociedade, presente (mesmo que sob certas variações de formas) sobretudo da Revolução de 1930 ao fim do Regime Militar, é a base do projeto *desenvolvimentista*. Conforme *Fiori* (1992, p. 77),

> atribui-se a Prebisch e à CEPAL a paternidade teórica dos vários projetos de desenvolvimento nacional, implementados de uma ou outra forma, em grande número de países latinoamericanos. As políticas de corte cepalino ou desenvolvimentista propunham a superação do atraso através de uma industrialização induzida pelo Estado (...) Essas ideias, aqui como nos países avançados, enfrentaram escassa resistência do pensamento liberal, na medida em que recolhiam práticas e tendências institucionalizadas desde os anos 30 como reação defensiva à crise internacional. Por isso, acabaram constituindo o núcleo de um consenso desenvolvimentista análogo, em força e extensão, ao keynesianismo europeu.

Nos momentos de afrouxamento das leis de exceção, estabeleceu-se um *desenvolvimentismo* de base *populista,* particularmente entre 1945-1964. O país chega aos anos 1970 com uma classe trabalhadora cada vez mais de base assalariada e, ao mesmo tempo, marcada por uma profunda dicotomia (formal-informal; qualificado-sem qualificação). Porém, as condições históricas que possibilitaram o desenvolvimentismo esgotavam-se:

> E quando a crise internacional dos anos 70 trouxe de volta as ideias liberais, o fez na Europa tanto quanto na América Latina, onde apenas Brasil e México ainda se mantinham fiéis ao projeto de desenvolvimento nacional dos anos 40. Finalmente, só o Brasil chegou aos anos 90 sem abandonar o projeto original, ainda que vivendo uma crise profunda (Fiori, 1992, p. 78).

A Constituição "Cidadã" oferece um contraponto, ao mesmo tempo, às referências *patrimonialistas*, *liberais* e *desenvolvimentistas*, sobretudo às bases autoritárias nas quais se assentou historicamente no País.

Contudo, na virada para a década de 1990, tal projeto foi claramente posto em xeque. As dificuldades de, sob o processo de "transição democrática", construir-se uma alternativa ao modelo *desenvolvimentista* (em crise); o avanço de uma onda internacional de caráter *liberal-conservadora* (*neoliberal*), exercendo forte pressão sobre o País; a crise do "socialismo real" (atingindo por extensão as utopias socialistas); a reestruturação empresarial e a onda crescente de desemprego e de precarização das formas de trabalho; tudo isso concorreu para alterar a correlação de forças que deu sustentação ao empreendimento constituinte.

A nova Constituição, e destacadamente aquilo que ela incorporou como avanços sociais e políticos, virou alvo de ataques das forças conservadores e das "Reformas Constitucionais". As ações especialmente dos Governos Collor e FHC, ao longo da década de 1990, orientaram-se claramente para a supressão de direitos, configurando-se uma era de "desmanches"[(6)]. Atitudes políticas (como a dura penalização dos petroleiros na ocasião da greve de 1995[(7)]) e medidas no campo da legislação ordinária (a exemplo da regulamentação do trabalho temporário, do trabalho parcial, da suspensão do contrato, entre outros[(8)]) pautaram-se pela referência da *desregulamentação* das relações de trabalho. Não se avançou mais nessa direção por causa da resistência política, sindical e popular e do caráter constitucional de vários direitos. Entretanto, ainda assim, até os dias atuais implicou em mais de 50 Emendas Constitucionais.

No momento em que a nova Constituição passaria a ser implementada na prática, a correlação de forças então dada produziu um importante revés: operou-se um certo grau de *desregulamentação* pública do mercado; processou-se uma reelaboração político-ideológica do sentido de *participação social*; foi atingida parte dos *direitos de cidadania*.

A PRESSÃO PELA DESREGULAMENTAÇÃO DOS MERCADOS

As pressões das forças *neoliberais* no sentido da *desregulamentação* dos mercados, associada à concessão pública de novas oportunidades à empresa privada, atingiu as três esferas da administração pública, assim como abrangeu os diversos segmentos (mercados financeiro, de bens e serviços, de trabalho, de ações etc.), com destaque para as novas oportunidades abertas ao capital internacional, implicando em alterações tanto nas leis ordinárias como na Constituição. O propósito predominante nos discursos e práticas empresariais e governamentais era o de avançar no sentido das *liberalizações* e *privatizações*.

No que se refere à Constituição, foram sintomáticas as seguintes Emendas Constitucionais:

- EC 06 e 07 (ago/1995): caiu a noção de "empresa brasileira de capital nacional", não havendo mais distinção de tratamento com relação às empresas estrangeiras;
- EC 08 (ago/1995): caiu o monopólio estatal sobre as telecomunicações;
- EC 09 (nov/1995): caiu o monopólio estatal sobre as jazidas de petróleo e gás natural;

---

(6) Tema central de Oliveira e Rizek (2007).

(7) Ver Rizek (1998).

(8) Ver Krein e Oliveira (1999).

- EC 40 (nov/2003): caiu o limite de 12% para os juros anuais a serem cobrados pelas instituições financeiras; foram retirados praticamente todas as indicações de aspectos a serem regulados em leis complementares, deixando a essas toda a liberdade para normatizar o setor.

Depois da quebra dos monopólios estatais da Petrobras e das Telecomunicações e da privatização das Telecomunicações e do setor energético, o governo pautou as "reformas" da previdência, administrativa e tributária. Para a área sindical, preparou uma nova lei de greve voltada aos "setores essenciais", que na verdade a restringia (por exemplo, ao institucionalizar as multas — um precedente aberto no episódio da "greve dos petroleiros").

A RESSIGNIFICAÇÃO DA PARTICIPAÇÃO SOCIAL

Na perspectiva das políticas *neoliberais*, quanto mais elevaram-se os patamares do desemprego e degradaram-se as condições de trabalho, mais aos excluídos restou, quando muito, as chamadas políticas *focalizadas* e *compensatórias*. Aos segmentos incluídos, sob constante ameaça do desemprego, sugeria-se a adequação à nova ordem e a "parceria" (entendida como o compartilhamento da sociedade, denominada de "terceiro setor", em relação à responsabilidade do Estado para com as demandas sociais). Assim, a ideia de "cidadania" perde substância e ganha um sentido meramente decorativo. A "refilantropização da pobreza" (TELLES, 1999) faz-se, assim, intimamente associada ao agenciamento da "parceria cidadã".

Muitos (embora não todos) dos espaços de gestão compartilhada (na forma de conselhos, comissões, fóruns, na saúde, educação, emprego, criança e adolescente, desenvolvimento rural etc.) ou foram constituídos sob manipulação política de agentes do Poder Público ou serviram a propósitos de cooptação/adesão dos setores mais atuantes na luta por direitos de cidadania (TATAGIBA, 2002).

A OFENSIVA CONTRA OS DIREITOS SOCIAIS

A pressão pela supressão de direitos sociais manteve-se durante todo esse período, no que se refere à Constituição, às leis ordinárias, às pautas de negociações coletivas, às medidas administrativas do Poder Público.

Quanto à Constituição, o governo chegou a patrocinar no Congresso Nacional a aprovação de Emendas Constitucionais com esse fim, a exemplo da EC 19, de maio de 1998 (eliminando a estabilidade do servidor público, que passa a poder ser demitido mediante procedimento de avaliação periódica de desempenho) e da EC 20, de dezembro de 1998, e EC 41, de dezembro de 2003 (extinguindo aposentadorias especiais, aumentando os tempos para aposentadoria, substituindo o critério de aposentadoria do *tempo de serviço* pelo critério do *tempo de contribuição*, extinguindo a aposentadoria com vencimentos integrais e delimitando tetos rebaixados para a remuneração dos beneficiados, extinguindo a paridade salarial entre ativos e aposentados no serviço público etc.).

Em 2001, o Governo chegou a tentar alterar o art. 7º da Constituição Federal, com vistas a flexibilizar os direitos sociais ali previstos, propondo a adoção do princípio do *negociado* em detrimento do *legislado*. Mas, diante das resistências apresentadas e da exigência de ter que reunir dois terços de votos favoráveis no Congresso Nacional, a orientação passou a ser a de alterar o art. 618 da CLT. Foi, então, encaminhado, em regime de urgência, um Projeto de Lei, com o seguinte conteúdo: "ressalvadas as disposições Constitucionais e as normas sobre segurança e saúde no trabalho, os demais direitos trabalhistas assegurados em lei podem ser objeto de negociação coletiva". Se aprovado o Projeto, a reforma trabalhista avançaria significativamente na direção que o governo FHC e os empresários apontavam. Ao mesmo tempo estar-se-ia utilizando de uma via com menos alarde do que seria necessário se se buscasse o caminho da alteração do art. 7º da Constituição ou mesmo da reforma em bloco da CLT. O referido Projeto chegou a ser aprovado na Câmara, mas não houve tempo de ser submetido ao Senado. Em 2003, sob o novo Governo, foi retirado de pauta.

Nos anos 1990, o esforço de desregulamentação dos direitos sociais e trabalhistas passou fundamentalmente pelas negociações coletivas (submetidas a uma correlação de forças mais desfavorável aos trabalhadores) e, sobretudo, por alterações na legislação ordinária (em geral na forma de MPs). Esse processo intensificou-se a partir de 1998. Principais medidas: instituição do trabalho por tempo determinado, em janeiro de 1998; instituição do trabalho voluntário, sem encargos sociais e trabalhistas; MP 1.620/98, contrapondo-se à Lei n. 8.534/92, que previa o princípio da ultratividade dos acordos e convenções; instituição do "banco de horas"; do trabalho por tempo parcial; da suspensão do contrato de trabalho; e do rito sumaríssimo.

Ao longo dos anos 1990, configurou-se um contraste entre certos avanços sociais e políticos estabelecidos nos âmbitos subnacionais, especialmente no plano municipal (com a constituição de conselhos de gestão e com a disseminação da experiência do Orçamento Participativo) e os recuos no âmbito da gestão federal.

Sob o Governo Lula, desenhou-se um contexto diverso, sobretudo marcado por forte expectativa de mudanças. Entretanto, a pressão sobre o Governo e a sociedade (por parte da mídia, dos segmentos empresariais e de instituições internacionais) pela supressão de direitos continuou. O exemplo mais destacado foi o da Reforma Previdenciária. A Reforma Trabalhista e Sindical foi pautada e retirada de foco.

De outra parte, as políticas sociais do novo Governo, recolocando em debate público a questão da pobreza, assim como sinalizações no sentido da constituição de espaços públicos de discussão sobre as políticas sociais (por meio da realização de conferências nacionais sobre trabalho e emprego, saúde, assistência social, cidades, questão racial, questão da mulher etc., da constituição do Conselho Nacional de Desenvolvimento Econômico e Social — CDES e do Fórum Nacional do Trabalho — FNT, entre outras iniciativas), seguidos de mais investimentos na educação e na saúde públicos e de certa reconstituição do papel do Estado enquanto condutor do processo de desenvolvimento econômico-social, têm contribuído para mexer em alguma medida no quadro de forças sociais e políticas que sustentou o "desmanche" dos anos 1990. A recuperação da economia, a reconstituição do poder aquisitivo do salário mínimo, a queda nas taxas de desemprego, aliados a certas reversões na tendência de informalização das relações de trabalho, também favorecem tal perspectiva. Mas tudo isso vem ocorrendo sobre bases frágeis e importantes limites[9].

Todo esse processo, de formulação, implementação e "reformas" da Constituição de 1988, envolveu e afetou profundamente o sindicalismo brasileiro. Não é propósito deste texto tratar de todas essas dimensões, mas tão somente recortar um aspecto: atentando para os espaços de participação social que a partir de tais condições se colocaram, procuraremos problematizar o modo como o sindicalismo diante dessas vem se posicionando.

ELEMENTOS DA PARTICIPAÇÃO SINDICAL EM ESPAÇOS INSTITUCIONAIS A PARTIR DA CONSTITUIÇÃO DE 1988

Sobre as possibilidades abertas com a Constituição de 1988 quanto à participação sindical nos espaços institucionais, destacamos aqui alguns momentos, identificados com a intenção de realçar condições diversamente colocadas à ação sindical, particularmente quanto à participação institucional, ao longo das últimas décadas.

PRIMEIRO MOMENTO

O primeiro momento a ser aqui destacado ocorreu, em meados da década de 1980 (mais enfaticamente no processo Constituinte), com a discussão, que se estabeleceu nos espaços sindicais, populares e partidários identificados com uma perspectiva mais radical de democratização do país, sobre a pertinência ou não da *participação institucional*. Configurou-se, na ocasião, uma tensão entre o primado da *ação direta* e a opção pela *participação institucional*.

A referência da *ação direta* havia sido construída nos anos de resistência ao Regime Militar e tinha como marcas a luta de rua, a mobilização de

(9) A presente coletânea, oportunamente, oferece um quadro a respeito.

massa, uma posição reivindicativa e contestatória, uma relação de desconfiança e oposição frente ao Estado. A possibilidade da *participação institucional* implicava em adotar uma postura de negociação social, imprimindo um caráter *propositivo* à ação, aceitando em alguma medida as regras do jogo institucional, sob o pressuposto de fundo de que o Estado deveria ser concebido como "espaço de disputa". Uma ação política transformadora só se justificaria nesse campo se voltada a "ocupar espaço", "disputar hegemonia", "avançar nas conquistas".

A questão posta não foi propriamente se se deveria substituir a *ação direta* pela *participação institucional*, mas se se caberia à primazia da primeira associar complementarmente a segunda[(10)]. O debate se estabeleceu quando, mesmo sob limites importantes e contradições centrais (com a "transição conservadora"[(11)]), institucionalizaram-se crescentemente as regras do novo jogo democrático, abrindo-se aos *novos atores sociais e políticos*, especialmente com o processo Constituinte, a possibilidade de se atuar *por dentro* dos espaços institucionais. Uma outra dimensão da mudança de contexto referia-se à própria institucionalização dos *novos atores sociais*, com destaque para a CUT e o PT, criando nesses maior predisposição a aceitar as novas regras do jogo institucional.

Ao final, prevaleceu uma posição pró participação institucional, apesar de impor-se na transição política em geral e no processo Constituinte em particular o viés mais conservador (perspectiva da "transição por cima"). Por outro lado, essa opção por parte das forças *democrático-populares* foi decisiva para que a nova Constituição viesse a incorporar importantes demandas sociais e políticas.

SEGUNDO MOMENTO

Em outubro de 1988 a nova Constituição foi promulgada. O sindicalismo mais atuante, expresso na CUT, desde sua criação, posicionara-se criticamente em relação à "transição conservadora". Atuou, no entanto, no processo Constituinte, procurando equilibrar ações mobilizadoras e atuação institucional. Mas isso não se fez sem críticas (internas e externas) sobre suas dificuldades em articular a participação popular nesse processo[(12)]. Cabia, agora, posicionar-se sobre o seu resultado: a nova Constituição.

---

(10) Garcia (1985) vê aí a influência de uma visão predominante historicamente na esquerda brasileira, ao pautar-se por um certo "paralelismo" entre as *lutas sociais* e as *lutas institucionais*. O autor observa que as *lutas sociais*, ao surgirem à margem e contra a institucionalidade vigente no regime autoritário, alimentaram tal "paralelismo".

(11) Conforme O'Donnel (1988).

(12) "A despeito de manter durante todo o processo constituinte o discurso de denúncia e de protesto contra a 'ilegitimidade' da Assembleia Constituinte, não foram as grandes mobilizações populares que caracterizaram a atuação da CUT, mas sim a atividade de pressão 'intramuros' sobre os constituintes para a aprovação de suas propostas, tarefa na qual, aliás, esteve frequentemente aliada à CGT" (COMIN, 1995. p. 99-100).

Ao final, ficou estabelecido na nova Carta: o direito de greve; o direito de sindicalização aos servidores públicos; manutenção da "unicidade sindical" (monopólio da representação); a abolição de toda interferência governamental na vida das entidades sindicais; a criação da "taxa confederativa", com percentual a ser definido pelos próprios sindicatos (ao mesmo tempo, sem extinguir o "imposto sindical"); o direito de se eleger um representante dos trabalhadores nas empresas com mais de duzentos empregados; a confirmação do poder normativo da Justiça do Trabalho.

As mudanças introduzidas tiveram um efeito dúbio, quanto à questão sindical: ao mesmo tempo que descaracterizaram o modelo *corporativista*, retirando vários instrumentos de controle estatal sobre os sindicatos, mantiveram alguns pilares básicos da velha estrutura sindical: o monopólio da representação, a contribuição compulsória e o poder normativo da Justiça do Trabalho (e ainda elevando-os à condição de leis constitucionais). Nas palavras de *Almeida* (1996, p. 130), emergira dali uma "edificação híbrida": corporativista em suas bases ampliadas e encimada por uma cúpula de centrais de clara inspiração pluralista.

No seu terceiro Congresso, realizado em 1988, a CUT avalia que muitas reivindicações não haviam sido alcançadas, mas admite que, em decorrência da pressão exercida, alguns direitos sociais e políticos haviam sido reconhecidos na nova Constituição. Ao mesmo tempo, assume uma posição de denúncia quanto ao "caráter global profundamente antipopular da nova Constituição" (CUT, 1988, p. 12). A ambiguidade desse posicionamento alimentava-se do caráter contraditório do próprio texto constitucional.

A institucionalidade que se inaugura com a nova Carta não poderia deixar de cobrar do sindicalismo novos posicionamentos. A tensão entre *ação direta* e *ação institucional*, sobre a qual construíra um delicado equilíbrio interno, agora requeria nova formulação.

TERCEIRO MOMENTO

Um novo cenário se constituiu na passagem dos anos 1980 aos 1990, marcado, adversamente, em âmbito mundial, pela crise do desemprego, pelo avanço do projeto *neoliberal* e pela crise do Socialismo Real. O sindicalismo, incluindo os segmentos mais "combativos", ao perder capacidade de mobilização, tendeu a assumir uma posição mais defensiva no campo da *luta direta* e, ao mesmo tempo, buscou compensá-la por meio de uma postura mais *propositiva* no plano da *ação institucional* e da negociação social. Passaram, então, a valorizar cada vez mais as possibilidades de participação institucional abertas com a nova Constituição.

Lembra *Comin* (1995) que, com a incorporação, no texto constitucional, da participação de representantes dos trabalhadores e de empregadores em órgãos públicos de gestão de fundos previdenciários, com destaque para o FGTS, a CUT de pronto ocupou-lhe um assento e, junto com as demais centrais sindicais, passou a reivindicar espaço também em outros organismos tripartites de natureza similar, como o Conselho Deliberativo do Fundo de Amparo ao Trabalhador — CODEFAT, o Fundo de Desenvolvimento Social — FDS e conselhos nacionais da Previdência, da Seguridade Social, da Saúde, da Educação, do Menor e do Adolescente, da Assistência Social. Com isso, o sindicalismo CUT demarcou um contraste com sua política predominante nos anos 1980, quando recusava qualquer forma de participação na gestão das políticas públicas, sob a alegação de que tal implicaria em reconhecer a legitimidade da "transição conservadora" e em assumir uma corresponsabilidade na gestão do capitalismo.

Nos governos Collor e Itamar, simultaneamente à implementação dos fóruns de gestão pública previstos no texto constitucional, criaram-se outros referidos às políticas industriais, sob o contexto da *reestruturação produtiva*, nos quais as organizações sindicais buscaram se fazer representar. São exemplos: Comissão de Valorização do Trabalho e Emprego do Programa Brasileiro de Qualidade e Produtividade — PBQP e do Programa de Capacitação de Dirigentes e Assessores — PCDA; Programa de Apoio à Capacitação Tecnológica da Indústria — PACTI; Comissão dos Trabalhadores para a Competitividade — CTCOM; Comissão Consultiva Nacional de Açúcar e Álcool; Conselho Nacional do Trabalho; Câmaras Setoriais. A esses somaram-se outras frentes como a que foi aberta com a criação do Mercosul.

O raio de ação sindical se ampliou. A negociação sindical, que antes se restringia às campanhas anuais de negociação coletiva, expande-se tanto em direção às empresas (com negociações coletivas descentralizadas) como em direção aos fóruns institucionais. Favorecem, por outro lado, um deslocamento da ação sindical do campo do conflito aberto para a negociação e a participação institucional, justo em um momento de declínio do seu poder de mobilização.

O grande marco desse novo contexto, foi a experiência das Câmaras Setoriais, as quais constituíram-se como fóruns de negociação envolvendo Governo, empresários e sindicatos, em várias áreas da economia (metalúrgica, máquinas agrícolas, química, construção civil), entre 1992 e 1993. Os dois acordos da Câmara Setorial do Setor Automobilístico tiveram um caráter emblemático, tendo resultado da iniciativa do Sindicato dos Metalúrgicos do ABC, entretanto convertendo-se em um fator de forte controvérsia no interior da CUT.

As Câmaras Setoriais, como observou *Arbix* (1996), tiveram como pressuposto a superação (em certa medida) de duas situações que marcaram a década anterior: a postura sindical antagonista, frente aos empresários e ao Estado, e a exclusão das representações dos trabalhadores das decisões sobre políticas públicas.

Para *Oliveira* (1998), o que estava em questão era a oportunidade de construção, no Brasil, da *esfera pública*, nos termos de *Habermas*, resultante da publicização dos interesses privados em disputa. Entretanto, ressalta, só com a constituição da classe trabalhadora como sujeito político é que a *esfera pública*, restrita inicialmente aos limites *burgueses*, pôde ser alargada, operando a reinterpretação dos *interesses* a partir da noção de *direitos*. *Oliveira* (1998) fala no ensaio de uma "nova contratualidade", cujo pressuposto e desdobramento foi a radicalização da democracia.

O tema, não obstante as controvérsias que encerrou dentro e fora do sindicalismo CUT, teve inegável impacto sobre sua posição a respeito das relações de trabalho(13).

O capítulo das Câmaras Setoriais foi, no entanto, encerrado por decisão do então Ministro da Fazenda, Fernando Henrique Cardoso, por não ser compatível com o projeto *neoliberal*.

QUARTO MOMENTO

Em um contexto da crescente participação sindical em conselhos e fóruns de formulação, fiscalização e acompanhamento de políticas sociais, sobressaiu a atuação no sistema CODEFAT. A criação do FAT e do CODEFAT, em 1990, previu desde o início a participação das Centrais Sindicais, ao lado de representações empresariais e governamentais, em regime tripartite. A partir de 1994 passaram a ser constituídas as comissões/conselhos estaduais e municipais de emprego/trabalho(14).

A experiência histórica dos *conselhos de gestão* desenvolveu-se sob a marca de duas referências contraditórias. De um lado, resultou das conquistas sociais e políticas expressas na Constituição "Cidadã", a qual previu a existência de espaços de participação da sociedade civil organizada na gestão das políticas públicas. De outro lado, sofreu os efeitos das investidas das políticas *neoliberais* e da Reforma do Estado, por meio de uma operação que combinou, em uma mão, um processo de desresponsabilização crescente do Estado

(13) Resultou daí o projeto da CUT de Sistema Democrático de Relações de Trabalho, visando a disputar com as forças neoliberais o sentido de "modernização das relações de trabalho": ao invés de significar "eliminação de direitos sociais, trabalhistas e sindicais", seu sentido deveria ser "democratização" das relações de trabalho. Para isso, seria necessário "substituir todo o ordenamento jurídico que dá sustentação ao sistema tutelar, autoritário e intervencionista de relações de trabalho", devendo "emergir, em seu lugar, um regramento jurídico capaz de dar legitimidade e assegurar eficácia à autodefesa dos assalariados" (CUT, 1995. p. 13). A referida proposta só foi definitivamente aprovada nas instâncias da CUT por ocasião da VII Plenária Nacional, realizada em 1995.

(14) Inicialmente denominadas como *Comissões Estaduais e Municipais de Emprego*, muitas vêm se convertendo em *Conselhos*. A diferença básica é que uma *Comissão* pode ser criada por ato administrativo do respectivo poder executivo, enquanto um *Conselho* só pode ser criado por lei, assumindo caráter mais deliberativo. Outra variação que ocorre na denominação desses espaços de gestão pública se refere aos termos *emprego* e *trabalho*.

quanto à prestação de serviços públicos sociais previstos constitucionalmente à sociedade e, em outra, um esforço de conversão de *sujeitos políticos* em "parceiros" do Estado (adquirindo a denominação de "terceiro setor") na execução (focalizada e precarizada) de tais serviços. As instituições não estatais passam a ser solicitadas a participarem da execução de serviços sociais em um contexto de crescente retração do Estado, no que concerne a financiamento e a gestão dos serviços públicos (Dain e Soares, 1998). Nesse registro, os referidos serviços perdem o sentido de *direitos sociais*, convertendo-se em *negócios privados* e objetos de uma *nova filantropia social* (TELLES, 1999).

A participação das organizações sindicais e populares nos *conselhos de gestão pública* estabeleceu-se, assim, marcada por uma forte ambiguidade: como oportunidade de *participação cidadã* ou como espaço de defesa de interesses corporativos e práticas clientelistas (em se aceitando os termos da *cooptação política*)[15].

Quanto ao sindicalismo, dentre tais espaços, ganhou mais relevância a atuação no sistema CODEFAT, principalmente quando da instituição do Plano Nacional de Formação Profissional — PLANFOR, no âmbito do Ministério do Trabalho, em 1995. A partir de então, tornou-se muito mais atrativa a participação sindical no referido espaço, ao permitir-se (e incentivar-se) às entidades sindicais participantes disputarem, junto aos gestores do PLANFOR, a aprovação de projetos próprios de Qualificação Profissional, nos quais apresentavam-se como proponentes e executoras (em "parceria" com o Estado), o que resultou em volumes expressivos de recursos. Parte crescente do financiamento das centrais sindicais e de federações e sindicatos passou a derivar daí. Quanto mais envolveram-se com o PLANFOR, mais as organizações sindicais se viram tensionadas pela contradição entre atuar como *representantes* dos trabalhadores e exercer o papel de *executoras* das ações previstas no Plano, mais o caráter *compensatório* e *focal* de tais políticas deixou de ser objeto de crítica por tais setores, passando a ser um fator de sua legitimação.

Quando, nesse contexto, se falou em "sindicato cidadão" havia ali uma ambiguidade: atuar sob a referência da construção de uma cidadania ativa e plena ou sob a referência da "parceria" (VÉRAS, 2002).

Do ponto de vista das forças político-ideológicas que conduziram o País ao longo dos anos 1990, os sinais de que a estratégia da "parceria" tinha uma

(15) Conforme Tatagiba (2002, p. 58), referindo-se aos conselhos gestores de políticas públicas em geral, "os interesses que levam as entidades a disputar assento nos conselhos são os mais variados, assim como a própria noção do que seja participar na formulação das políticas. Para muitos representantes da sociedade civil, estar nos conselhos é uma forma de conseguir mais recursos para suas entidades e não uma forma de construir coletivamente o que seria o interesse público em cada área específica". Por outro lado, "os caminhos pelos quais os conflitos de interesses têm sido resolvidos no interior dos conselhos nem sempre passam pela explicitação das diferenças e pela construção dos acordos por meio do debate de ideias, programas e projetos. Ao contrário, o que a bibliografia aponta como tendência é uma imensa dificuldade de explicitação dos interesses, do reconhecimento da existência e legitimidade do conflito e da troca de ideias como procedimento para a tomada de decisão". (TATAGIBA, 2002, p. 73-74)

intencionalidade desmobilizadora dos setores mais atuantes do sindicalismo e dos movimentos populares e visava à legitimação do caráter *compensatório* e *focal* das políticas socais então empreendidas eram evidentes. Em primeiro lugar, os espaços de participação na gestão pública foram (sobretudo a partir do fim da experiência das Câmaras Setoriais) restritas à área social, especialmente àquelas que se apresentaram mais claramente como de tipo *compensatório* (como foi o caso do PLANFOR). Em segundo, tanto quanto se pôde, tais espaços foram esvaziados de atribuições efetivas, cumprindo muitas vezes um papel simplesmente homologador[16].

QUINTO MOMENTO

A eleição de Lula efetivamente configurou um novo cenário. Sua candidatura representou uma *promessa*, cujas raízes mais fundas encontram-se na formação histórica, em conflito, da sociedade e do pensamento brasileiros; que adquiriu ares de um projeto mais *autônomo* na transição do regime militar para o Estado de Direito Democrático; que evoluiu em diálogo com as mudanças ocorridas no Brasil e no mundo e se afirmou como *alternativa de poder* no jogo político do País, sobretudo a partir das eleições presidenciais de 1989; e que, agora, na condição de projeto de *governo*, testa suas possibilidades de se tornar *realidade*.

Mas, percorridos um mandato e meio, se de um lado, se evidencia sua dificuldade em estabelecer um claro diferencial na história econômica, social e política do País, por outro, são por demais evidentes os contrastes, em comparação com os governos anteriores recentes, quanto a indicadores macroeconômicos e de emprego, assim como em relação às políticas sociais. De outra parte, no que se refere à postura do Governo no trato com os setores organizados da sociedade (apesar de algumas sinalizações no sentido da constituição de espaços de negociação social mais amplos, especialmente ensaiados até a metade do primeiro mandato, com o CDES e o FNT, mas também com a instituição da Mesa Nacional de Negociação Coletiva para servidores federais, a realização da várias conferências ministeriais etc.[17], com a adoção de medida de reconhecimento das Centrais Sindicais, por meio da Lei n. 11.648, de março de 2008[18]), não se observa até o momento mudanças mais substantivas, em termos da tradição de gestão pública no País (no sentido de que ainda não

(16) Ver Tatagiba (2002), quanto à participação em conselhos de gestão em geral, e Véras de Oliveira e Sochaczewski (2007) e Saul e Cleber (2007), quanto à participação sindical no sistema Codefat.

(17) Ver Véras de Oliveira (2005).

(18) Conferindo às Centrais, constituídas em âmbito nacional, a atribuição de elaborar e coordenar as políticas gerais de ação das entidades sindicais a elas filiadas e de atuar em nome da generalidade dos trabalhadores, com uma representação proporcional ao número de filiados, no âmbito dos "fóruns, colegiados de órgãos públicos e demais espaços de diálogo que possuam composição tripartite, nos quais estejam em discussão assuntos de interesse geral dos trabalhadores", para tanto tendo que atender a requisitos mínimos de representatividade.

se configuraram espaços de gestão pública efetivamente compartilhada entre o Estado e a sociedade civil, tendo esta como expressão da diversidade de configurações de classes). Entretanto, mais uma vez, quando comparado aos governos anteriores, sobretudo o de FHC, sobressai uma situação contrastante[19].

Um cenário assim, marcado por ambiguidades e indeterminações, tem provocado modificações no quadro do sindicalismo brasileiro, produzindo uma certa pulverização organizativa[20]. Atualmente, além da CUT (fundada em 1983), da CGTB (criada em 1983 com a denominação de Coordenação Nacional das Classes Trabalhadoras — CONCLAT, denominada de Confederação Geral dos Trabalhadores — CGT, em 1986, e Central Geral dos Trabalhadores Brasileiros, em 1994) e da Força Sindical (fundada em 1991), formaram-se novas Centrais Sindicais: a Coordenação Nacional de Lutas — CONLUTAS (uma dissidência da CUT, fundada em 2004, a partir dos segmentos que se colocam em oposição ao Governo Lula), a Nova Central Sindical — NCST (constituída, em 2005, principalmente pelas confederações nacionais mais tradicionais), a União Geral dos Trabalhadores — UGT (constituída em 2007 a partir da fusão entre a Confederação Geral dos Trabalhadores — CGT, a Central Autônoma dos Trabalhadores — CAT e a Social-Democracia Sindical — SDS), e a Central dos Trabalhadores do Brasil — CTB (formada, em 2007, a partir da Corrente Sindical Classista — CSC, ligada ao PC do B, antes atuante na CUT).

Sob forte identificação histórica com o núcleo do novo governo, mas diante das dificuldades e contradições vivenciadas por este, o sindicalismo CUT assume uma postura marcada pela cautela. Procura participar dos canais criados em nome de um novo patamar de diálogo social, a exemplo do CDES e do FNT. Busca atuar propositivamente no campo das políticas sociais, como no Conselho Nacional de Seguridade Social, que gere o programa Fome Zero. Evita ações de caráter mais radical, como greves e manifestações mais amplas (o que teve particular repercussão por ocasião do encaminhamento da Reforma da Previdência). Ensaia críticas pontuais a aspectos da política econômica. Se esforça para evitar a pecha de "sindicalismo oficial". Foi acometido de um sentimento dúbio, expresso, de um lado, nas oportunidades que ainda podem ser vislumbradas no atual mandato de Lula e, de outro, nos impasses vividos pelo sindicalismo quanto aos desafios que a realidade brasileira sempre lhe impôs e que a nova realidade do mundo do trabalho lhe acrescentam.

Quanto às condições de possibilidade da participação sindical nos espaços institucionais, pelo que se sugere, nunca estiveram, desde que se reconstituiu

---

(19) Ver, por exemplo, conforme já fizemos referência aqui, o modo como o Governo FHC tratou o sindicalismo na greve dos petroleiros de 1995, no início do primeiro mandato (Rizek, 1998).

(20) Isso se deve tanto a um movimento de rearrumação do espectro de posições frente ao contexto atual, como ao incentivo dado com a Lei n. 11.648, ao garantir o direito de acesso de cada Central Sindical reconhecida a um *quantum* de financiamento público, passando a receber um percentual (10%) da "contribuição sindical".

o Estado de Direito Democrático no País, tão institucionalizadas (principalmente depois da Lei n. 11.648). Resta uma reflexão: se pensarmos sobre o jogo de tensão e ressignificações envolvendo, contraditoriamente, as referências da Constituição de 1988 e das Reformas Constitucionais, que estabeleceram parâmetros, ao longo dos anos 1990, para o debate político, em geral, e para a ação sindical, em particular, no contexto atual, o que mudou? Que implicações tais mudanças têm tido para o sindicalismo?

Em que medida, o sindicalismo, que (nas suas expressões mais atuantes) projetou-se como um dos mais importantes protagonistas das lutas sociais e políticas desencadeadas a partir da resistência ao Regime Militar, passados 20 anos da promulgação da Constituição "Cidadã", que ajudou a formular e aprovar, com as mudanças que tem vivenciado nessa trajetória, continua tendo como referência, para além da retórica, um projeto de radicalização da democratização do País?

BIBLIOGRAFIA

ALMEIDA, M. H. *Crise econômica e interesses organizados*: o sindicalismo no Brasil dos anos 80. São Paulo: Edusp, 1996.

ARBIX, G. *Uma aposta no futuro*: os primeiros anos da Câmara Setorial da indústria automobilística. São Paulo: Scritta, 1996.

BRASIL, *Constituição Federal*. Brasília, 1988.

______. Lei N. 11.648. Brasília: Presidência da República; Casa Civil, 31.03.2008.

CHAUÍ, M. *Conformismo e resistência*: aspectos da cultura popular no Brasil. São Paulo: Brasiliense, 1986.

______. *Cultura e democracia*. São Paulo: Cortez, 1997.

COMIN, A. *A estrutura sindical corporativa*: um obstáculo à consolidação das Centrais Sindicais no Brasil. Dissertação de Mestrado. São Paulo: FFLCH/USP, 1995.

CUT, III Concut: Registro e Imagens — Resoluções. *CUT Boletim Nacional*. São Paulo, n. 21, Edição Especial, 1988.

______. Sistema democrático de relações de trabalho: Desatar os nós, *InformaCUT*, São Paulo, n. 250, janeiro, 1995.

DAIN, S. e SOARES, L. Reforma do Estado e políticas públicas: relações intergovernamentais e descentralização desde 1988". In: OLIVEIRA, M. A. (org.). *Reforma do estado e políticas de emprego no Brasil*. Campinas: IE/Unicamp, 1988.

FIORI, L. Para repensar o papel do Estado sem ser um neoliberal. *Revista de Economia Política*, V. 12, N. 01 (45), jan/mar 1992.

GARCIA, M. A. Os trabalhadores na hora da constituinte. In: *Revista Desvios*, São Paulo, n. 04, 1985.

KREIN, D. e OLIVEIRA, M. A. Mudanças institucionais e relações de trabalho: as iniciativas do Governo FHC no período 1995-1998. In: *Anais do VI Encontro Nacional de Estudos do Trabalho*. São Paulo: ABET, 1999.

O'DONNELL, G. Hiatos, instituições e perspectivas democráticas. In: O'DONNELL, G. e REIS, F. W. (orgs.). *Democracia no Brasil*: dilemas e perspectivas. São Paulo: Vértice, 1988.

OLIVEIRA, F. Corporativismo: conceito ou emplastro? *Democracia viva*. Rio de Janeiro: Ibase, n. 03, julho, 1998.

OLIVEIRA, F. e RIZEK, C. (orgs.) *A era da indeterminação*. São Paulo: Boitempo, 2007.

RIZEK, C. A greve dos petroleiros. *Revista Praga*. São Paulo: Ed. Hucitec, 1998.

SADER, E. *Quando novos personagens entram em cena*: experiências e lutas dos trabalhadores da Grande São Paulo, 1970-1980. Rio de Janeiro: Paz e Terra, 1988.

SANTOS, B. S. e AVRITZER, L. Introdução: para ampliar o cânone democrático. In: SANTOS, B. S. (org.). *Democratizar a democracia*: os caminhos da democracia participativa. Rio de Janeiro: Civilização Brasileira, Coleção Reinventar a Emancipação Social, v. 01, 2002.

SANTOS, W. G. *Cidadania e justiça*: a política social na ordem brasileira. 2. ed. Rio de Janeiro: Campus, 1987.

SAUL, A. e FREITAS, C. (orgs) *Políticas públicas de qualificação*: desafios atuais. São Paulo: Unitrabalho; A+ Comunicação, 2007.

TATAGIBA, L. Os conselhos gestores e a democratização das políticas públicas no Brasil. In: DAGNINO, E. (org.), *Sociedade civil e espaços públicos no Brasil*. São Paulo: Paz e Terra, 2002.

TELLES, V. Direitos sociais: afinal do que se trata?. Belo Horizonte: UFMG, 1999.

VÉRAS DE OLIVEIRA, R. *Sindicalismo e democracia no Brasil*: do novo sindicalismo ao sindicato cidadão. Tese de Doutorado, São Paulo: FFLCH/USP, 2002.

______. O diálogo social e a Reforma Trabalhista e Sindical no Brasil: debate atual. In: ESTANQUE, E.; SILVA, L. M. e; FERREIRA, A. C.; COSTA, H. A.; VÉRAS DE OLIVEIRA, R. (Orgs.), *Mudanças no trabalho e ação sindical*: Brasil e Portugal no contexto da transnacionalização. 1ª ed. São Paulo: Cortez, 2005.

______. Desenvolvimento das políticas públicas de emprego no Brasil e os dilemas da participação e controle sociais. *Relet*, v. 13, 2008.

VÉRAS DE OLIVEIRA, R. e SOCHACZEWISK, S., Comissões/conselhos de emprego atuantes no Brasil: traços do perfil e problematizações. In: VÉRAS DE OLIVEIRA, R. (org.). *Novo momento para as comissões de emprego no Brasil? Sobre as condições da participação e controle sociais no sistema público de emprego em construção*. São Paulo: Unitrabalho; Comunicação, v. 01 e 02, 2007.

A CONSTITUIÇÃO DE 1988 E OS TRABALHADORES RURAIS(*)

Francisco Alves(**)

INTRODUÇÃO

Este texto nasceu do convite para participar do evento em comemoração aos 20 anos de promulgação da Constituição Brasileira de 1988, promovido pela ABET e OIT, em setembro de 2008 no IFCS/UFRJ, no Rio de Janeiro. O tema que fui incumbido de tratar era A Constituição de 1988 e os Trabalhadores Rurais. Logo após o convite, lembrei que em dezembro de 1988, portanto, há 20 anos, e imediatamente após a promulgação da Carta, havia participado de um outro debate com o mesmo título: a nova Constituição na perspectiva dos Trabalhadores Rurais. Esta descoberta me fez correr aos meus arquivos para ver se encontrava o material que eu havia escrito para a palestra. Eu, felizmente, encontrei o material e constatei, o que era óbvio, que muita coisa havia mudado, em 20 anos, na minha avaliação da Constituição de 1988.

Vale a pena acrescentar que a minha fala de 20 anos antes se deu num seminário organizado pelo antigo Polo Sindical de Araraquara. Aquele Polo era uma forma de organização dos Sindicatos de Trabalhadores Rurais da Região de Ribeirão Preto, ligados à antiga FETAESP (Federação dos Trabalhadores Rurais de São Paulo). Ele aglutinava um conjunto de cerca de 30 sindicatos de Trabalhadores Rurais da Região, que haviam participado do vigoroso ciclo de greves, dos trabalhadores assalariados rurais de São Paulo, iniciado em 1984, após a famosa greve de Guariba. Daquele debate, discutindo a Constituição de 1988 e as novas possibilidades de estrutura sindical que ela propiciava, é que surgiu a proposta de implantação de uma nova estrutura sindical de representação dos trabalhadores rurais, separando os assalariados rurais das demais categorias de trabalhadores rurais com acesso à terra (pequenos proprietários, pequenos arrendatários, moradores parceiros, posseiros etc). Foi a partir deste debate que os antigos STRs da Região transformaram-se em Sindicatos de Empregados Rurais (SERs) e foi criada uma nova

---

(*) Trabalho Apresentado ao Seminário ABET/OIT, em Comemoração aos 20 anos da Constituição de 1988, Rio de Janeiro, 25 e 26.09.2008.

(**) Professor Associado DEP/UFSCar — E-mail: <chiquinho@dep.ufscar.br>

Federação congregando estes sindicatos, a Federação dos Empregados Rurais Assalariados do Estado de São Paulo (FERAESP).

Na palestra proferida há 20 anos havia um profundo sentimento de derrota. Porque este era o meu sentimento na época, daquela Constituição, que era alardeada como a "Constituição Cidadã", mas que na prática significava, aos meus olhos, que os trabalhadores, a sociedade civil, haviam sido derrotados mais uma vez. Ou seja, a Constituição de 1988 mantém, no essencial, o mesmo projeto de sociedade que os militares impuseram ao Brasil a partir do golpe de 1964, em que pese uma preocupação com o direcionamento da sociedade para o bem-estar social. Se achávamos que a Constituição seria uma ruptura com o modelo de sociedade anterior, verificamos que esta ruptura não ocorreu. O modelo de sociedade anterior foi, com a Constituição de 1988, apenas reformado, não foi destruído, como gostaríamos. Ou seja, a Constituição de 1988 não fez o que se esperava dela: o estabelecimento dos princípios normativos de uma sociedade mais justa e igualitária, não apenas democrática, mas uma sociedade com mecanismos efetivos para eliminação das barreiras que fazem do Brasil um país com a renda mais concentrada do mundo, porque ela retrocedeu na questão da Reforma Agrária.

Quando a sociedade conquistou a constituinte ela perdeu a proposta de uma comissão constituinte exclusiva, livre e soberana, porque os militares não permitiram. Foi conquistada uma constituinte realizada pelo Congresso, que é eleito de acordo com a velha forma de eleições parlamentares brasileiras, na qual graça o clientelismo, o assistencialismo, pautadas pelo financiamento de campanhas. Nesta medida, já se tinha a percepção que o Congresso e a constituinte seriam inflados por componentes das mesmas forças que apoiaram a ditadura militar e defendiam a continuidade do modelo de desenvolvimento concentrador de renda. Nas eleições de 1986 foi eleita uma grande frente de deputados, que ficaram conhecidos como centrão[1]. Na verdade, quando a atividade constituinte tornou-se apenas uma atividade extra do parlamento, o projeto de um novo modelo de desenvolvimento com distribuição de renda foi seriamente ameaçado.

No processo de democratização, efetivado no Brasil, negociado com os militares, restou à Constituição o papel de estabelecer as normas jurídicas para a continuidade de um modelo de desenvolvimento, que mantém a concentração de renda. Isto porque na nova ordem constitucional foi eliminada a possibilidade efetiva do Brasil cursar um novo modelo de desenvolvimento, que só seria possível com a efetivação da Reforma Agrária.

No essencial, no que tange à Reforma Agrária, a Constituição de 1988 retrocedeu ao que já estava posto no Estatuto da Terra de 1964, elaborado

(1) Centrão — foi o termo dado a uma grande frente de deputados, que no fundamental, eram ultraconservadores e se opunham à reforma agrária. Estes deputados se autodenominavam como de centro, porque na constituinte, logo após o Governo Figueiredo, desapareceu do dicionário político brasileiro o termo direita. Todos os deputados conservadores, mesmo aqueles com uma longa folha de serviço em defesa da ditadura militar se colocavam como centro.

pelos militares, no qual a Reforma Agrária é reduzida a um mecanismo unicamente de distribuição de terras que não cumprem a sua função social, portanto, num mecanismo assentador de trabalhadores rurais e não da instituição de amplas áreas reformadas sob o controle da sociedade e dos trabalhadores rurais, que era o reivindicado desde o pré-1964.

Mas, fora o sentimento de derrota, que mantenho até hoje, acho que a Constituição de 1988 representou um avanço, no que tange à democracia e aos direitos dos trabalhadores, que estariam muito mais violados caso ela não tivesse sido promulgada. A Constituição de 1988 é uma espécie de *"pior sem ela"*(2). Ou seja, após mais de 20 anos de neoliberalismo, iniciado com o Governo Collor, aprofundado por FHC e mantido, no essencial, pelo Governo Lula, se não tivéssemos a Constituição de 1988, a situação dos direitos dos trabalhadores estaria muito pior.

Vale a pena, à guisa de introdução, deixar claro, que eu vejo as leis e em especial a Constituição como reflexos das lutas presentes na sociedade no momento em que estas são gestadas. Neste sentido, as leis espelham a correlação de forças entre os diferentes atores sociais, trabalhadores, capitalistas e demais forças sociais, naquele momento. Portanto, quando falamos em Constituição de 1988, estamos falando de um momento em que um conjunto de lutas se travava na sociedade com dois objetivos fundamentais: a remoção do chamado entulho autoritário, — o conjunto de leis elaboradas nos mais de 20 anos de ditadura militar — e a construção de uma nova ordem social apoiada na democracia e na igualdade social.

Isto significa que, no processo de elaboração da nova Constituição, em 1986 foi, ao mesmo tempo, um marco do fim da ditadura militar de direita e o início de instauração de uma nova ordem social no País, direcionada para a igualdade social, com erradicação da pobreza. Portanto, a Constituição promulgada em 1988 espelhou o resultado de lutas que a sociedade travava com vistas à conquista de um novo projeto de sociedade, para o fim da ditadura militar. Neste embate, um projeto de sociedade venceu e outro foi, infelizmente, mais uma vez derrotado.

A constituinte significava, neste sentido, novamente, um outro momento de embate entre dois projetos de desenvolvimento, os mesmos dois projetos, grosso modo, que se colocaram em debate no pré-1964, mas que um deles foi derrotado pela força das armas, no golpe militar de 1964. Os dois projetos que, novamente, voltavam à discussão pela sociedade eram: um projeto pela continui-

(2) "Pior sem ela". Aprendi este nome quando lecionava na UFPB (hoje UFCG), em Campina Grande, em que um dia, quando voltava para casa, cruzei com um grupo de meninos que vinha do açude de Bodocongó com vários peixinhos pescados naquelas águas mal cheirosas. Perguntei aos meninos o nome daqueles peixinhos, que para mim pareciam lambaris, e eles me responderam que o nome deles era "pior sem ela", quando eu perguntei por que este nome, eles rapidamente responderam que o pirão sem eles era muito pior.

dade do modelo de crescimento adotado pelo Brasil desde a década de 1950, que significava crescer sem distribuir renda, ou um novo modelo de desenvolvimento com distribuição de renda, no qual a Reforma Agrária tinha papel destacado.

Avaliando criticamente o que eu pensava há 20 anos e o que eu penso hoje sobre o significado da Constituição de 1988 para os trabalhadores rurais, vejo que ela significou, ao mesmo tempo, avanços, na conquista de reivindicações específicas e retrocessos fundamentais na construção de uma sociedade mais justa e democrática. Isto é, um conjunto de reivindicações específicas dos trabalhadores rurais foi atendido na nova Constituição, como veremos a seguir, porém, na direção da construção de uma nova ordem social, que não era reivindicada apenas pelos trabalhadores rurais, mas por um amplo conjunto de forças que lutaram contra a ditadura militar, a Constituição de 1988 foi uma clara derrota. Esta derrota se deu não só por que a Reforma Agrária retrocedeu, mas dela saiu vitorioso o chamado agronegócio, com todas as suas deletérias consequências sociais e ambientais.

Desta forma, este texto objetiva mostrar estas duas questões, que sintetizam a minha avaliação hoje, passados 20 de promulgação da Constituição de 1988: porque a Constituição de 1988 apresenta avanços para as condições de vida e trabalho dos trabalhadores rurais e porque ela não consegue avançar no sentido de ser a base de um novo ordenamento jurídico para uma nova organização social mais justa e democrática.

AVANÇOS DA CONSTITUIÇÃO DE 1988

A primeira grande mudança imposta pela Constituição de 1988 para os trabalhadores rurais, é que a partir dela os trabalhadores rurais são considerados iguais aos trabalhadores urbanos industriais. Isto significa que deixa de existir, a partir dela, a separação e mitigação de direitos dos trabalhadores rurais relativamente aos trabalhadores urbanos, que colocavam para a sociedade e para os próprios trabalhadores, que eles eram diferentes, ou inferiores aos demais trabalhadores. Esta diferenciação dos rurais em relação aos trabalhadores urbanos os colocava numa posição subalterna, reforçando condições históricas, nas quais os grandes proprietários de terra legalizavam seu poder. Os direitos sociais dos trabalhadores rurais só passaram a ser considerados a partir de 1963 e 1964, com os estatutos do trabalhador rural e da terra. Isto significa que os direitos essenciais e trabalhistas chegam aos rurais com uma defasagem de 30 anos em relação aos urbanos e, mesmo assim, com benefícios menores. Esta ausência de direitos básicos reforçava o assistencialismo e solidificava nos rurais uma identidade de trabalhadores assistidos, que deveriam retribuir esta condição por meio de subserviência, lealdade e retribuição de favores e votos aos grandes proprietários de terra.

É necessário ter claro que nas cartas anteriores os rurais eram diferentes dos urbanos porque eram considerados portadores de direitos inferiores.

Este tratamento diferenciado dos rurais em relação aos urbanos se manteve presente mesmo após 1930, quando a legislação trabalhista e dentro dela o salário mínimo é conferido apenas aos trabalhadores urbanos. Esta foi a concessão feita por Getúlio Vargas aos grandes latifundiários, a chamada aristocracia rural, para manter-se no poder, pois estes não admitiriam que o direcionamento da economia para a industrialização reduzisse seus poderes (OLIVEIRA 1973)

Já no seu art. 5º Do Capítulo 1 — dos Direitos e Deveres Individuais e Coletivos, do Título II — Dos Direitos e Garantias Fundamentais declara: *..."todos são iguais perante a lei, sem distinção de qualquer natureza....".* e no inciso II reitera: *"ninguém será obrigado a fazer ou deixar de fazer alguma coisa senão em virtude da lei".* No Capítulo II — Dos Direitos Sociais, no art. 7º define os direitos iguais dos trabalhadores urbanos e rurais nos seus 34 incisos.

Esta igualdade de direitos é importante, porque, no imaginário dos trabalhadores rurais existem três leis: a de Deus, a do Governo e a dos grandes proprietários de terra. A que vale mais é a de Deus, abaixo dela está a do Governo e sob esta está a dos grandes proprietários e esta só tem valor se as demais se omitirem em relação a eles. Esta igualdade de direitos na Carta Magna vai abrir caminho para que os trabalhadores rurais construam uma nova identidade. Uma nova identidade porque passam, a partir daí, a poderem se colocar como sujeitos e atores sociais e como tal, permite que ajam enquanto cidadãos e não como subgente a mercê do assistencialismo dos grandes proprietários. Será esta mudança, a passagem de subgente a cidadãos, que estimulará a construção desta nova identidade e junto com ela as lutas que tonificam, fortalecem e recriam esta identidade social.

Mas, é no inciso XXVI deste artigo que há a primeira menção específica aos trabalhadores rurais, enquanto pequenos produtores familiares, quando afirma que "a pequena propriedade rural, assim definida em lei, desde que trabalhada pela família, não será objeto de penhora para pagamentos de débitos decorrentes de sua atividade produtiva, dispondo a lei de meios de financiar o seu desenvolvimento;"

Na nossa avaliação, a combinação do art. 5º, no seu *caput*, com o seu inciso XXVI é que estabelecerá o que está posto acima: os trabalhadores rurais são iguais aos urbanos e a sua unidade de produção, a pequena propriedade familiar, além de ser reconhecida, é inviolável.

Isto, na minha avaliação, estimulará a luta pela terra, pela via dos assentamentos de reforma agrária e não mais pela Reforma Agrária, ampla, geral e sob controle dos trabalhadores, como é defendida, tanto no pré-1964, quanto atualmente. Ou seja, como a constituinte retoma, no essencial, o que está posto no Estatuto da Terra, a luta pela Reforma Agrária se transforma em luta por assentamentos de pequenos produtores familiares em áreas desapropriadas e não em amplas regiões reformadas, nas quais a pequena propriedade individual para a produção familiar não é, necessariamente, a unidade de produção rural por excelência. Em grandes áreas reformadas a pequena propriedade familiar pode dar lugar à propriedade e produção coletivas, como reivindicado por vários movimentos sociais. Nos assentamentos esta possibilidade de ocupação coletiva da terra é proibida pelo Estado, por meio do INCRA, que faz a divisão da área em lotes individuais familiares.

O art. 184, "Compete à União desapropriar por interesse social, para fins de Reforma Agrária, o imóvel rural que não esteja cumprindo sua função social.....", O art. 185, que define que as pequenas e médias propriedades e as propriedades produtivas estão insuscetíveis de desapropriação e o art. 186, que define a função social da propriedade da terra, foram objeto de grande debate na Constituição, mas, no fundamental, repuseram o que já estava posto, como dissemos, no Estatuto da Terra.

Estes artigos ainda são objeto de grandes discussões, mas não foram, até o momento, objeto de nenhuma emenda constitucional, como ocorreu com vários outros artigos reconhecidamente de avanços sociais.

Fora a questão da Reforma Agrária, que, no fundamental, significou um retrocesso, o art. 8º representará um avanço. Será este artigo utilizado, logo após a promulgação da Constituição, por uma parcela dos trabalhadores rurais, os assalariados e os agricultores familiares de áreas reformadas, na afirmação de sua identidade, enquanto categoria própria, independente das demais categorias de trabalhadores rurais.

O art. 8º. diz: "É Livre a associação profissional ou sindical, observado o seguinte:

> I — A lei não poderá exigir autorização do Estado para a fundação de sindicato, ressalvado o registro em órgão competente....
>
> II — É vedada a criação de mais de uma entidade na mesma base territorial...

Este artigo, embora mantenha a unicidade sindical, duramente combatida pelo movimento que se denominou Novo Sindicalismo, na década de 1970, significou um avanço e foi rapidamente aproveitado pelo segmento dos trabalhadores assalariados rurais e, posteriormente, pelos agricultores familiares de áreas reformadas. De acordo com o enquadramento sindical existente, a categoria dos trabalhadores rurais engloba três segmentos distintos de trabalhadores: os trabalhadores com algum grau de acesso à terra (pequenos proprietários familiares, pequenos arrendatários, posseiros e parceiros); trabalhadores sem acesso à terra (assalariados rurais permanentes e temporários, fixos ou volantes) e trabalhadores extrativistas (pescadores e coletores de produtos florestais).

A partir do vigoroso movimento dos assalariados rurais de São Paulo, a partir de 1984, com a greve de Guariba e o ciclo de greves que se estendeu até 1989, os trabalhadores assalariados rurais de São Paulo criaram sindicatos específicos de assalariados e uma Federação específica, como visto na Introdução.

Esta iniciativa, embora embasada na Constituição Federal de 1988, foi duramente combatida por uma parcela do Movimento Sindical dos Trabalhadores Rurais, agregado à CONTAG (Confederação dos Trabalhadores Agrícolas). Esta entidade considerava que a criação de sindicatos e de uma Federação exclusiva de assalariados atentava contra a unicidade sindical, que proíbe, conforme o art. 8º, inciso II, a existência de mais de um sindicato representando a mesma categoria no mesmo município. Como existiam os STRs, que já representavam os assalariados, em conjunto com as demais categorias, a criação dos SERs era inconstitucional.

Do lado dos SERs e da FERAESP, a criação de entidades específicas dos assalariados decorria do processo de construção de uma identidade e reivindicações próprias, durante o ciclo de greves da década de 1980. Esta nova identidade faz com que os assalariados rurais diferenciem-se dos demais trabalhadores rurais nas reivindicações esapecíficas, mas não na reivindicação geral por Reforma Agrária. Esta identidade própria criava dificuldades nos STRs, que não conseguiam encaminhar simultaneamente diversas frentes de luta para o conjunto das categorias representadas. Além disto, parte das direções sindicais dos STRs era constituída por pequenos produtores e uma parcela destes utilizava trabalhadores temporariamente principalmente nas fases da colheita e plantio, que são as fases de maior demanda de mão de obra.

O próprio Poder Judiciário tinha divergências sobre a interpretação da Constituição, no que tange a permitir a criação de sindicatos novos para categorias já representadas por outros sindicatos, o que levou à demora de praticamente 13 anos para que estes novos sindicatos fossem legalizados.

Após a criação dos SERs e da FERAESP, em São Paulo, com base no art. 8º da Constituição, outras entidades de assalariados rurais foram criadas em outros Estados e outros sindicatos específicos de outras categorias de trabalhadores rurais foram criados, destaque especial aos Sindicatos dos Trabalhadores da Agricultura Familiar e Federação dos Trabalhadores da Agricultura Familiar, representativos dos Assentados da Reforma Agrária.

Um outro avanço da Constituição de 1988 será especificamente ao Título VIII — Da Ordem Social, Capítulos I, Disposição Geral; e Capítulo II — Seguridade Social e Seções I — Disposições Gerais; II — da Saúde; III da Previdência e IV — da Assistência Social. A importância deste Título advém da universalidade da cobertura e do financiamento (inciso I do parágrafo único do art. 194), da uniformidade e equivalência dos benefícios e serviços às populações urbanas e rurais (II), irredutibilidade do valor dos benefícios (IV), e caráter democrático e descentralizado da administração, mediante gestão quadripartite, com participação dos trabalhadores, dos empregadores, dos aposentados e do governo nos órgãos colegiados.

Este artigo, com estes incisos, vai assegurar algo novo e o resultado de um longo processo de luta dos trabalhadores, urbanos e rurais, e da população em geral, pela democratização e universalização dos direitos à saúde, à Previdência Social e à Assistência Social, de forma indissociável como deveres do Estado em seus três níveis (Federal, municipal e estadual).

A seção III — da Previdência Social, irá sacramentar uma antiga reivindicação dos trabalhadores rurais, presente desde a década de 1950, que é o direito à aposentadoria integral, não inferior ao salário mínimo, dos trabalhadores rurais, homens e mulheres, por idade. Os trabalhadores rurais conquistaram a aposentadoria integral por idade com redução de 5 anos para homens e mulheres: Inciso II do § 7º do art. 201 — "sessenta e cinco anos de idade, se homem, e sessenta anos, se mulher, reduzido em 5 anos o limite para os trabalhadores rurais de ambos os sexos e para os que exerçam suas atividades em regime de economia familiar, nestes incluídos o produtor rural, o garimpeiro e o pescador artesanal".

A conquista da aposentadoria por idade para os trabalhadores rurais significará um importante ingresso de renda monetária, que favorecerá a permanência na terra dos pequenos produtores familiares. Esta entrada líquida, algumas vezes, será o principal elemento de sustento não apenas dos aposentados, mas de toda a família camponesa. Em algumas regiões do País esta entrada de dinheiro, advinda da aposentadoria dos rurais, tem enorme impacto na renda regional.

A REFORMA AGRÁRIA AINDA É A NOSSA QUESTÃO CENTRAL?

A questão que se coloca neste momento é saber se a Reforma Agrária é ainda nossa bandeira fundamental para a construção de uma sociedade com maior justiça social e com distribuição de renda. Isto porque, a Constituição de 1988 estabeleceu uma política social direcionada para um Estado de bem-estar social, principalmente por meio do reconhecimento dos direitos sociais nos campos da proteção social ao trabalho e na educação básica, como visto acima. Esperava-se que estas políticas nesses dois campos tivessem possibilidade de exercer a redistribuição de renda, o que não ocorreu nestes 20 anos.

Aliada a estas políticas, a Constituição (re)estabeleceu critérios para a distribuição de terras e um novo ordenamento do direito de propriedade (função social da terra). Porém, este novo ordenamento não era essencialmente novo, pois, no essencial, retrocedia ao que já estava determinado no Estatuto da Terra de 1964, como dito acima. Além disto, o jogo político dos anos 1990 e 2000, com a ascenção do neoliberalismo, reverteu a eficácia desta redistribuição. Nenhuma das 56 emendas recebidas pelo texto constitucional, de sua promulgação até hoje, contemplou o ordenamento do direito de propriedade fundiária e, ainda mais, a PEC 233/2008, apresentada pelo Executivo e em discussão no Congresso, propõe uma forte restrição do orçamento da seguridade social o que, segundo Delgado, limitará o ensaio distributivo inaugurado pela Constituição de 1988. (DELGADO, G. 2009)(3)

Neste sentido, não apenas não conseguimos caminhar na direção do Estado de bem-estar social, como vemos ameaçados alguns dos avanços concretizados pela Constituição de 1988, porque se não são assegurados recursos para a distribuição de renda, esta ficará reduzida à continuidade do assistencialismo, que é notoriamente insuficiente para o bem-estar social.

É importante percebermos que nos demais países latino-americanos, que elegeram recentemente presidentes de esquerda (Venezuela, Bolívia, Equador e Paraguai), estão implementando as bases para uma nova sociedade com distribuição de renda e, por conta, estão realizando ou realizaram mudanças constitucionais que, no essencial, mudam duas coisas: a propriedade da terra, por meio de Reforma Agrária e reforma política. A primeira visa à distribuição de renda e a segunda ao aumento da representação popular em todas as instâncias de poder. Será que no Brasil, o país de maior concentração de renda do que os mencionados, a Reforma Agrária não é mais necessária?

Eu, do meu lado, continuo considerando que a Reforma Agrária é essencial para que o Brasil se constitua num país mais justo. Mas, caso ela não seja, é necessário que demonstremos isto para a sociedade. Será que as medidas tópicas de cidadania e distribuição de renda conquistadas na Constituição de 1988 e agora ameaçadas bastam para a construção da nova sociedade que queremos?

Porque se consideramos que a Reforma Agrária não é mais necessária significa que acreditamos que o Agronegócio, que se baseia na concentração da terra, do capital e da renda, irá nos levar para o caminho da sociedade mais justa e igualitária que queremos. E, neste sentido temos como desafio apresentar para o País, fundamentalmente para os movimentos sociais, argumentos sérios e incontestáveis, dizendo que a Reforma Agrária não é mais necessária para um Estado de bem-estar social, ou, pelo contrário, que ela continua sendo fundamental. Porque os movimentos sociais continuam sua luta em prol da Reforma Agrária e a academia fica sem dar uma resposta definitiva numa direção ou noutra, fica discutindo as filigranas da redução do coeficiente de Gini.

No fundamental, refletir sobre a Constituição de 1988 é a oportunidade de pensarmos e re-pensarmos que sociedade queremos.

A Reforma Agrária continua como um cadáver insepulto e como no grande romance de *Garcia Marques*(4) ele continuará por aí, como os ossinhos a

(3) DELGADO, G. Política social e distribuição de renda. In: *Le Monde Diplomatique Brasil*, Ano 2, n. 18, janeiro de 2009, p. 10 e 11.

(4) Em *Cem Anos de Solidão*, Gabriel Garcia Marques narra a chegada de uma menina adotada pela família Buendia, ela é profundamente triste e chegou carregando um saco contendo os ossos insepultos de seus pais. Este saco tinha a particularidade de ser encontrado em todos os cantos da casa, importunando a todos com o seu barulho peculiar de ossinhos se batendo. A única forma de fazer o saco parar de se mover pela casa e parar de fazer aquele tilintar fúnebre era dando aos mortos uma sepultura.

balançar dentro do saco que os enclausurou. Será que teremos que enterrar de vez a Reforma Agrária ou desenterrar a Constituição e introduzirmos nela a Reforma Agrária. Caso não façamos isso, a bandeira da Reforma Agrária Ampla, Geral e Sob Controle dos Trabalhadores continuará por aí, reaparecendo a todo momento, nos lugares mais insólitos, demonstrando que esse país, apesar de figurar entre as 8 maiores economias, continua a ter uma das maiores concentrações de terra e de renda do mundo.

BIBLIOGRAFIA

Constituição Federal, in <www.planalto.gov.br/civil_03/cpnstituicao.htm>, consulta em dezembro de 2008.

DELGADO, G. Política social e distribuição de renda. In: *Le Monde Diplomatique Brasil*, Ano 2, n. 18, janeiro de 2009.

GARCIA MARQUES, G. *Cem anos de solidão*, São Paulo: Editora Cortez

OLIVEIRA, F. A economia brasileira. Crítica à Razão Dualista. *Cadernos CEBRAP*, 1973.

O FAT E O SPETR NO BRASIL: O LEGADO DA CF/88 E A AGENDA FUTURA(*)

José Celso Cardoso Jr.(**)
Roberto Gonzalez(***)

1. APRESENTAÇÃO

O ano de 2008 foi marco importante de pelo menos dois grandes acontecimentos: comemoramos 60 anos da Declaração Universal dos Direitos Humanos (1948/2008) e 20 anos da Constituição Federal Brasileira (1988/2008). Em ambos os documentos, o direito ao trabalho digno aparece como elemento estruturante da inserção das pessoas na vida social, vale dizer: condição fundamental para um desempenho pessoal e profissional satisfatório e para uma vida sã e saudável ao longo (e depois) do ciclo laboral.

Infelizmente, no entanto, o ambiente histórico dentro do qual as economias nacionais transitaram ao longo do último quarto do século XX e início do século XXI, colocou em xeque os ideais civilizatórios e libertários das sociedades modernas.(1) Portanto, é a partir destes referenciais que nos cabe refletir sobre a natureza do trabalho na contemporaneidade e sobre os seus desígnios no Brasil.

(*) Este texto é uma versão resumida do artigo "Políticas Públicas de Trabalho e Renda em Contexto de Baixo Crescimento Econômico: A Experiência Brasileira Recente", dos mesmos autores, a ser publicado em coletânea recém-organizada sobre o assunto.

(**) Economista pela FEA/USP, com mestrado e doutorado em economia pelo IE/Unicamp. É técnico de pesquisa do IPEA. E-mail: josecelso.cardoso@ipea.gov.br

(***) Sociólogo pela UFRGS, mestre em sociologia pela UNB. É técnico de pesquisa do IPEA. E-mail: roberto.gonzalez@ipea.gov.br

(1) O contexto de crescente insegurança internacional (terrorismos, fundamentalismos, guerras preventivas etc.) e de grande incerteza econômica no sentido keynesiano forte, está fazendo com que se veja, nos círculos conservadores da intelectualidade dominante, bem como nas agências supranacionais como FMI, Banco Mundial, OMC etc., um discurso menos hostil às ações dos Estados Nacionais nos seus respectivos espaços domésticos, em busca de um maior controle sobre a segurança interna, mas também sobre seus sistemas econômicos e sociais. Embora a ênfase das políticas domésticas ainda esteja centrada na harmonização/homogeneização das estruturas de produção e distribuição, nos controles orçamentários e na inflação, começa a haver um certo espaço para ações mais abrangentes e ativas dos Estados visando tanto à recuperação do crescimento econômico como ao combate à degradação das condições de vida, ações estas que dizem respeito à viabilidade e sustentabilidade dos sistemas de proteção social em geral. Estas questões recolocam necessariamente

Visto como um todo, o mundo laboral tornou-se um lugar de inseguranças e incertezas crescentes, onde a competição pelo lado da oferta abundante de mão de obra (ao invés da cooperação) precarizou as condições e relações de trabalho, e onde o poder público — vivendo uma onda de negação e enfraquecimento de suas estruturas e instrumentos — apenas pôde reagir de forma compensatória, desarticulado de ideias alternativas e projetos sustentáveis de desenvolvimento econômico.

No que concerne ao Brasil, uma vez passados cerca de vinte e cinco anos (1980/2005) de semiestagnação econômica, o país parecia ter diante de si um ambiente econômico e político mais adequado para sustentar taxas de crescimento econômico aliadas à ampliação e maior eficácia das políticas de inclusão social, notadamente aquelas pertencentes ao chamado Sistema Público de Emprego, Trabalho e Renda (SPETR). Entretanto, a deflagração da mais recente e profunda crise econômico-financeira a partir dos países centrais e seu rápido contágio às economias ditas emergentes, têm colocado novas dúvidas sobre as possibilidades de desenvolvimento sustentado desses países, em especial dos BRIC (Brasil, Rússia, Índia e China), para onde parecia ir se deslocando parte do poder econômico e político mundial.

Assim, com vistas a entender a situação das políticas e programas governamentais pertencentes ao chamado SPETR no Brasil, situando-o no contexto acima descrito, este trabalho procura fazer uma breve revisão acerca da montagem e estruturação daquelas principais políticas e programas, enfatizando o papel crucial que desempenha o FAT nesta arquitetura. Feito isto, ao final tecemos considerações sobre os desafios atuais e as perspectivas para as políticas públicas de trabalho e renda no Brasil, neste contexto de crise global.

2. SEMIESTAGNAÇÃO E O MUNDO DO TRABALHO NO BRASIL PÓS-ESTABILIZAÇÃO MONETÁRIA

O mercado de trabalho brasileiro passou por modificações sensíveis desde 1995, ano marcado pela volta da estabilidade monetária da economia nacional, após longo período inflacionário. Entre 1995 e o final de 1998, num ambiente macroeconômico marcado por sobrevalorização cambial e diferencial positivo e elevado entre as taxas de juros domésticas e internacionais, as principais variáveis do mercado de trabalho nacional sofreram um processo de

---

o tema do Estado no centro da discussão sobre os rumos do desenvolvimento, em sua dupla perspectiva, global-nacional. Por mais que as economias nacionais estejam internacionalizadas do ponto de vista das possibilidades de valorização dos capitais individuais e do ponto de vista do crescimento nacional ou regional agregado, parece mais evidente, hoje em dia, que ainda restam dimensões consideráveis da vida social sob custódia das políticas nacionais, o que afiança a ideia de que os Estados Nacionais são ainda os principais responsáveis pela regulação da vida social, econômica e política em espaço nacional. O tempo das crenças ingênuas em favor das teses ligadas à irrelevância dos Estados Nacionais parece estar chegando ao fim.

deterioração. Os níveis absolutos e relativos de desemprego aumentaram, bem como a informalidade das relações contratuais e a desproteção previdenciária para amplos segmentos do mercado de trabalho urbano, enquanto os níveis reais médios de renda do trabalho e a sua distribuição pioraram.

Entre o período de desvalorização cambial de 1999 e meados de 2003, apesar do arranjo de política econômica restritiva (câmbio semiflutuante, elevados superávits fiscais, taxas de juros também elevadas e metas rígidas de inflação), a economia brasileira operou num contexto de comércio internacional favorável, o que permitiu certo arrefecimento das tendências anteriores para as principais variáveis do mercado de trabalho. Os níveis absolutos e relativos de desemprego pararam de subir no mesmo ritmo de antes, a informalidade das relações de trabalho e o grau de desproteção previdenciária arrefeceram, embora mantivessem patamares elevados. Além disso, os níveis médios de renda real do trabalho continuaram a cair para a maior parte das classes ocupacionais, embora a distribuição dos rendimentos esboçasse uma pequena melhora, sobretudo depois de 2001.

Por fim, no período mais recente, entre 2004 e 2008, a despeito de o arranjo de política macroeconômica manter-se praticamente inalterado, a pujança do comércio exterior, combinada com pequenas reduções nos patamares de juros internos e com uma importante expansão das várias modalidades de crédito, aumentos do salário mínimo à frente da inflação e expansão das políticas sociais, houve uma reação positiva do mercado de trabalho a estímulos, até certo ponto tímidos, da política econômica. A taxa de desemprego aberto, o grau de informalidade das relações de trabalho e o grau de desproteção previdenciária esboçaram uma diminuição importante, enquanto o nível de remunerações da base da pirâmide social parou de cair em 2004, elevando-se ligeiramente até 2008, o que contribuiu para prolongar o processo virtuoso de redução das desigualdades de renda.

3. ESTRUTURA ATUAL DO SPETR BRASILEIRO

É, pois, frente a um mercado de trabalho marcado por desemprego elevado, alto patamar de informalidade e por uma renda média baixa e mal distribuída que as políticas de emprego, trabalho e renda se organizaram a partir de meados da década de 1990 no Brasil. Neste sentido, embora o Ministério do Trabalho e Emprego (MTE) possa ser questionado sobre a abrangência e eficácia de sua atuação frente à dimensão dos principais problemas do mercado de trabalho nacional, não resta dúvida de que, sobretudo desde a Constituição de 1988 e da Lei n. 7.998, de 1990,(2) criaram-se as bases materiais para que políticas antes desconexas (como a intermediação de mão de obra e o seguro-desemprego) e novas políticas (como a qualificação profissional

(2) A Constituição de 1988 fixou, por meio dos artigos 7º, 22º e 239º, o seguro-desemprego como direito da seguridade social e estabeleceu o PIS/PASEP como sua fonte vinculada de financiamento. Já a Lei 7.998, de janeiro de 1990, regulamentou o referido artigo constitucional e ampliou as atribuições do FAT.

e a geração de emprego e renda) pudessem ser organizadas em torno de uma estratégia nacional de emprego, trabalho e renda no país.

Esses normativos estabeleceram um novo arranjo de funções e ações básicas e complementares que passam a integrar institucionalmente o sistema público de emprego, concepção que passa a ser acrescida, posteriormente, dos termos trabalho e renda. Deste modo, pode-se afirmar, em linhas gerais, que está em construção no país algo que se poderia chamar de um Sistema Público de Emprego, Trabalho e Renda (SPETR), isto é, um conjunto de programas de governo dirigidos ao mercado de trabalho nacional tendo em vista os objetivos de:

- Combater os efeitos do desemprego (através de transferências monetárias como as previstas no seguro-desemprego);
- Requalificar a mão de obra e reinseri-la no mercado (através dos programas de qualificação profissional e de intermediação de mão de obra); e
- Estimular ou induzir a geração de novos postos de trabalho por meio da concessão de crédito facilitado a empresas e/ou trabalhadores que busquem algum tipo de auto-ocupação ou ocupação associada ou cooperativada.

Tendo por base este recorte analítico, o Quadro 1 oferece um resumo da situação atual concernente às políticas de emprego, trabalho e renda no Brasil, operantes a partir do MTE.

Quadro 1

Principais Programas Federais de Emprego, Trabalho e Renda no Brasil.

Nome	Descrição	Ano de Início
Abono Salarial	Benefício no valor de um salário mínimo anual, assegurado aos empregados que percebem até dois salários mínimos de remuneração mensal, desde que cadastrados há 5 anos ou mais no PIS/PASEP e que tenham trabalhado pelo menos 30 dias em um emprego formal no ano anterior.	1989 (1970 para contas individuais)
Seguro-Desemprego	Assistência financeira temporária ao trabalhador desempregado em virtude da dispensa sem justa causa. Concedido em parcelas mensais, que variam de três a cinco, dependendo do número de meses trabalhado nos últimos 36 meses, para um período aquisitivo de 16 meses, ou seja: — três parcelas, se trabalhou pelo menos seis dos últimos 36 meses; — quatro parcelas, se trabalhou pelo menos doze dos últimos 36 meses; — cinco parcelas, se trabalhou pelo menos vinte e quatro dos últimos 36 meses.	1986: Trabalhador Formal 1992: Pescador Artesanal 2001: Trabalhador Doméstico 2003: Trabalhador Resgatado

Nome	Descrição	Ano de Início
Intermediação de Mão de Obra / SINE	Captação de vagas junto a empresas e encaminhamento de trabalhadores em busca de emprego.	1977
Qualificação Profissional	Oferta de cursos de qualificação profissional para trabalhadores desempregados ou em risco de desemprego e microempreendedores.	1995
Primeiro Emprego para Juventude	Promoção do ingresso do jovem no mundo do trabalho por meio de qualificação profissional, estímulo financeiro às empresas contratantes, parcerias para contratação de aprendizes e apoio à constituição de empreendimentos coletivos pelos jovens.	2003
Geração de Emprego e Renda	Concessão de crédito produtivo assistido a micro e pequenas empresas, cooperativas e trabalhadores autônomos.	1995
Economia Solidária	Apoio à formação e divulgação de redes de empreendimentos solidários, pelo fomento direto, mapeamento das experiências e constituição de incubadoras.	2003

Fonte: Elaboração Própria dos Autores.

Naturalmente, os programas diferenciam-se acentuadamente quanto ao grau de consolidação institucional e sua importância em termos de recursos e pessoas beneficiadas. Porém, grosso modo, cobrem aquilo que poderia constituir um sistema integrado de emprego, trabalho e renda, que visasse a garantir a proteção monetária temporária contra o desemprego, a requalificação e a reinserção dos trabalhadores no mundo do trabalho.

Em que pesem as especificidades operacionais de cada programa, é possível constatar diferentes graus e formatos institucionais de descentralização federativa, participação não estatal na provisão de serviços de emprego e participação social na formulação e controle público das ações, tais quais descritos no Quadro 2 seguinte:

Quadro 2

Níveis de Descentralização, Participação Não Estatal e Esferas de Participação Social nas Políticas do SPETR.

Tipo de Política	Agentes Executores: Níveis de Descentralização e Participação Não Estatal nas políticas do SPETR	Esferas de Participação Social
Intermediação de Mão de Obra	Estados — Centrais Sindicais — Municípios	Codefat: conselho tripartite e paritário

Tipo de Política	Agentes Executores: Níveis de Descentralização e Participação Não Estatal nas políticas do SPETR	Esferas de Participação Social
Seguro-Desemprego Habilitação Pagamento	MTE-DRT — Estados — SINE — CEF CEF	Codefat: conselho tripartite e paritário
Qualificação Profissional	Estados — Municípios — Centrais Sindicais — Sistema S — ONGs	Codefat: conselho tripartite e paritário Comissões Estaduais e Municipais de Emprego
Geração de Trabalho e Renda Primeiro Emprego Fomento à Economia Solidária	Inst. Financeiras Oficiais (BB, CEF, BNB, BASA, BNDES). ONGs ONGs	Proger: Codefat Primeiro Emprego: Conselho Consultivo Economia Solidária: Conselho Consultivo

Fonte: Elaboração Própria dos Autores.

4. O FUNDO DE AMPARO AO TRABALHADOR (FAT): EVOLUÇÃO, DILEMAS E ALTERNATIVAS PARA O FINANCIAMENTO DAS POLÍTICAS PÚBLICAS DE TRABALHO E EMPREGO NO BRASIL.

A constituição do Fundo de Amparo ao Trabalhador (FAT) como fonte de recursos para o seguro-desemprego e as demais políticas de mercado de trabalho foi fundamental para o desenvolvimento, ainda que incompleto e inconstante, de um sistema público de emprego, trabalho e renda no país. Isso porque se assegura ao fundo a receita de um tributo específico (a contribuição PIS/PASEP), o que lhe permite acumular ativos que são remunerados. Por conta disso, o FAT acumulou desde a sua instituição um patrimônio crescente e dispõe de uma receita financeira secundária cuja importância é cada vez maior para cobrir despesas correntes e refinanciar operações de crédito. Ainda assim, o FAT atualmente enfrenta limites para o financiamento das suas despesas correntes, o que tem levado à redução dos gastos não obrigatórios, afetando principalmente a manutenção do Sistema Nacional de Emprego (SINE) e dos programas de qualificação profissional.

A Estruturação do FAT

O art. 239 da Constituição Federal de 1988 estabeleceu que a arrecadação do PIS/PASEP passaria a financiar o programa de seguro-desemprego e de abono salarial. O mesmo artigo fixou que pelo menos 40% da arrecadação seria destinada ao financiamento de programas de desenvolvimento econômico por meio do BNDES, com critérios de remuneração que preservassem o valor dos empréstimos realizados.

Em janeiro de 1990 foi efetivamente criado o FAT pela Lei n. 7.998/90, que veio a regulamentar o referido artigo constitucional. Essa lei também estipulou que o Programa do Seguro-Desemprego teria por finalidade, além da assistência financeira temporária, "auxiliar os trabalhadores requerentes ao Seguro-Desemprego na busca de novo emprego, podendo, para esse efeito, promover a sua reciclagem profissional". Abriu-se, assim, a possibilidade de custear, com recursos do FAT, as despesas para manutenção do Sistema Nacional de Emprego e dos programas de qualificação profissional. Um segundo passo na consolidação do FAT foi dado pela Lei n. 8.352/91, a qual determinou que:

- parte das disponibilidades financeiras do FAT formasse a reserva mínima de liquidez destinada a garantir, em tempo hábil, os recursos necessários ao pagamento das despesas referentes ao seguro-desemprego e ao abono salarial;

- que os recursos da reserva mínima de liquidez somente poderiam ser aplicados em títulos do Tesouro Nacional, por intermédio do Banco Central do Brasil; e

- que o montante das disponibilidades financeiras do FAT que excedesse o valor da reserva mínima de liquidez poderia ser aplicado em depósitos especiais remunerados nas instituições financeiras oficiais federais, as quais o utilizariam como *funding* para linhas de crédito, desde que autorizado pelo CODEFAT.

Da mesma forma que os depósitos constitucionais, os recursos tanto da reserva mínima de liquidez quanto dos depósitos especiais geram remunerações que se constituem em receita corrente do FAT. Conformou-se, a partir desse momento, o desenho atual de funcionamento do FAT. De um lado, uma receita composta tanto de arrecadação de contribuições (principalmente PIS/PASEP) quanto de retornos financeiros (sobre depósitos constitucionais, depósitos especiais e sobre a reserva mínima de liquidez). De outro, despesas correntes com benefícios constitucionais (seguro-desemprego e abono salarial), intermediação de mão de obra (SINE), programas de qualificação profissional e alocação de fundos para linhas de crédito ligadas a programas de geração de emprego e renda ou de apoio a microempreendimentos.

Evolução das Receitas, Despesas e Patrimônio do FAT

Do momento de sua criação até 1994, o fundo experimentou uma situação de significativa folga financeira, conseguindo acumular um grande patrimônio nesse período. As despesas totais de custeio, incluídos o seguro-desemprego, o abono salarial e os demais programas de apoio ao trabalhador, somadas às transferências ao BNDES, foram quase sempre inferiores à arrecadação líquida do PIS/PASEP. A partir de 1995, entretanto, houve forte aumento de dispêndios decorrente da expansão do seguro-desemprego, acompanhado pela retenção de parte da receita bruta do PIS/PASEP pelo Fundo Social de Emergência (FSE), posteriormente rebatizado de Fundo de Estabilização Fiscal (FEF) e, atualmente, de Desvinculação de Receitas da União (DRU), visando à formação de superávit fiscal primário. A consequência imediata foi a formação de um déficit das receitas primárias frente às despesas obrigatórias (seguro-desemprego e abono salarial), obrigando o uso das receitas financeiras para cobrir os gastos correntes discricionários do MTE (SINE, qualificação etc.) e expandir os depósitos especiais.

Mesmo com esse déficit primário, o patrimônio do FAT tem crescido de forma praticamente contínua ano após ano. Entre 1995 e 2007, sua taxa de crescimento foi de 7,3% ao ano, com uma única queda em 2002; em termos absolutos, passou de R$ 60,2 bilhões para R$ 139,1 no período. Esse desempenho é surpreendente porque está longe de refletir o ciclo econômico do período, que teve taxa anual média de crescimento de apenas 2,7% do Produto Interno Bruto (PIB). Dado que a arrecadação do PIS/PASEP cresceu em termos reais 4,3% a.a., deduz-se que foram as receitas secundárias, isto é, o retorno financeiro dos ativos, que permitiram essa valorização.

Gráfico 2

Evolução do Patrimônio do FAT, segundo seus Principais Componentes.

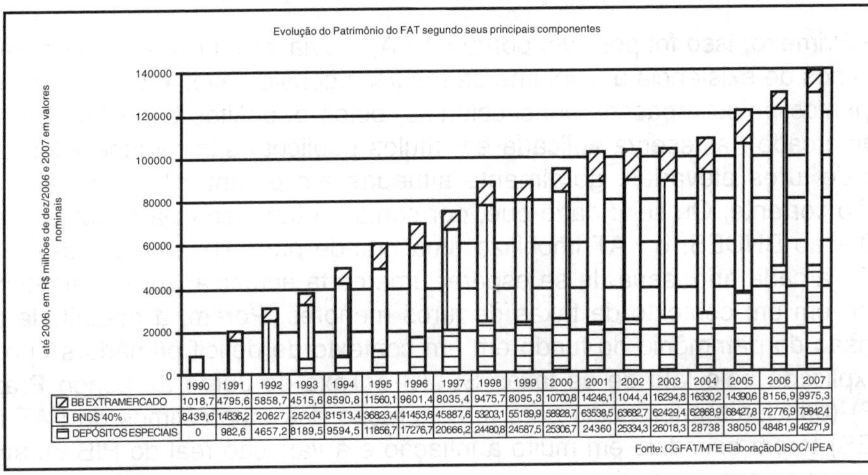

	1990	1991	1992	1993	1994	1995	1996	1997	1998	1999	2000	2001	2002	2003	2004	2005	2006	2007
BB EXTRAMERCADO	1018,7	4795,6	5858,7	4515,6	8590,8	11560,1	9601,4	8035,4	9475,7	8095,3	10700,8	14246,1	1044,4	16294,8	16330,2	14390,6	8156,9	9975,3
BNDS 40%	8439,6	14836,2	20627	25204	31513,4	36823,4	41453,6	45887,6	53203,1	55189,9	58928,7	63538,5	63682,7	62429,4	62868,9	68427,8	72776,9	79842,4
DEPÓSITOS ESPECIAIS	0	982,6	4657,2	8189,5	9594,5	11856,7	17276,7	20666,2	24480,8	24587,5	25306,7	24360	25334,3	26018,3	28738	38050	48481,9	49271,9

Fonte: CGFAT/MTE ElaboraçãoDISOC/ IPEA

Fonte: MTE.

Gráfico 3
Crescimento Acumulado do PIB, da Arrecadação do PIS/PASEP e do Patrimônio do FAT (1995 – 2007)

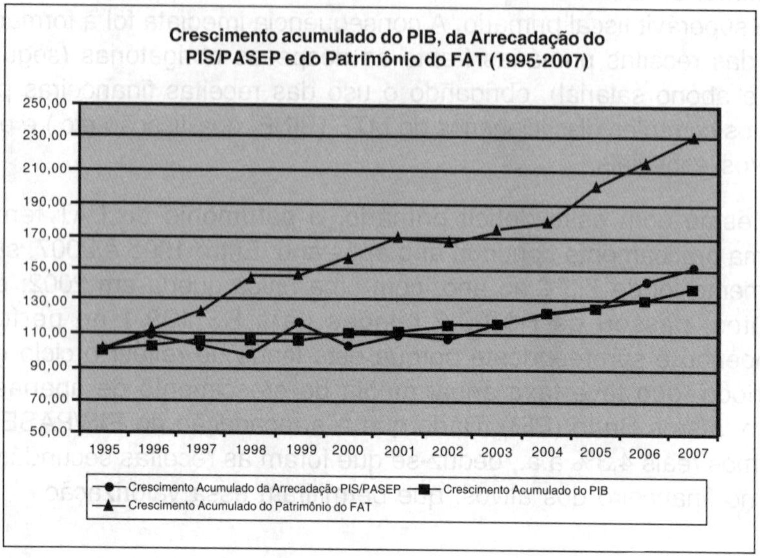

Fonte: MTE.

O crescimento vertiginoso do patrimônio do FAT merece três considerações:

• Primeiro, isso foi possível porque o FAT havia acumulado nos primeiros cinco anos de existência um volume de recursos considerável, e os seus ativos (compostos pelos repasses consitucionais, pelos depósitos especiais e pelo "extramercado", a reserva aplicada em títulos públicos) são remunerados por taxas de juros elevadas, geralmente situadas em patamar bem superior à inflação corrente. Ou seja: dado que, por conta da transferência constitucional de 40% ao BNDES, o FAT imobiliza uma grande parte da arrecadação PIS/PASEP a cada ano, seria de se esperar uma certa acumulação de patrimônio mesmo em um contexto de taxas de juros menores. Porém, a magnitude da expansão do patrimônio do fundo em um contexto de déficit primário só pode ser explicada pelo fato de as taxas SELIC e Taxa de Juros de Longo Prazo (TJLP) (principais referências para remuneração dos empréstimos do FAT ao BNDES) terem excedido em muito a inflação e a variação real do PIB durante os últimos quinze anos.

• Em segundo lugar, é fato que uma parcela crescente do FAT corresponde a depósitos especiais, em sua maioria ligados a programas de crédito, como por exemplo o PRONAF e o PROGER. Esses programas indubitavelmente contribuíram para a democratização do acesso ao crédito, porém, precisamente pelo fato do *funding* desses programas ser o FAT, os mesmos precisam operar com taxas de juros elevadas para os tomadores finais. Implicitamente, isso já é reconhecido em alguns programas, na medida em que há no PRONAF um subsídio custeado por outros recursos, e que o Programa Nacional de Microcrédito Produtivo Orientado (PNMPO), lançado em 2005, está operando basicamente com recursos extra FAT, remunerados a taxas de juros menores.

• O terceiro ponto diz respeito ao custeio do Programa Seguro-Desemprego. O dispêndio do FAT com o custeio de programas cresceu desde 2000 a uma taxa menor que a arrecadação do PIS/PASEP, sugerindo uma perspectiva positiva para a relação receita primária/gastos correntes. No entanto, a análise do gasto de custeio revela um rápido crescimento das despesas com pagamento de benefícios, acompanhado de uma redução do gasto em políticas voltadas para o reemprego do trabalhador (intermediação e qualificação). Em outras palavras, houve um ajuste interno à rubrica "custeio de programas", sendo uma parte do aumento do gasto com benefícios coberto pela redução da despesa com outros programas. Como a Tabela 3 abaixo demonstra, a partir de 2002 essa redução foi tão acentuada que permitiu também a melhora do saldo de caixa até 2006 (grosso modo equivalente ao resultado primário do fundo).

Tabela 3

Demonstrativo da Execução Financeira do FAT. Em R$ milhões*

Ano	Arrecadação PIS/PASEP (1)	Receita MTE líquida/ A (2)	Custeio de Programas Constitucionais/ B (3)	Custeio do SINE e Qualificação/ C (4)	Outras despesas de custeio/ D (5)	Saldo final A-(B+C+D)
1995	12.942,4	7.834,2	9.753,1	283,0	82,4	-2.284,3
1996	12.817,3	7.170,3	10.098,4	742,7	472,8	-4.143,6
1997	12.921,2	7.679,4	9.717,7	938,1	561,2	-3.537,6
1998	13.875,5	8.960,9	10.857,7	1.058,8	719,8	-3.675,4
1999	12.981,1	7.819,3	9.643,3	856,8	680,5	-3.361,3
2000	14.693,3	8.836,3	8.915,0	952,9	627,5	-1.659,1
2001	15.100,3	9.103,9	10.017,3	1.014,3	690,1	-2.617,8
2002	15.603,3	9.277,8	10.810,2	374,1	676,1	-2.582,6
2003	15.792,1	9.159,8	10.232,7	167,5	373,5	-1.613,9
2004	16.891,0	9.949,9	10.481,3	163,4	349,0	-1.043,8
2005	17.713,6	10.601,4	11.810,4	175,5	387,2	-1.771,7
2006	20.046,3	12.257,3	15.203,7	173,6	511,2	-3.631,2
2007	19.348,6	11.701,0	17.830,0	151,5	486,4	-6.766,9

Fonte: MTE.

(*) Os valores até 2006 foram corrigidos pelo IGP-DI para preços de 31/dez/2006. Em 2007, valores expressos em moeda corrente.

(1) Já descontada das Desvinculações (FSE, FEF e DRU).

(2) Já descontado repasse ao BNDES.

(3) Inclui despesas relativas ao pagamento de benefícios do Seguro-Desemprego e do Abono Salarial.

(4) Inclui despesas relativas à intermediação de mão-de-obra e aos Planos de Qualificação Profissional (PLANFOR e PNQ).

(5) Inclui despesas relativas ao apoio operacional ao seguro-desemprego, ao abono salarial e ao PROGER, e a outros projetos/atividades.

O crescimento das despesas constitucionais nos anos recentes decorreu do aumento de benefícios emitidos no período 2000/2007: o número de beneficiários cresceu 31% no caso do seguro-desemprego e 74% no caso do abono salarial. Deve ser lembrado que esse crescimento não se deve a uma liberalidade maior na concessão de benefícios, mas ao crescimento do número de trabalhadores que cumprem os requisitos legais para acessá-los. Dado o aumento de empregos formais e a manutenção dos elevados níveis de rotatividade, grande número de trabalhadores que antes não podiam solicitar o seguro-desemprego por não terem seis meses de emprego formal, passaram a fazê-lo. Ademais, como a maioria desses empregos estão remunerados na faixa de um a dois salários mínimos, também geraram direito ao abono salarial. É possível especular que mantendo-se o atual ritmo de formalização dos empregos a baixos salários, a despesa com esses dois programas continue a crescer, em termos reais, a taxas superiores à arrecadação PIS/PASEP, pressionando ainda mais para baixo os demais gastos do MTE.

O uso das receitas financeiras é limitado, porém, pelo fato de as despesas por elas financiadas impactarem negativamente no superávit primário. Uma vez que este é calculado pela diferença entre as receitas e as despesas correntes, não contabiliza as receitas financeiras; os gastos com programas de emprego, contudo, são despesas correntes. Como já visto, a consequência é a contenção de todos os gastos não obrigatórios, já que os pagamentos do seguro-desemprego e do abono salarial não podem ser suspensos. Assim, a partir de 2003, o déficit primário do FAT desceu ao patamar mais baixo desde 1995, quando se introduziu a prática das desvinculações. O uso das receitas financeiras se reverteu em favor dos depósitos especiais, que têm crescido principalmente pela criação de novas linhas de crédito e pela expansão das linhas voltadas ao capital de giro.

É verdade que, na medida que este excedente de recursos se transforma também em novas linhas de crédito, não é possível dizer que as receitas financeiras não contribuam para impulsionar as atividades produtivas. Todavia, é preciso levar em conta que é a desvinculação de recursos do FAT que produz, em primeira instância, o déficit primário do fundo, e que esse recurso ajuda na geração do superávit primário do governo federal como um todo. Indiretamente, é a restrição de gastos em serviços de emprego que permite a "sobra" que retornará ao FAT como receita financeira. Por outro lado, esse processo tem consequências negativas do ponto de vista da concepção de seguro-desemprego expressa na lei do FAT, a qual havia delineado um programa que associava a concessão do benefício a serviços complementares de emprego, como a intermediação e a qualificação profissional. Na medida em que o FAT deixa de financiar estes outros programas, começa a desfazer-se a ideia de um sistema público integrado e mais abrangente de emprego.

A restrição de recursos para os serviços de emprego traz consequências para sua eficácia e efetividade. No caso da qualificação profissional, isso é mais visível: passou-se de 3 milhões de trabalhadores treinados com recursos do FAT, em 2000, para pouco mais de 100 mil treinandos em 2007. No caso do SINE, não houve tal diminuição de trabalhadores atendidos, até por conta de ser um serviço contínuo. Deve ser ressaltado, todavia, que a diminuição dos recursos para o SINE pode ter tido consequências em termos da qualidade do serviço; um indicativo disso é a queda na taxa de admissão, que mede a eficácia da intermediação realizada — que, depois de um pico de quase 9% em 2002, vem caindo anualmente até atingir 6,8% em 2007.

Alternativas para o Financiamento das Políticas Públicas de Emprego no Brasil

Uma primeira proposta concreta seria simplesmente buscar o incremento da receita primária do FAT por meio da instituição do adicional da contribuição do PIS/PASEP para as empresas de maior rotatividade, dispositivo originalmente previsto no art. 239 da Constituição, mas nunca regulamentado. Acontece que este dispositivo tende mais a ser revogado que regulamentado, como demonstra a proposta de reforma tributária em curso no parlamento.

Uma outra proposta, lançada no II Congresso do Sistema Público de Emprego de 2005, seria vincular 8% da arrecadação PIS/PASEP para as funções do sistema, exclusive seguro-desemprego e abono salarial. Temos razões para crer que esta alternativa não resolveria o problema de financiamento do conjunto do sistema, pois a parte da arrecadação que fica com o MTE já se mostra hoje insuficiente para cobrir até mesmo as despesas obrigatórias.

Fazendo um rápido exercício com os dados de 2005, ano em que a arrecadação primária do FAT — já descontada a Desvinculação de Recursos da União (DRU) foi de R$ 17 bilhões, esse percentual de 8% significaria algo como R$ 1,36 bilhões por ano, valor cerca de oito vezes superior aos R$ 170 milhões gastos naquele ano com os programas de intermediação de mão de obra e qualificação profissional. Apesar disso, este montante não chega a ser excepcional se comparado ao efeito da DRU sobre a arrecadação bruta PIS/PASEP. Como se sabe, a DRU desvincula 20% da arrecadação anual do PIS/PASEP, o que em 2005 significou algo como R$ 4,2 bilhões, ou seja, uma perda da ordem de R$ 1,7 bilhões para o BNDES e de R$ 2,5 bilhões para o MTE. No caso do MTE, este valor é tão significativo que sua revinculação teria feito o déficit primário do FAT converter-se em superávit em 2005.

Assim, uma alternativa mais vantajosa à proposta de vinculação de 8% da arrecadação PIS/PASEP seria propor a revinculação de ao menos uma parte dos recursos que atualmente são subtraídos do FAT por meio da DRU. Não apenas a DRU retém muito mais recursos do que a proposta de subvinculação de 8% mencionada acima, como é possível argumentar que uma parte desses recursos revinculados retornaria ao FAT sob a forma de receitas financeiras, as quais poderiam ser usadas para cobrir parte das despesas correntes não obrigatórias do MTE.

É nessa direção que gostaríamos de apresentar uma proposta complementar à revinculação da DRU. Essa alternativa consistiria em explicitar e disciplinar o uso das receitas financeiras do FAT no financiamento de certos gastos correntes do MTE. É certo que esse uso levanta o problema da preservação do patrimônio do fundo, mas embora esta seja de fato uma preocupação das mais relevantes, é preciso lembrar que desde 1995 esse uso já tem se dado com intensidade variável. Assim sendo, argumentamos ser possível criar uma regra que preveja a utilização de um percentual determinado das receitas secundárias do FAT em gastos correntes, separando-se uma parte destinada a manter o valor real do patrimônio e outra voltada para a expansão dos programas de crédito. É claro que uma regra como esta deveria ser discutida com os atores representados no CODEFAT e em outros fóruns, mas nosso argumento é o de que isso não só evitaria que programas necessários ao SPETR fossem sistematicamente contigenciados, como também poderia viabilizar alguns programas de inclusão financeira (microfinanças etc.) com juros abaixo das taxas oficiais, configurando uma espécie de "subsídio cruzado" entre as diversas linhas de crédito atualmente existentes.[3]

Como nota final, sugere-se que seria mais interessante um equilíbrio do FAT em que a arrecadação primária apropriada para o sistema fosse maior, com uma receita financeira menor em função de uma menor taxa de juros paga pelos títulos públicos. Esse seria um cenário que favoreceria o crescimento

(3) A ambas as propostas anteriores — a revinculação da DRU ao FAT e a conversão das receitas financeiras do fundo em mais uma fonte explícita de financiamento das políticas de emprego — deveríamos adicionar uma mudança na forma de contabilização das receitas e dos gastos correntes do MTE. A fim de conferir um tratamento homogêneo para as categorias orçamentárias em jogo, seria necessário contabilizar como receita primária do MTE e/ou do próprio FAT, as receitas financeiras efetivamente utilizadas, segundo a prescrição acima, no custeio de parte dos gastos correntes do MTE. Fazendo isso, eliminar-se-ia um dos problemas atuais do FAT, por onde o déficit primário se vê exarcebado simplesmente pelo fato de que se computam as despesas totais com programas como custeio orçamentário, mas não se computa como receita primária aquela parte da receita financeira proveniente das aplicações e empréstimos do FAT, a qual foi efetivamente utilizada para financiar parcela importante das despesas correntes.

de empregos e salários, ao mesmo tempo em que permitiria uma institucionalização dos serviços de emprego. Ao contrário, a manutenção do quadro atual levará a uma dependência cada vez maior do FAT em relação às suas receitas financeiras que, por sua vez, aproveitam-se da manutenção de um patamar elevado de juros que prejudica a geração de empregos e salários na economia.

5. BALANÇO DA POLÍTICA, PRINCIPAIS PROGRAMAS E AÇÕES NO ÂMBITO DO FAT

Nesta seção, pretende-se apresentar um conjunto básico de informações atinentes aos principais programas finalísticos do MTE, agrupados de acordo com uma forma particular de classificação:

* Programas de garantia de renda: seguro-desemprego e abono salarial;

* Programas que realizam serviços: intermediação de mão de obra e qualificação profissional;

* Programas de geração de emprego, trabalho e renda: Proger, economia solidária e microcrédito produtivo popular; e

* Programas que fiscalizam as relações e condições de trabalho.

Programas de Garantia de Renda: Seguro-Desemprego e Abono Salarial

Seguro-Desemprego

A baixa cobertura relativa do seguro-desemprego se deve, ainda hoje, a uma série de fatores, tais como o caráter tardio da montagem do SPETR no país, o nível ainda incipiente de integração entre os principais programas, a diversidade de situações a serem enfrentadas no mercado de trabalho brasileiro etc. Além desses, vale aqui ressaltar outros dois fatores dos mais importantes:

- A capacidade atualmente exaurida de gasto, presa que está à estrutura própria de financiamento da área; e

- O uso do vínculo assalariado contributivo como critério de acesso dos beneficiários ao seguro-desemprego, este que é o principal programa do nosso SPETR, pelos recursos envolvidos e pelo grau de cobertura atingido.

Tendo em mente estes dois aspectos, é preciso dizer que, embora a base de financiamento do programa seja primordialmente o faturamento das empresas (e em menor medida a folha de salários), estabeleceu-se o vínculo assalariado contributivo como condição de elegibilidade porque, ao que tudo indica, esta seria uma forma tanto de valorizar e incentivar o assalariamento formal, quanto de impor melhores condições de fiscalização ao programa. Na prática, serviu também como teto à expansão da cobertura, tendo em vista o potencial limitado de financiamento de um programa de seguro-desemprego mais abrangente.

Mas o problema é que, diante da elevação da taxa de desemprego aberto ao longo dos anos 1990, do crescimento do desemprego de longa duração (associado ao desemprego de inserção para jovens e de exclusão para adultos e idosos), e da crescente proporção de contratos de trabalho atípicos (diferentes do contrato por tempo indeterminado) e precários (alta proporção de trabalhadores por conta própria, assalariados sem registro e trabalhadores produzindo para subsistência, principalmente no meio rural), um programa de seguro-desemprego centrado no assalariamento contributivo como condição de acesso estaria, por natureza, limitado a apenas um subconjunto de trabalhadores.

Deste modo, embora este programa consiga cumprir as prescrições contidas em seu marco legal e institucional — atender temporariamente com recursos financeiros os desempregados oriundos do setor formal da economia —, ele é pouco eficaz para fazer frente às dimensões do problema contemporâneo do desemprego, aspecto que pode ser evidenciado pelos indicadores da Tabela 4.

Tabela 4

Indicadores de Desempenho do Seguro-Desemprego, em Porcentagem (%)

Programa Seguro-desemprego	1995	1996	1997	1998	1999	2000	2001	2002	2003	2004	2005	2006	2007	média 95/07
Taxa habilitação (1)	98,9	99,2	99,4	99,1	97,7	98,1	98,3	98,4	98,5	98,4	98,0	98,1	98,2	98,5
Taxa cobertura (2)	65,9	63,4	65,5	65,6	67,2	62,1	63,9	66,3	67,0	62,4	62,3	62,7	62,9	64,4
Taxa reposição da renda (3)	51,0	49,4	50,6	44,5	45,5	51,3	53,9	57,2	60,3	61,3	64,0	65,1	68,3	55,6

Fonte: MTE.

Notas: (1) segurados / requerentes

(2) segurados / demitidos sem justa causa;

(3) valor médio do benefício / valor médio de demissão

Em outras palavras, embora a sua taxa de habilitação (segurados / requerentes) tenha estado próxima dos 100% ao longo de todo o período estudado, a sua taxa de cobertura (segurados / demitidos sem justa causa do setor formal) tem girado em torno de 64,4%, patamar este que seria bem menor se levasse em conta o conjunto dos trabalhadores desempregados da economia em dado momento. Por outro lado, a taxa de reposição da renda (valor médio do benefício / valor médio do salário de demissão do segurado) vem melhorando continuamente desde 1998. Mas, embora a taxa de reposição tenha passado de 51%, em 1995, para 68%, em 2007, isto pode estar sendo contrabalançado pelo aumento na duração média do desemprego, pois já que o número de parcelas pagas pelo seguro não se alterou durante o período, é possível que parte dos segurados esteja passando mais tempo sem emprego depois de esgotada a duração do benefício.

Tabela 5

Número de Segurados do Seguro-Desemprego e Número de Abonos Salariais Pagos por Ano

	Seguro-Desemprego (segurados)				Abono Salarial (benefícios emitidos)
ANO	Formal	Pescador Artesanal	Trab. Doméstico	Trab. Resgatado	
1995	4.742.043	15.710	-	-	5.308.749
1996	4.360.917	20.090	-	-	5.023.939
1997	4.400.738	29.127	-	-	4.664.910
1998	4.357.528	30.997	-	-	4.467.820
1999	4.325.867	46.935	-	-	4.512.878
2000	4.185.673	57.861	-	-	4.819.813
2001	4.690.038	73.699	2.105	-	4.837.664
2002	4.811.169	91.973	8.016	-	5.618.806
2003	4.973.676	114.073	9.207	832	6.722.309
2004	4.815.067	185.990	9.490	1.965	7.853.189
2005	5.402.487	195.160	10.040	3.043	9.685.483
2006	5.742.298	308.031	10.846	2.651	11.095.398
2007	6.182.184	371.692	11.788	3.891	13.843.626

Fonte: MTE.

Obs.: (1) N. de segurados da modalidade Trabalhador Doméstico em 2001 compreende período julho-dezembro.

(2) N. de segurados da modalidade Trabalhador Resgatado em 2005 compreende período janeiro-março.

(3) N. de segurados da modalidade Formal inclui Bolsa de Qualificação Profissional.

Percebe-se, na Tabela 5, que em termos absolutos ainda é a modalidade do seguro formal que responde pela maioria dos novos beneficiários, saltando de menos de 5 milhões, entre 1995 e 2004, para 6 milhões em 2007. Como não houve mudanças significativas nas normas de concessão do seguro-desemprego, o crescimento do número de beneficiários deve ser explicado pelas mudanças no mercado de trabalho. Em virtude dos requisitos de acesso ao seguro-desemprego, o crescimento do número de segurados não é influenciado somente pela taxa de desemprego presente, mas também (e talvez preponderantemente) pela quantidade de trabalhadores que no ano anterior tiveram passagem por emprego formal e foram demitidos, isto é, pela alta taxa de rotatividade nos empregos formais.(4)

A questão, então, é saber até que ponto o seguro-desemprego é capaz de oferecer proteção efetiva ao desempregado, bem como favorecer sua reinserção no mercado de trabalho. A se manter o atual quadro, a tendência parece ser a de manter o ciclo em que os segurados esgotam rapidamente as suas parcelas (em média, quatro meses), sem obter colocação nem treinamento por parte do SPETR, e acabam aceitando ocupações mal remuneradas e de curta duração. Por conta disso, o seguro-desemprego não cumpre a função anticíclica que desempenha nos países centrais: seu gasto aumenta em períodos de aceleração da atividade econômica, enquanto se mantém relativamente rígido em períodos de elevação do desemprego. Também há um certo consenso de que falta coordenação entre a concessão do auxílio e a oferta de serviços de emprego, como intermediação, requalificação etc.

Mas as propostas de mudança do seguro-desemprego não são convergentes. Em um extremo, critica-se sua suposta sobreposição com o FGTS, e há sugestões de fundi-los. Em apoio a este argumento, alega-se que o próprio fundo de garantia acaba funcionando como um seguro por causa da alta rotatividade, que faz com que os saques sejam constantes, e os valores recebidos sejam bastante baixos. Essa proposta desconsidera as diferenças entre a natureza indenizatória do FGTS (um direito que não caberia condicionar à busca de emprego, por exemplo) e a natureza assistencial do seguro-desemprego (que pode ser interrompido caso haja recusa sistemática de ofertas de trabalho). Na outra ponta já houve reivindicações das centrais sindicais para aumentar o número de parcelas do seguro em função do aumento da duração do desemprego e do crescimento dos desempregados de longa duração. O problema é que esse tipo de proposta, ao não mexer nas regras de acesso ao seguro, ampliaria a cobertura do tempo de desemprego para os que já o acessam, mas manteria inalterada a taxa de cobertura em relação aos demais trabalhadores.

---

(4) Uma comparação simples ilustra este ponto. Durante o período 2004/2006, o número de trabalhadores desocupados nas regiões metropolitanas cobertas pela PME diminuiu cerca de 9% no período, enquanto que o número de segurados cresceu mais de 14% nas mesmas regiões. Ao mesmo tempo, o volume de trabalhadores desligados cresceu 21,6%, para as mesmas localidades, e a taxa de rotatividade medida segundo os registros do CAGED para o conjunto das regiões metropolitanas variou de 2,74% para 2,93%.

Abono Salarial

Ainda pela Tabela 5, vê-se que entre 1995 e 2001, a quantidade de abonos emitidos situou-se num patamar de pouco menos de 5 milhões ao ano, mas em 2002 este nível subiu para a casa dos 5,6 milhões, saltando para 9,6 milhões em 2005, e para 13,8 milhões em 2007, num ritmo que impressiona, mas não surpreende. Uma das causas deste crescimento vertiginoso é o incremento no padrão de divulgação do programa, pois até recentemente muitos trabalhadores com direito ao benefício, identificados pelo MTE por meio do seu número PIS/PASEP no sistema RAIS/Cadastro Geral de Empregados e Desempregados (CAGED), simplesmente deixavam de comparecer em tempo hábil às agências da CEF/BB para receber o abono salarial.

Outro motivo estaria relacionado ao período de sete anos consecutivos (1996/2003) de queda dos rendimentos médios reais dos trabalhadores ocupados, inclusive dos trabalhadores assalariados com carteira que, recebendo ao longo do ano menos de dois salários mínimos mensais, fazem jus ao benefício.[(5)] Isso significa que o crescimento dos beneficiários se deve ao crescimento de empregos formais na faixa de 1 a 2 salários mínimos, justamente a faixa de remuneração de cerca de 90% das novas ocupações assalariadas com carteira, criadas nos últimos anos.

Além disso, é preciso também considerar a própria elevação do valor real do salário mínimo, fenômeno este que faz aumentar o número de trabalhadores elegíveis, na medida em que os rendimentos superiores ao mínimo não cresceram na mesma magnitude.

De todo modo, apesar do aumento expressivo de cobertura, parece haver certo consenso no fato de que, estando o valor do abono limitado a um salário mínimo anual por trabalhador contemplado, ele é pouco eficaz para combater a pobreza ou amenizar a desigualdade de rendimentos do trabalho, a despeito de ser um benefício concedido a trabalhadores pobres oriundos do setor formal da economia. Como o valor total gasto com o programa já ultrapassou o montante anual de R$ 2 bilhões, talvez essa pudesse ser uma quantia aplicada de forma mais racional em outra(s) política(s) de proteção ao trabalhador, como o próprio seguro-desemprego, caso o objetivo seja manter o espírito de priorizar a garantia de benefícios na forma monetária.

Uma perspectiva alternativa seria atualizar o propósito original da criação do abono salarial, isto é, garantir a participação dos trabalhadores na renda nacional por meio dos incrementos de produtividade geral da economia para o

---

(5) Apenas para se ter uma ideia, este contingente de trabalhadores passou de 13,1% para algo como 25,2% do total de ocupados do país, entre 1995 e 2005. Em termos absolutos, isto significou um salto de 7,3 para 17,4 milhões de trabalhadores com carteira e renda de até dois salários mínimos mensais, segundo a PNAD/IBGE.

que contribui a massa trabalhadora como um todo. Nesse sentido, o abono salarial poderia ser visto como parte de um conjunto de medidas destinadas a garantir um patamar mínimo de renda a todos os cidadãos.

Programas que Realizam Serviços: Intermediação e Qualificação Profissional

Intermediação de Mão de Obra

Desde a década de 1990, houve progressiva ampliação e melhoria dos serviços oferecidos pelos postos de atendimento do SINE, decorrência direta do estabelecimento do FAT como fonte permanente de financiamento. Com isso, o número de colocados no mercado de trabalho formal via SINE passou a crescer desde 1995, em resposta aos aperfeiçoamentos do programa ao longo do tempo. Com base na Tabela 6 e Gráfico 4 que seguem, vê-se que não apenas aumentou o número de trabalhadores inscritos, mas também o de vagas captadas junto às empresas e o de trabalhadores efetivamente contratados. Também cabe ressaltar que o serviço aumentou sua eficácia, especialmente no que tange ao aproveitamento das vagas captadas, como pode ser visto na Tabela 6.

Tabela 6

Indicadores de Desempenho da Intermediação de Mão de Obra, em Porcentagem (%)

Programa	1995	1996	1997	1998	1999	2000	2001	2002	2003	2004	2005	2006	2007
Intermediação de mão de obra via SINE													
Taxa de aderência (1)	39,2	40,1	46,5	44,1	40,5	45,4	51,8	52,7	54,1	53,1	52,0	49,6	47,5
Taxa de admissão (2)	1,5	1,9	2,5	3,6	5,2	6,0	7,2	8,9	8,6	7,9	7,3	6,8	6,8

Fonte: MTE.

Notas:

(1) colocados via SINE / vagas captadas pelo SINE;

(2) colocados via SINE / admitidos segundo CAGED.

Apesar disso, a atratividade do SINE tem sido maior para os trabalhadores que para as empresas, de modo que, embora esse indicador tenha melhorado ao longo dos anos, ainda há uma proporção razoável de vagas que não são preenchidas pelos trabalhadores inscritos.

Gráfico 4

Movimentação de Vagas e Trabalhadores pelo SINE

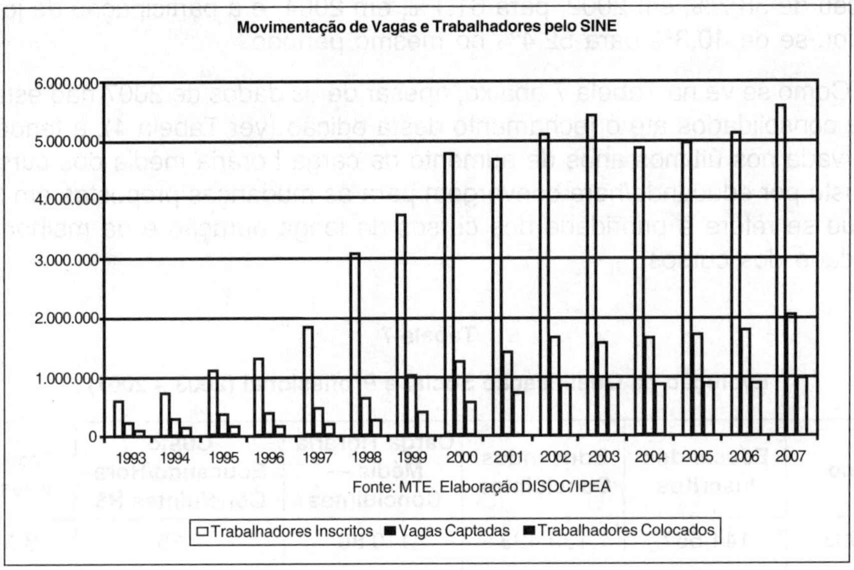

Fonte: MTE.

Esses indicadores sugerem que, conquanto o serviço de intermediação alcançe uma fatia razoável do mercado de trabalho formal, sua contribuição para reduzir o desemprego, mesmo que apenas seu componente friccional, é, na melhor das hipóteses, limitada. De fato, atualmente o MTE encara as agências do SINE mais como "porta de entrada" para outros serviços de emprego que exclusivamente provedoras do serviço de intermediação.

Qualificação Profissional

No que se refere aos resultados dos primeiros anos desse novo formato da qualificação profissional, há indicações positivas do ponto de vista qualitativo, embora ainda tímidas do ponto de vista numérico. O principal indicativo dessa mudança de qualidade é a extensão da carga horária dos cursos, aproximando-se da meta de 200h, enquanto em 2002 essa média havia caído para pouco mais de 60h, o que implicava que em muitos casos as oportunidades de formação ofertadas aos trabalhadores eram totalmente insuficientes para influir significativamente na sua inserção no mercado de trabalho.

Os indicadores do programa também mostram um nível aparentemente alto de articulação com outras políticas: cerca de 3/4 dos educandos são beneficiados por outras políticas de inclusão social ou de trabalho e renda.

Além disso, acentuou-se a focalização em grupos mais vulneráveis, como desempregados, mulheres e jovens: os educandos desempregados passaram de 55,5% do total, em 2000, para 64,4%, em 2005. A participação de mulheres cresceu de 58,7%, em 2002, para 61,1%, em 2004, e a participação de jovens ampliou-se de 40,3% para 52,4% no mesmo período.

Como se vê na Tabela 7 abaixo, apesar de os dados de 2007 não estarem ainda consolidados até o fechamento desta edição (ver Tabela 4), a tendência observada nos últimos anos de aumento da carga horária média dos cursos e do custo por educando/hora convergem para as mudanças propostas em 2003 no que se refere à prioridade dos cursos de longa duração e da melhoria da qualidade dos cursos.

Tabela 7

Evolução da Qualificação Social e Profissional (2003 a 2007)

Ano	Educandos Inscritos	Educandos Concluintes	Carga Horária Média — Concluintes	Custo Educando/Hora Concluintes R$	Taxa de evasão
2003	144.557	139.433	110,88	2,35	3,5%
2004	155.145	147.352	176,70	2,47	5,0%
2005	124.518	117.430	184,34	2,54	5,7%
2006	119.332	112.650	195,20	2,54	5,6%
2007*	52.842*	31.978*	197,14*	2,69*	-

Fonte: MTE.

* Os dados de 2007 são parciais, tendo em vista que a execução dar-se-á até 30 de abril de 2008 e as prestações de contas até maio de 2008.

Por outro lado, a diminuição do volume de recursos liquidados aponta para uma limitação do alcance do programa, a exemplo do que vem se observando desde 2005.(6) Prova disso é que o número total de educandos abarcados por essas ações ainda é relativamente pequeno em relação à PEA.

No que tange à qualificação profissional de jovens, ela foi em parte assumida pelo Programa Nacional de Estímulo ao Primeiro Emprego para os Jovens (PNPE), voltado para a inserção laboral de jovens entre 16 e 24 anos, de baixa renda e escolaridade. No seu primeiro ano de funcionamento, 2003, esse programa consistiu, sobretudo, no subsídio ao emprego de jovens, sendo uma parte do salário do jovem contratado custeada com recursos governamentais durante um ano. Diante da pequena adesão das empresas, o foco do programa foi redirecionado para a oferta de qualificação profissional

(6) Vide seção específica sobre evolução dos gastos à frente.

por meio dos Consórcios Sociais da Juventude, que são redes de ONGs que se encarregam também do encaminhamento do jovem ao mercado de trabalho. Em termos de jovens atendidos e de recursos aplicados, a vertente de qualificação do PNPE tem tido dimensão comparável ao do conjunto do PNQ.

Sua especificidade é tornar-se um programa de qualificação voltado para jovens. A nova política nacional de juventude, anunciada em setembro de 2007, previa a unificação de todos os programas com essas características. As modalidades dos Consórcios Sociais da Juventude Cidadã, juntamente com o Programa Escola de Fábrica, do Ministério da Educação, comporiam o Projovem Trabalhador. A operação dessas modalidades continua a cargo dos respectivos ministérios, porém não há até o momento clareza quanto ao desenho futuro de uma ação unificada.

Programas de Geração de Trabalho e Renda: PROGER, PNMPO, ECOSOL

Programas de Geração de Emprego e Renda

Dentro do movimento de utilizar os recursos do FAT para incrementar as políticas de emprego no país, a Lei n. 8.352/91 determinou que as disponibilidades financeiras do FAT poderiam ser aplicadas em Depósitos Especiais remunerados a cargo das instituições financeiras oficiais federais, o que abriu espaço para novas políticas voltadas à geração de emprego e renda.

A implementação desses programas foi feita por meio da abertura de linhas especiais de crédito a setores com pouco ou nenhum acesso ao sistema financeiro convencional, como micro e pequenas empresas, cooperativas e formas associativas de produção, além de iniciativas de produção próprias da economia informal. Os programas foram sendo efetivados a partir de 1995, tendo como agentes financeiros, inicialmente, o BB e o BNB. Posteriormente, foi incluída a FINEP, e mais recentemente o próprio BNDES, a CEF e o Banco da Amazônia (BASA).

A cada ano, inúmeras linhas de crédito foram sendo incorporadas ao Programa, que deixou de privilegiar sua função precípua – conceder empréstimos a pequenos empreendedores formais e informais com pouco ou nenhum acesso ao sistema financeiro tradicional – e passou a suprir a escassez de crédito de diferentes setores da economia. Atualmente, conforme a Tabela 8, existem 20 linhas de crédito no âmbito do programa, sendo que grande parte delas não se destina a pequenos empreendimentos populares, tendo, algumas vezes, questionável compromisso com os objetivos de geração de trabalho e renda.

Gráfico 5

Evolução do Número de Operações com Recursos do FAT e Respectivos Valores Anuais

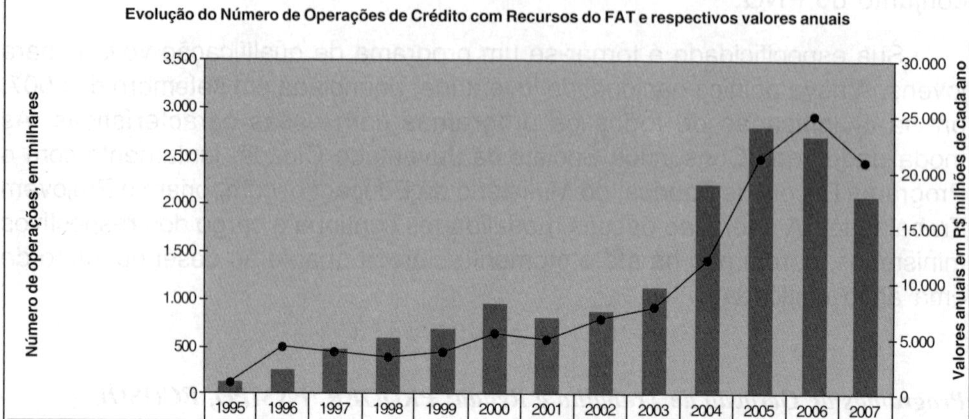

	1995	1996	1997	1998	1999	2000	2001	2002	2003	2004	2005	2006	2007
Quantidade de operações	92	253	493	651	731	967	829	897	1.108	2.216	2.824	2.777	2.082
R$ Milhões	757,2	4.185,4	4.071,9	3.638,0	4.218,4	5.846,2	4.654,9	6.930,6	8.167,7	12.094,3	21.559,5	25.054,2	20.495,6

Fonte: MEC.

Tabela 8

Evolução dos Programas de Geração de Emprego e Renda com recursos do FAT (Brasil: 2006 e 2007)

PROGRAMAS	2006		2007		Variação	
	Qtd. Operações	Valor em R$	Qtd. Operações	Valor em R$	Qtd. Operações	Valor em R$
PROGER Urbano	2.227.654	7.232.268.351,0	1.784.846	6.754.693.022,8	(0,20)	(0,07)
FAT-Empreendedor Popular	6.648	36.757.961,0	5.687	25.936.655,0	(0,14)	(0,29)
PROGER Turismo	2.017	74.285.803,0	2.290	104.650.190,2	0,14	0,41
PROGER Exportação	242	9.071.523,0	232	30.021.607,3	(0,04)	2,31
Jovem Empreendedor	179	2.181.604,0	63	922.763,3	(0,65)	(0,58)
PROGER Rural	2.610	68.719.994,0	997	27.980.433,0	(0,62)	(0,59)
PRONAF	386.301	2.243.415.327,0	169.811	1.637.801.739,3	(0,56)	(0,27)
PROEMPREGO	1.186	503.337.212,0	1.204	378.164.969,1	0,02	(0,25)
FAT-HABITAÇÃO	24	1.741.562,0	-	-	(1,00)	(1,00)
FAT-Material de Construção	114.802	245.944.853,0	89.317	222.551.477,3	(0,22)	(0,10)
FAT-FOMENTAR	7.079	2.120.213.716,0	13.692	3.326.829.718,1	0,93	0,57
FAT-INTEGRAR	2	2.069.690,0	-	-	(1,00)	(1,00)

PROGRAMAS	2006		2007		Variação	
	Qtd. Operações	Valor em R$	Qtd. Operações	Valor em R$	Qtd. Operações	Valor em R$
FAT GIRO RURAL	6.399	2.081.901.617,0	3.946	716.344.391,3	(0,38)	(0,66)
FAT GIRO Setorial	7.566	1.824.542.606,0	7.077	1.063.264.128,1	(0,06)	(0,42)
FAT GIRO Coop. Agropecuário	27	33.764.522,0	11	6.550.000,0	(0,59)	(0,81)
FAT Inclusão Digital	10.013	11.600.028,0	1.866	2.074.854,4	(0,81)	(0,82)
IE Econômica	2.956	4.993.096.926,0	947	4.023.704.590,3	(0,68)	(0,19)
IE Insumos Básicos	607	1.489.712.456,0	203	510.940.956,6	(0,67)	(0,66)
FAT-EXPORTAR*	196	1.729.575.481,0	123	1.430.222.875,6	(0,37)	(0,17)
FINEP	50	349.975.958,1	55	232.911.939,6	0,10	(0,33)
Total	2.776.558	25.054.177.190,1	2.082.367	20.495.566.311,3	(0,25)	(0,18)
Valor total/ orçamento MTE	-	0,87	-	0,66	-	-

Fonte: Elaboração Própria dos Autores Baseada nos Dados do TEM.

Obs.: * Não incluem os programas financiados com os depósitos constitucionais no BNDES.

Dados preliminares. Posição em 17 de março de 2008.

Além disso (ou por causa disso!), é preciso atentar para o fato de que o atual esquema de financiamento dos programas de geração de emprego e renda também tem dado sinais de esgotamento. A acelerada elevação do montante de recursos aplicados em depósitos especiais nos últimos anos acarretou uma sensível redução dos excedentes à Reserva Mínima de Liquidez (RML). Ademais, sabe-se que a RML deve crescer de maneira a acompanhar a elevação dos gastos com os benefícios constitucionais. Nesse quadro, se a fonte de recursos dos depósitos especiais é parte do excedente da RML, e este excedente está escasseando, então novos aportes de recursos aos programas de geração de emprego e renda – via Programações de Depósitos Especiais (PDEs) aprovadas pelo Codefat – não conseguirão manter, em um futuro próximo, os níveis que recentemente vinham atingindo.

Em 2007, esta esperada inflexão na evolução dos programas de geração de emprego e renda parece ter ocorrido. Como pode ser observado na Tabela 9 a seguir, o número de operações de crédito nesse ano caiu 25% em relação ao verificado em 2006, e o valor total dessas operações teve uma queda de 18,2%, o que, em valores absolutos, representou quase R$5 bilhões.

Tabela 9

Evolução dos Depósitos Especiais, do Saldo Extramercado e das Reservas Mínimas de Liquidez do FAT (Brasil: 2000-2007)

(em milhão de R$)

Ano	Depósitos Especiais		Saldo Extramercado (em 31/12)	RML (em 31/12)	Excedente à RML (em 31/12)
	Saldo (em 31/12)	Alocações			
2000	15.782	2.131	6.673	2.812	3.861
2001	15.192	2.232	8.885	3.645	5.240
2002	19.972	5.481	8.707	2.567	6.140
2003	22.083	5.673	13.830	4.957	8.873
2004	27.350	6.902	15.541	5.006	10.535
2005	37.692	13.920	11.621	6.822	4.799
2006	48.482	16.202	8.157	7.552	605
2007	49.242	9.533	9.975	9.489	486

Fonte: MTE.

Certamente, uma redução no número e no valor total das contratações não evidencia *per se* que os programas de geração de emprego e renda começam a enfrentar limites ao seu crescimento. A verificada retração poderia advir, por exemplo, de uma reorientação das diretrizes dos programas, tornando-os mais focados nos seus objetivos originais de conceder crédito à população excluída do sistema financeiro em projetos que priorizem a geração de emprego e renda. Poderia, também, ser resultado de entraves administrativos e/ou políticos para a aprovação da alocação de depósitos especiais por parte do Codefat. Ou, ainda, poderia representar que recursos alocados em depósitos especiais ficaram represados nas instituições financeiras oficiais, sem que tivessem sido emprestados aos tomadores finais.

Entretanto, das hipóteses levantadas, a que parece mais factível remete à questão do financiamento. Por um lado, as informações analisadas não permitem dizer que ocorreu uma reorientação dos programas de geração de emprego e renda. As quedas no número e no valor total das contratações foram generalizadas, tendo impactado praticamente todas as linhas de crédito. Além disso, nota-se um crescimento do valor médio das operações contratadas (9,07%), resultado bastante improvável caso os empréstimos tivessem priorizado o acesso aos pequenos empreendedores formais ou informais. Por outro lado, uma análise mais atenta a respeito da evolução das alocações em depósitos especiais e dos excedentes à RML parece dar evidências suficientes de que o atual esquema de financiamento do sistema público de emprego tem causado constrangimentos às políticas de geração de trabalho e renda.

Verifica-se, na Tabela 9 acima, que o valor total de novos recursos aplicados na forma de depósitos especiais caiu sobremaneira. Em 2006, as alocações de depósitos especiais totalizaram R$16,2 bilhões, enquanto em 2007 essa quantia foi de apenas R$ 9 bilhões, uma redução de 44%. Isso significa que os recursos disponibilizados para os programas de geração de emprego e renda, de fato, diminuíram. Aliás, os novos aportes de depósitos especiais em 2007 reduziram-se mais que a queda verificada no valor total emprestado pelas instituições financeiras (18,2%), o que põe em xeque a hipótese dos recursos terem ficados represados nas instituições financeiras.

Atendo-se à trajetória dos excedentes à RML, nota-se que a queda é, de fato, acentuada. Na verdade, o resultado de 2007 expressa o patamar mínimo já verificado no histórico do FAT. Sendo assim, não seria razoável considerar que a retração nas alocações de depósitos especiais foi uma medida deliberada ou resultado de algum entrave administrativo. Ela é, sem dúvida, consequência da escassez de recursos disponíveis para financiar os programas de geração de emprego e renda.

Neste contexto, algumas considerações se fazem pertinentes. Aceitando as regras de gestão financeira do FAT como dadas, as atuais restrições de recursos para as alocações em depósitos especiais colocam em primeiro plano a necessidade de se racionalizarem os programas de geração de emprego e renda, reduzindo a pulverização de recursos entre linhas de crédito de impactos duvidosos sobre a geração de trabalho e promovendo uma democratização mais efetiva do acesso ao crédito. Nesta direção, parece oportuno rediscutir o desenho institucional dos programas de geração de emprego e renda, uma vez que a trajetória de 13 anos desses programas evidenciou resultados muito tímidos no que diz respeito à democratização e à difusão do acesso ao crédito.

Na atual arquitetura institucional, quem define a alocação dos recursos do FAT, em última instância, são as instituições financeiras oficiais federais, que em geral operam segundo uma lógica de mercado, revelando profundo desinteresse em atingir as camadas mais vulneráveis, percebidas como o segmento de maior risco. Assim, dentre as questões centrais que merecem ser reconsideradas, estão: a obrigatoriedade de remuneração mínima do FAT vinculada à Taxa de Juros de Longo Prazo (TJLP); as formas de participação e os mecanismos de controle social; a articulação dos programas de geração de emprego e renda com as demais políticas de trabalho e renda; e a exclusividade das instituições financeiras oficiais federais em receber os repasses diretos do FAT.

Por outro lado, há que se avaliar, também, a pertinência de se alterar as atuais regras de gestão financeira do FAT, desde que tais alterações não comprometam o patrimônio do Fundo e, muito menos, o pagamento dos benefícios constitucionais. Por alguns anos os recursos do FAT, na forma dos programas de geração de emprego e renda, supriram a escassez de crédito de diferentes setores econômicos, representando uma expressiva injeção de crédito na economia. Assim, reconhece-se que é importante estudar se a reorientação dos programas de geração de emprego e renda e, consequentemente, a extinção de algumas linhas, provocariam gargalos à produção nacional, ou se essa demanda de crédito poderia ser perfeitamente suprida pelos bancos de desenvolvimento, agências de fomento e bancos comerciais.

Programas de Microcrédito Produtivo

O FAT, na área de microcrédito, liberou, em 1996, recursos para o BNDES no âmbito do Programa de Crédito Produtivo Popular (PCPP), que buscava formar uma rede de instituições privadas capazes de financiar pequenos empreendimentos. Esse programa, todavia, havia financiado apenas 300 mil empreendimentos até 2001. Assim, em 2002, foi criado um novo programa de microcrédito com recursos do FAT, o FAT Empreendedor Popular, que buscava expandir a capacidade de financiamento de pequenos empreendimentos no Brasil. Na mesma linha do microcrédito, mas no âmbito do próprio MTE, foi criado em 2004 o Programa Nacional de Microcrédito Produtivo Orientado (PNMPO), instituído com o objetivo de incentivar a geração de trabalho e renda entre os microempreendedores populares. Por microcrédito orientado entende-se aquele baseado em metodologia na qual existe o relacionamento direto do chamado "agente de crédito" junto aos empreendedores no local onde é executada a atividade econômica.

Em 2007, o PNMPO apresentou continuidade na sua trajetória de crescimento, ainda que a taxas mais baixas que a verificada no ano anterior. O volume de operações de microcrédito naquele ano foi de 963,5 mil, representando um crescimento de 16,24% em relação a 2006. O total de recursos liberados foi da ordem de R$ 1,1 bilhão, cabendo ressaltar que grande parte desse valor refere-se à atuação do CrediAmigo – vinculado ao Banco do Nordeste – que já opera com microcrédito há dez anos.

Tabela 10

Evolução do Programa Nacional de Microcrédito Produtivo Orientado — PNMPO (Brasil: 2005-2007)

Ano	Qtde. de operações concedidas de Microcrédito	Crescimento no ano (em %)	Valor Concedido (em R$ 1,00)	Crescimento no ano (em %)
2005	632.106	-	602.340.000,0	-
2006	828.847	0,31	831.815.600,8	0,38
2007	963.459	0,16	1.100.375.829,9	0,32
Total	2.424.412		2.534.531.430,7	

Fonte: MTE/Programa Nacional de Microcrédito Produtivo Orientado.

Além de concentrado em uma única instituição, destaca-se que o volume de recursos emprestados ainda está bastante abaixo do potencial existente, uma vez que os agentes financeiros podem usar para financiamento desse programa os recursos da exigibilidade bancária, que, caso não sejam aplicados, são recolhidos pelo Banco Central sem qualquer remuneração. Para se ter uma ideia desse potencial, a exigibilidade bancária, em dezembro de 2007, era de R$2,98 bilhões. Entretanto, tudo indica que o programa ainda não conseguiu criar incentivos suficientes para que as operações de microcrédito se tornem atrativas aos interesses privados dos bancos e se difundam conforme é socialmente desejável.

Programa de Economia Solidária

Por fim, em 2003, criou-se um programa voltado ao fortalecimento da Economia Solidária, segmento constituído pelos empreendimentos autogestionários, isto é, administrados pelos próprios trabalhadores. Apesar de contar com poucos recursos (que não vêm do FAT), e de ainda não ser evidente sua inclusão no rol das políticas de emprego, este programa é mencionado aqui pelo fato de ser um dos poucos que se propõem, explicitamente, a atuar com trabalhadores fora da relação de assalariamento sem ser ao mesmo tempo um programa vinculado essencialmente ao crédito: suas ações incluem o mapeamento dos empreendimentos existentes, a constituição de uma rede de incubadoras e o apoio a fóruns de articulação das redes de economia solidária.

Essa proposta vem tendo, porém, grandes dificuldades para avançar mais rápido, em decorrência, principalmente, da discrepância que se verifica entre o volume dos desafios com que se defronta e os recursos disponibilizados para o financiamento das suas ações. Tal disparidade faz com que os escassos recursos alocados — tanto financeiros quanto de pessoal — sejam distribuídos entre diversas frentes de intervenção, colocando em questão a própria capacidade de as ações virem a ter a efetividade pretendida.

Assim, a manutenção das bandeiras da economia solidária, sintetizadas na sua capacidade de contribuir para um modelo de desenvolvimento econômico que seja ética, social e ambientalmente superior, terá de estar cada vez mais ancorada no desempenho que chegar a ter no campo estritamente econômico, sendo aí fundamental o fortalecimento das políticas públicas de apoio ao setor.

6. EVOLUÇÃO DOS GASTOS DO SPETR COM SEUS PRINCIPAIS PROGRAMAS

No que se refere aos gastos, é possível evidenciar alguns pontos interessantes a partir do Gráfico 6, lembrando, no entanto, que:

• A receita primária do FAT não é a única fonte de recursos do MTE para financiar o conjunto de suas ações, embora seja, realmente, a mais importante;

• Alguns programas do MTE dispõem de recursos que não aparecem no Orçamento Fiscal ou da Seguridade Social. São os casos, por exemplo, do Programa de Alimentação do Trabalhador (PAT) e dos Programas de Geração de Emprego e Renda (PROGER, PRONAF, PNMPO). Em relação a estes, a maior parte dos recursos é composta de créditos concedidos pelas instituições financeiras oficiais, que por sua vez são financiadas com aportes do FAT por meio dos depósitos especiais remunerados.

Isto posto, cabe observar que olhando o SPETR exclusivamente pelo lado dos gastos realizados, transparece uma longa distância de patamar entre os seus diversos programas. Enquanto os programas de garantia de renda (seguro e abono) alcançaram o patamar de 12 e 5 bilhões ao ano respectivamente, os programas que realizam serviços (Intermediação, Qualificação, Fiscalização e Segurança e Saúde no Trabalho) jamais suplantaram a casa de R$1 bilhão em qualquer ano da série. E como indicado acima, não há perspectiva, no curto prazo, de uma mudança desses patamares de gasto, pois o seu financiamento já está a depender dos retornos financeiros do FAT (nos casos da intermediação e da qualificação profissional) ou de recursos ordinários (nos casos da fiscalização e da segurança e saúde no trabalho), ambas as fontes limitadas e incertas pela natureza discricionária que possuem.

Gráfico 6

Evolução dos Gastos do SPET/MTE e BNDES 40%

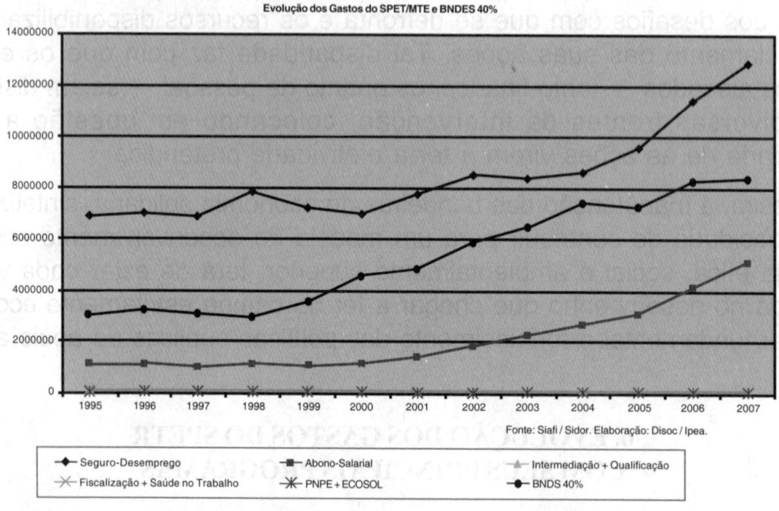

Fonte: Sistema Integrado de Administração Financeira do Governo Federal (SIAFI)

Por fim, quanto aos dois programas criados em 2003 (Primeiro Emprego e Economia Solidária), basta dizer que eles nem mesmo utilizam a fonte FAT para se financiarem. Em ambos os casos, a tendência é a de se fixarem em recursos ordinários do Tesouro, a despeito do caráter discricionário — e supostamente mais frágil — desta fonte. Este aspecto evidencia um dos problemas centrais do SPETR nas atuais circunstâncias, pois quaisquer novas iniciativas que visem a alargar a cobertura dos programas já existentes ou mesmo abrir novas frentes de atuação governamental no mundo do trabalho ver-se-ão limitadas pela capacidade exaurida de gasto desta área.

E o problema é que ainda não existem no Brasil políticas públicas de geração de trabalho e renda para segmentos expressivos da população em idade ativa que estejam ou desempregados por longo período (tanto no conceito de desemprego aberto como pelo desalento) ou subempregados em condições precárias (em termos de estabilidade na ocupação, regularidade de rendimentos, contribuição previdenciária, apenas para ficar nos aspectos mais importantes).

As propostas recentes em torno da ideia de economia solidária parecem promissoras, mas são ainda muito incipientes para afetar a magnitude dos problemas presentes em nosso mercado de trabalho. Por sua vez, a família de programas de concessão de bolsas (ou transferência direta de renda com condicionalidades), visando ao combate direto e imediato à fome e à pobreza, nasceu, ou está se desenvolvendo mais pelos campos da assistência social, saúde e educação, o que as torna pouco eficaz para enfrentar a questão da inserção pelo mundo do trabalho. Assim, políticas tradicionais como seguro-desemprego, intermediação e qualificação profissional, porquanto importantes, têm sido pouco eficazes para enfrentar esta situação de heterogeneidade e precariedade do mercado de trabalho nacional, e este é justamente o desafio posto para as novas políticas e programas governamentais no campo do trabalho.

7. O ATUAL ESTÁGIO DE DESENVOLVIMENTO DO SPETR

O tema da reorganização das políticas públicas de trabalho e renda em torno de um sistema integrado e mais eficaz foi recolocado em pauta a partir da realização do II Congresso Nacional do Sistema Público de Trabalho, Emprego e Renda (SPETR) em julho de 2005, precedido de cinco congressos regionais. O II Congresso teve o propósito explícito de elaborar resoluções para a normatização do sistema, englobando as políticas de seguro-desemprego, intermediação de mão de obra, qualificação e certificação profissional, geração de emprego e renda e inserção da juventude no mundo do trabalho. Foram definidos "princípios gerais de construção" do SPETR, tais quais os descritos no Quadro 4 a seguir:

Quadro 4

Princípios Gerais de Construção do SPETR no Brasil, segundo Resoluções do II Congresso Nacional do Sistema Público de Emprego, Trabalho e renda realizado em 2005 pelo MTE

• Erradicação da pobreza, da marginalização e redução das desigualdades sociais e regionais pela via do trabalho, tendo como base o desenvolvimento sustentado em âmbito nacional, regional e local;
• Fortalecimento das políticas ativas, especialmente de geração de emprego, trabalho e renda;
• Fortalecimento e participação ativa dos atores sociais na gestão do SPETR;
• Articulação do SPETR com ações e programas dos diversos órgãos governamentais e não governamentais que atuam na área social, notadamente os que utilizam recursos da seguridade social;
• Universalização das ações do SPETR como direito, com ações afirmativas para segmentos populacionais específicos e mais vulneráveis à exclusão social;
• Integração à elevação de escolaridade, visando ao pleno desenvolvimento dos trabalhadores e trabalhadoras para o exercício da cidadania e da qualificação para o trabalho;
• SPETR integrado em todas as suas funções, descentralizado, capilar, informatizado e com informações acessíveis sobre o mercado de trabalho para todos os atores sociais, visando à efetividade social das políticas de emprego, trabalho e renda e à estruturação de um sistema único.

Fonte: Elaboração Própria dos Autores.

As resoluções aprovadas dizem respeito à integração das funções do SPETR (inclusive por meio de um sistema informatizado único), à atualização do marco normativo, à repactuação das competências entre os níveis federativos e organizações da sociedade civil executoras, à participação social e fortalecimento da gestão tripartite, ao financiamento do sistema, à integração do SPETR com políticas educacionais e com a rede de educação profissional e à articulação das ações do sistema com políticas de desenvolvimento. Esse conjunto contém desde indicações de mudança legislativa até demandas para abertura de fóruns de discussão, ou seja, diferem acentuadamente quanto a sua importância e quanto à possibilidade de serem implementadas de imediato.

Ademais, toda esta agenda parece não estar tendo a mesma dose de priorização ministerial desde que houve, no bojo da reforma ministerial que tomou conta dos primeiros quatro meses de 2007, a substituição da linha de comando do MTE. Este, grosso modo, passou das mãos do Partido dos Trabalhadores (PT) e seu braço sindical, a Central Única dos Trabalhadores

(CUT), para o Partido Democrático Trabalhista (PDT), o qual, por sua vez, tem como principal base sindical a Força Sindical (FS), justamente a central de sindicalistas rivais à CUT.[7]

8. DESAFIOS ATUAIS E PERSPECTIVAS

Este trabalho procurou traçar um amplo panorama sobre como estão estruturadas no Brasil as políticas públicas de trabalho e emprego, assim como destacar seus principais indicadores de evolução em anos recentes. Essas considerações finais se aterão, contudo, a destacar alguns dos principais desafios atuais e perspectivas que se impõem às políticas públicas de trabalho e emprego no Brasil.

Como síntese das considerações feitas ao longo do texto, é possível dizer que:

• Dado o caráter tardio do nosso SPETR, não é de estranhar que ele ainda careça de integração entre seus principais programas e de maior participação social em suas mais importantes resoluções;

• Dado o caráter imitativo do SPETR, primordialmente centrado em programas que atuam pelo lado da oferta de trabalho, não é de estranhar o seu baixo impacto agregado frente aos principais problemas de um mercado de trabalho ainda marcado por grande heterogeneidade e precariedade de condições;

• Para ser mais eficaz, as políticas e programas do SPETR precisariam estar mais integradas entre si e melhor sintonizadas com políticas nacionais de desenvolvimento socioeconômico que ainda estão por ser estabelecidas no país.

Não obstante, em linhas gerais, deve-se reconhecer que o MTE tentou ir adequando o desenho de seus programas aos problemas mais sérios do mercado de trabalho, embora sempre com atrasos, insuficiência de meios e, muito importante, pouco espaço de influência na definição da política macroeconômica, responsável que é, em última instância, pelos principais determinantes agregados do nível e qualidade das ocupações e rendimentos dos trabalhadores. Alie-se a isso a ênfase conferida pelo MTE a políticas ditas passivas (seguro-desemprego e intermediação de mão de obra), as quais atuam sobre as características da oferta de trabalho. Neste contexto, e à medida que o pleno emprego deixa de fazer parte do horizonte de decisões políticas

---

(7) É preciso dizer que a mudança de rumos no MTE não parece ter sido motivada por julgamentos do presidente ou da cúpula do governo acerca de uma suposta má gestão dos programas ou mau desempenho político desta pasta no embate conjuntural. Ao contrário, a mudança na condução do MTE para o segundo governo Lula inscreve-se na lógica da cultura política nacional, segundo a qual é perfeitamente possível sacrificar um ministério menor, em termos de importância política e estratégica, para acomodar e viabilizar um desenho mais amplo de reforma ministerial, dada como necessária para assegurar governabilidade ao novo mandato que se inicia.

fundamentais da sociedade, reduz-se o potencial macroeconômico de geração de postos de trabalho e de melhoria das ocupações a partir das políticas tradicionais de emprego e renda. Os instrumentos clássicos do SPETR tornam-se, em grande parte, compensatórios e de baixa eficácia, posto atuarem, principalmente, sobre os condicionantes do lado da oferta do mercado de trabalho (intermediação e qualificação profissional). Estes, por si mesmos, são incapazes de engendrar a abertura de novas vagas, já que os principais determinantes do nível e qualidade das ocupações não fazem parte do conjunto de programas e ações sob alcance do SPETR/MTE.

Neste sentido, cabe ressaltar que ainda há questões importantes que permanecem sem equacionamento adequado, particularmente no que se refere aos públicos "não tradicionais" destas políticas. O problema da relação do SPETR com o setor não estruturado do mercado de trabalho, que hoje é coberto por iniciativas isoladas, foi abordado em algumas resoluções do II Congresso do SPETR, realizado em 2005, e que remetem, fundamentalmente, à articulação do sistema a outras iniciativas, especialmente aquelas que pretendem estimular o desenvolvimento territorial, como os investimentos dos fundos constitucionais e as agências de fomento, cujos programas devem passar a ter metas de emprego. O congresso também apontou a necessidade de que o Ministério do Trabalho e Emprego participe dos fóruns governamentais que definem as políticas econômicas, e propôs especificamente que o Conselho Monetário Nacional passe a ter uma representação tripartite, incluindo o MTE, representantes de trabalhadores e empregadores.

Assim, ao relacionar o problema da informalidade e da inclusão de grupos vulneráveis com políticas de desenvolvimento, o II Congresso abordou a principal limitação do SPETR, isto é, que ele pode apenas tentar gerenciar eficazmente um determinado nível de emprego. Os determinantes do desemprego e da precariedade das ocupações não estão ao alcance das políticas tradicionais de emprego, pois estas agem, como dito acima, sobre a oferta de mão de obra; e mesmo os programas que atuam sobre a demanda, o fazem no nível micro, isto é, procurando viabilizar pequenos negócios, enquanto o nível de emprego geral depende, na verdade, da demanda agregada da economia.

No lado da integração com políticas de desenvolvimento territorial, a questão ultrapassa o escopo dos serviços públicos de emprego, e a governabilidade do MTE atualmente é pequena, já que: a) como mencionado, a arquitetura dos programas de geração de emprego ancorados no FAT, via de regra, deixa o poder de decisão com as instituições financeiras, e b) as iniciativas de desenvolvimento territorial estão dispersas por uma variedade de entes governamentais e geralmente envolvem algum grau de pactuação entre os níveis federativos. Assim, embora existam experiências bem sucedidas de convergência das ações federais em determinados locais, isso geralmente ocorre em circunstâncias específicas e por indução de um ator local suficientemente articulado. Compreende-se, portanto, que o SPETR carece dos mecanismos institucionais para atuar nos territórios onde as oportunidades de emprego são restritas.

Outro ponto crítico é que os ganhos potenciais do Plano Plurianual podem se perder caso não se assegure um fluxo estável de recursos. Isso, por sua vez, tem sido cada vez mais difícil para o MTE, tendo em vista não apenas a diminuição das dotações orçamentárias, como também os sucessivos contingenciamentos que ameaçam a continuidade e o equilíbrio entre as funções do SPETR. É por isso que o financiamento do SPETR foi uma das discussões centrais do II Congresso, e que deu origem a algumas propostas de mudanças menos convencionais. Foi destacado que há vários vetores pressionando a disponibilidade e a alocação de recursos do FAT, tais como: a) a perda de uma parte substancial da receita por conta da DRU, que não é compensada pela adição de recursos de outras fontes para as políticas de mercado de trabalho; b) as restrições colocadas à utilização das receitas secundárias (de origem financeira) para gastos correntes não constitucionais, por conta da política de geração de superávit fiscal primário do governo federal; c) o comprometimento crescente dos recursos do fundo com o pagamento de benefícios constitucionais.

Formas alternativas de financiamento tornam-se, portanto, desafio fundamental para a continuidade e ampliação das políticas de trabalho e emprego no Brasil. Neste documento foram discutidas, superficialmente, algumas alternativas, tais como: a) a proposta lançada no II Congresso do SPETR, que sugere vincular 8% da arrecadação PIS/PASEP para as funções do sistema, exclusive seguro-desemprego e abono salarial; b) a revinculação de ao menos uma parte dos recursos que atualmente são subtraídos do FAT por meio da DRU; c) o uso de receitas financeiras — decorrentes das aplicações remuneradas do FAT — para a cobertura de parte dos gastos correntes do MTE.

Independente da alternativa que vier a ser adotada, ela já se faz realmente premente na situação atual, que é de esgotamento dos esquemas vigentes de financiamento das políticas do SPETR. Esgotamento este que já se dá num contexto de pressão política tanto para a criação de novos tipos de serviços quanto para a expansão dos serviços tradicionais, em direção a segmentos populacionais até então à margem das políticas, o que certamente implicará grande fonte de tensão sobre os recursos existentes.

9. REFERÊNCIAS BIBLIOGRÁFICAS

AZEREDO, B. *Políticas públicas de emprego:* a experiência brasileira. São Paulo: ABET, 1998.

BORGES, M. A. Uma contribuição ao debate do sistema nacional de emprego. *Revista Abet,* São Paulo, v. 3, n. 1, p. 204, 2003.

BRASIL. Ministério do Desenvolvimento Social e Combate à Fome. *Ações de trabalho e renda no âmbito do Governo Federal.* Brasília, DF, 2006.

BRASIL. Ministério do Trabalho e Emprego. *I Congresso Nacional:* sistema público de emprego, trabalho e renda. São Paulo, 2004.

________. *II Congresso Nacional:* sistema público de emprego, trabalho e renda. São Paulo, 2005.

________. *Relatório Gerencial do FAT:* 1991 a 1999. Brasília, DF, 1999.

CACCIAMALI, M. C.; LIGIÉRO, A.; MATOS, F. *Desenho e gestão de uma política pública de intermediação de mão de obra.* Brasília, DF: Ministério do Trabalho e Emprego, 2007. Mimeografado.

CARDOSO JUNIOR, J. C. *et al. Políticas de emprego, trabalho e renda no Brasil:* desafios à montagem de um sistema público, integrado e participativo. Brasília, DF: IPEA, 2006. (Texto para Discussão, n. 1237).

CARDOSO JUNIOR, J. C.; GONZALEZ, R. *Dilemas e alternativas ao financiamento das políticas públicas de trabalho e renda no Brasil.* Brasília, DF: IPEA, 2007. (Texto para Discussão, n. 1313).

CARDOSO JUNIOR, J. C. *A questão do trabalho urbano e o sistema público de emprego no Brasil contemporâneo:* décadas de 1980 e 1990. In: JACCOUD, L. (Org.). *Questão social e políticas sociais no Brasil contemporâneo.* Brasília, DF: IPEA, 2005.

COSTANZI, R. N. *Programas de geração de emprego e renda com recursos do FAT:* evolução, avaliação e proposta de reestruturação. Brasília, DF: IPEA, 2005. Mimeografado.

DEDECCA, C. S.; BARBOSA, A.; MORETTO, A. *Transformações recentes do sistema público de emprego nos países desenvolvidos:* tendências e particularidades. Campinas: CESIT, 2006. Mimeografado.

DEDECCA, C.; PRONI, M. (Org.). *Políticas públicas e trabalho:* textos para estudo dirigido. Campinas: Unicamp, 2006.

GUIMARÃES, N. A. *O sistema de intermediação de empregos:* um outro olhar sobre o mercado de trabalho em São Paulo. São Paulo: CEBRAP, 2004. Mimeografado.

IPEA. *Políticas sociais:* acompanhamento e análise. Brasília, DF, 2007.

MORAIS, J. M. *Avaliação de programas especiais de crédito para as micro, pequenas e médias empresas.* Brasília, DF: IPEA, 2006. (Texto para Discussão, n. 1190).

OIT. *Tendências mundiais do emprego.* [S.l.], 2007.

OLIVEIRA, M. A. (Org.). *Reforma do Estado e políticas de emprego no Brasil.* Campinas: Unicamp, 1998.

PASSOS, A. F. *Avaliação de políticas de financiamento a micro e pequenas empresas na geração de postos de trabalho:* o caso do PROGER. 2004. Dissertação (Mestrado) — UFF, Niterói, 2004.

RICCA, S. *Los servicios del empleo: su naturaleza, mandato, funciones y administración.* Genebra: OIT, 1983.

SILVA, M. O.; YAZBECK, M. C. (Org.). *Políticas públicas de trabalho e renda no Brasil contemporâneo.* São Paulo: Cortez, 2006.

THUY, P.; HANSEN, E.; PRICE, D. *El servicio público de empleo en un mercado de trabajo cambiante.* Madrid: OIT, 2001.

VINTE ANOS DE CONSTITUIÇÃO CIDADÃ NO BRASIL

Márcia de Paula Leite(*)

A comemoração dos 20 anos da atual Constituição brasileira no dia 5 de outubro de 2008 constituiu, sem dúvida, um momento a ser celebrado. E isso não só pelo seu significado na restauração da ordem democrática no país depois de mais de 20 anos de ditadura, mas também pelos avanços que ela consolidou, sobretudo na área social e do trabalho.

Embora o seu resultado estivesse aquém das reivindicações expressas no vigoroso movimento social que varreu o País desde o final da década anterior (o que explica o descontentamento de importantes setores sociais naquele momento), a sua promulgação, ao pretender não só eliminar a legislação de exceção que vigorou no período precedente, como também instituir novos direitos, promoveu a ampliação de direitos sociais importantes, além de sustentar de forma efetiva a normalidade democrática. Tal processo ganha ainda mais relevância se considerarmos que a Constituição foi promulgada num momento em que as tendências internacionais apontavam num sentido absolutamente contrário ao que se implementava aqui, com o fortalecimento das políticas neoliberais e as tendências de desregulamentação do trabalho. Embora tenham incidido de maneira importante na legislação ordinária, essas tendências não modificaram de maneira significativa os direitos constitucionais. Tampouco as 62 emendas produzidas ao longo da sua existência caminharam no sentido da desconfiguração dessas características centrais do texto constitucional.

Nesse sentido, torna-se fundamental compreender seu significado num momento em que o País vem demonstrando pela primeira vez em sua história a possibilidade efetiva de seguir um modelo de desenvolvimento baseado na distribuição de renda e não em sua concentração, como ocorreu em tantos outros momentos desde que iniciamos o processo de industrialização em meados do século passado.

Tal significado expressa-se, por exemplo, na extensão aos trabalhadores rurais dos direitos trabalhistas e previdenciários já conquistados pelos trabalha-

---

(*) Professora de Sociologia da Faculdade de Educação e do Programa de Doutorado de Ciências Sociais da Unicamp.

dores industriais, o que ademais da melhoria das condições de vida da população rural, significou um forte golpe na tradicional cultura patriarcal, clientelista e assistencialista que sempre norteou as relações sociais do país, especialmente no campo. Com efeito, não é trivial o significado da mudança constitucional ao conferir direitos fundamentais de cidadania a esses trabalhadores, permitindo-lhes adquirir uma nova identidade, liberta da assistência do proprietário de terras. Expressa-se também na criminalização do racismo e na criação do direito de regulamentação das terras dos quilombolas, iniciando pela primeira vez também em nossa história um importante processo de reparação dos efeitos da tão obscura quanto presente discriminação e desigualdade étnica e racial. Expressa-se ainda na descentralização política promovida pelo fortalecimento dos Estados e municípios, numa clara reação ao ordenamento autoritário, promovendo o aumento das transferências financeiras para os chamados entes federativos, especialmente os municípios, assim como a criação de canais participativos como as comissões municipais de saúde e de educação. Tais canais participativos são de grande significação para um projeto democrático e distributivo de desenvolvimento, na medida em que permitem a participação dos movimentos sociais nas decisões políticas, garantindo o atendimento dos mais necessitados, bem como o controle da execução das políticas públicas voltadas para tais áreas.

Registrem-se ainda os vários avanços no que concerne ao direito do trabalho, como a redução da jornada de trabalho de 48 para 40 horas; o reconhecimento do direito de greve; a extensão da licença-maternidade; a criação da licença-paternidade. Também de grande importância foi a redefinição das funções do Ministério Público do Trabalho, tornando-o fundamental no combate ao trabalho escravo, infantil e não regulamentado, especialmente o que passou a se difundir a partir dos anos 1990 com a difusão de estratégias empresariais de terceirização por meio da criação de falsas cooperativas como forma de burlar o cumprimento da legislação trabalhista.

Não se pode dizer, contudo, que os avanços estejam presentes em todas as áreas. Como expressão das contradições sociais e do embate de forças e de interesses colocados naquele momento na sociedade brasileira, a Constituição apresenta também limites em muitos aspectos. A não extensão do conjunto dos direitos trabalhistas para as trabalhadoras domésticas, por exemplo, constitui uma limitação importante da Constituição, especialmente quando se leva em consideração que elas representam 17% da força de trabalho feminina e que os trabalhadores domésticos no seu conjunto consistem na maior categoria profissional do País. Essa limitação vem sendo enfrentada pelo atual governo, que preparou, recentemente, uma Proposta de Emenda Constitucional, visando a acabar com a discriminação contra os trabalhadores domésticos, estendendo-lhes direitos assignados aos demais trabalhadores. Outro ponto crítico refere-se às mudanças necessárias para que sejam criadas condições para modificações mais substantivas na divisão sexual do trabalho. Ainda que a criação da licença-paternidade seja um progresso, ela fica muito aquém do necessário para se pensar numa divisão mais equitativa do trabalho doméstico entre os sexos, condição absolutamente necessária para qualquer modificação mais efetiva das desigualdades de gênero no mercado de trabalho.

Mas é sobretudo na questão da institucionalidade sindical que os desafios emergem de forma mais evidente. Em primeiro lugar, porque apesar de terem sido eliminados alguns dispositivos mais rígidos do controle estatal sobre os sindicatos, foram mantidos os pilares básicos do sistema sindical corporativo, tão criticados pelo movimento sindical mais combativo do País, quais sejam o imposto sindical e o monopólio da representação pelos sindicatos de base. Enquanto o primeiro distancia os sindicatos de suas bases, na medida em que podem delas prescindir para sua manutenção, o segundo fragmenta o movimento sindical, ao impedir a centralização da negociação em entidades mais gerais. Além disso, as mudanças que se seguiram, assim como a prática sindical que elas ensejaram, acabaram dando lugar a uma enorme fragmentação e pulverização do movimento, enfraquecendo sobremaneira a capacidade de organização, mobilização e negociação sindical. Nesse sentido, a reforma da institucionalidade sindical continua em pauta no País, ainda mais quando se leva em conta que as modificações econômicas que transcorreram ao longo dos últimos 20 anos colocam novos problemas para a estruturação e a atividade sindical, os quais não estavam postos na cena política naquele momento.

Na verdade, a questão sindical talvez seja apenas a ponta de um *iceberg* a encobrir um enorme conjunto de desafios que se colocam para o País, os quais não estavam totalmente evidenciados quando a Constituição foi elaborada, mas que foram se tornando cada vez mais claros com as transformações econômicas, sociais, políticas e ambientais que se processaram nos últimos anos.

O primeiro deles consiste no fato de que apesar de que os últimos 20 anos foram confirmando que qualquer projeto de distribuição de renda passa necessariamente pelo desenvolvimento econômico e a Constituição venha garantindo ao País um conjunto de direitos sociais e canais de participação da sociedade civil, importantes para que a distribuição de renda acompanhe o desenvolvimento, ela não colocou em pauta a questão de que esse desenvolvimento econômico precisa também ser sustentável ambientalmente. Se isso evidencia a necessidade de que o desenvolvimento seja regulado por forças que estejam além das do mercado, não resolve, contudo, o conjunto de questões que se colocam para essa forma de regulação. Só como exemplo, poderíamos nos perguntar: Que tipo de estratégias e configurações empresariais seriam necessárias para enfrentar tal problema? Como o Estado pode atuar nesse sentido? Até que ponto a proposta do *green work* da OIT se apresenta como uma resolução para o problema?

Outro problema que continua se colocando no que tange aos direitos do trabalho, diz respeito à igualdade de oportunidade de gênero e raça. Embora muito se tenha caminhado quanto a esses temas, há ainda um conjunto de problemas a serem enfrentados. Especial destaque merecem os direitos que possuem implicações significativas para uma divisão mais equitativa dos serviços domésticos entre os sexos, os quais se refletem na desigualdade de oportunidades para as mulheres. O direito à creche, por exemplo, embora tenha se universalizado com a Emenda Constitucional de n. 53, de 2006, ainda não se concretizou. No que respeita à questão das desigualdades de raça, a ausência de políticas afirmativas para os não brancos na Constituição se apresenta como uma séria limitação, que terá que ser inevitavelmente enfrentada para qualquer projeto de desenvolvimento inclusivo em termos étnicos e raciais.

Outro problema, a que já nos referimos anteriormente, e que não só persiste, como se aprofundou nos últimos anos, refere-se à institucionalidade sindical. Se logo após de promulgada a Constituição, já eram claros os seus limites quanto a essa questão, os problemas para a emergência de uma institucionalidade adequada aos novos desafios colocados para o mundo do trabalho se multiplicaram significativamente nos últimos anos. A estrutura sindical brasileira, que já se mostrava limitada para uma efetiva intervenção sindical durante o período anterior à promulgação da Constituição, se apresenta ainda mais inadequada em um mercado de trabalho marcado pela fragmentação da classe trabalhadora, no qual os trabalhadores se encontram dispersos pelos processos de terceirização e subcontratação. E se os problemas são novos, requerendo um olhar voltado para o futuro, ainda que sem descartar a experiência adquirida no passado, o movimento parece ainda não estar preparado para responder ao grande desafio colocado: Que características deveria ter a institucionalidade sindical para dotar os sindicatos de uma capacidade efetiva de intervenção nos ambientes de trabalho e nas políticas dirigidas aos trabalhadores?

Enfim, o que se nos apresenta é que se, por um lado, a Constituição pode ser entendida como um passo fundamental para a instauração de um modelo de desenvolvimento mais democrático e inclusivo do que os que sempre vivemos, há, por outro lado, ainda muito a ser feito. Seja pelos próprios limites e contradições do processo constituinte, seja pelas transformações que ocorreram ao longo dos últimos 20 anos, o País ainda necessita de muita transformação na legislação para se colocar à altura dos desafios que enfrenta. Há que lembrar, contudo, que tais transformações não poderão ser feitas senão como resultado da mobilização social.

Produção Gráfica e Editoração Eletrônica: **RLUX**

Design de capa: **R.P. TIEZZI**

Impressão: **ASSAHI GRÁFICA E EDITORA**